Wer keine sozialen Spielregeln kennt, wer nie gelernt hat, andere zu respektieren, Verantwortung zu übernehmen und sich vernünftig auseinanderzusetzen, schlägt eben zu, statt zu reden, und nimmt sich, was er für sich beansprucht. Kinder brauchen Normen, um ihre Grenzen testen und sich orientieren zu können. Theoretisch ist zwar den meisten von uns klar, wie wichtig Vertrauen, Mitgefühl oder Zivilcourage sind. Schwierig wird die Sache allerdings, wenn es darum geht, Kindern solche Werte praktisch zu vermitteln. Dieses Buch wendet sich an Eltern und Erzieher, die oft ratlos vor dem aggressiven, verschlossenen oder maßlos fordernden Nachwuchs stehen. Brigitte Beil macht konkrete Vorschläge, wie man Kindern und Jugendlichen Werte im Familienalltag erklären und vor allem vorleben kann. Denn solange Werte abstrakt bleiben, sind sie einfach nur zu große Worte für kleine Menschen. »Brigitte Beil liefert mit ihrem Buch eine nützliche Orientierungshilfe für gutwillige, aber unsichere Eltern. Es kommt ihr vor allem darauf an, daran mitzuhelfen, daß ein von Offenheit, Vertrauen und Zuneigung bestimmtes familiäres Klima entsteht und auch in Krisenzeiten erhalten bleibt.« (Maria Frisé in der ›Frankfurter Allgemeinen Zeitung‹)

Dr. Brigitte Beil studierte Literaturwissenschaft, Philosophie und Publizistik. Sie arbeitet als Journalistin und Autorin und lebt mit ihrem Mann und ihren beiden Kindern in München. Von Brigitte Beil ist bereits erschienen: ›Schlummertuch und Hochzeitstag. Rituale in der Familie‹ (1997).

Brigitte Beil

Gutes Kind, böses Kind

Warum brauchen Kinder Werte?

Deutscher Taschenbuch Verlag

Von Brigitte Beil
ist im Deutschen Taschenbuch Verlag erschienen:
Schlummertuch und Hochzeitstag.
Rituale in der Familie (36049)

Originalausgabe
Januar 1998
© 1996 Deutscher Taschenbuch Verlag GmbH & Co. KG,
München
Umschlagkonzept: Balk & Brumshagen
Umschlagbild: © Monika Fioreschy
Satz: Design-Typo-Print GmbH, Ismaning
Gesamtherstellung: C. H. Beck'sche Buchdruckerei,
Nördlingen
Gedruckt auf säurefreiem, chlorfrei gebleichtem Papier
Printed in Germany · ISBN 3-423-08424-3

Inhalt

Einleitung 8

1. Ein paar Überlegungen vorweg

Was sind eigentlich Werte? 13
Vom Wandel der Werte 15
Warum brauchen Kinder Werte? 17
Die Sache mit dem Gewissen 21
Von schädlichen und nützlichen Nothelfern 25
Vom Umgang mit Konflikten 30
Warum nicht einfach tun, wozu man Lust hat? 33
Vorleben statt predigen 36

2. Werte im Kinderleben

Achtung 39
Bescheidenheit 50
Dankbarkeit 60
Ehrlichkeit 66
Freundschaft 76
Friedfertigkeit 83
Gehorsam und Ungehorsam 93
Gelassenheit 103
Gerechtigkeit 109
Hilfsbereitschaft 120
Höflichkeit 128
Liebesfähigkeit 134
Mitgefühl 142
Ordnung 149
Rücksicht 156
Selbständigkeit 165
Selbstvertrauen 177
Toleranz 189
Umweltbewußtsein 198

Verantwortung 204
Vertrauen... 216
Zivilcourage 225

Literaturhinweise 233
Lektüre-Tips für Kinder, Jugendliche und Eltern............. 234

Danksagung

Besonderer Dank gilt Ute Fahr, Psychotherapeutin für Kinder und Jugendliche in München, die meine Arbeit mit ebensoviel Sachverstand wie Warmherzigkeit und Humor begleitet hat. Und ich danke meiner Familie – Jürgen, Katinka und Philip – für Langmut, Hilfsbereitschaft und gute Tips. Auch wenn es hin und wieder aus einer Ecke tönte: »Und so was schreibt nun Erziehungsbücher!«

Einleitung

Es gehört inzwischen längst zum guten Ton, das Klagen über den Verfall oder Verlust der Werte. Jammern verziert zwar den Alltag, aber Abhilfe schafft es so gut wie nie. Wem wirklich am Herzen liegt, Werten wieder zu Glanz und Gültigkeit zu verhelfen, der kann sich nicht mit vagen, unverbindlichen Forderungen – à la »man müßte« und »man sollte« und das vor allem die anderen! – begnügen. Auch abstrakte Belehrungen und theoretische Erörterungen reichen nicht aus. Denn moralisches Verhalten – darin stimmen Ethiker, Pädagogen und Psychologen überein – kann sich nur durch konkretes eigenes Erleben in bestimmten Situationen entwickeln. Und da liegt die große Chance der Eltern, weil sie vom ersten Moment an die Erfahrungen ihres Kindes mit sich selbst, den anderen und der Welt begleiten.

Aber hier geht auch schon das Dilemma los: Welche Werte sollen sie ihrem Kind nahelegen? Die traditionellen wie Gehorsam, Fleiß und Pflichterfüllung, nach denen aus dem konservativen Lager immer lautstärker verlangt wird, die aber in der Vergangenheit auf fatale Abwege geführt haben? Oder die neueren, wie Selbstbewußtsein, Kritikfähigkeit und Eigenverantwortung, denen der Ruf anhängt, Auslöser für den grenzenlosen Egoismus und die Jeder-gegen-jeden-Mentalität unserer Tage zu sein? Außerdem: wie soll oder kann man Kinder zur Anerkennung von Werten erziehen? Durch Eintrichtern oder gar Einbleuen, durch Vorhaltungen und Maßregeln? Müssen Strafen sein? Oder geht es auch mit demokratischen Mitteln, ohne Zwang und Indoktrination? Wird das nicht unvermeidlich damit enden, daß einem der Nachwuchs auf der Nase herumtanzt?

Keine einfachen Fragen für Erwachsene, die sich oft selbst in einem Werte-Vakuum befinden, die sich unsicher fühlen im Umgang mit gesellschaftlichen Normen, unzufrieden sind mit den Erfahrungen ihrer eigenen, oft rigiden oder betont antiautoritären Erziehung, aber auch nicht genau wissen, wie es besser zu machen wäre. Dabei brauchen Mütter und Väter vor allem eine klare Überzeugung und eindeutige Haltung – nicht zu verwechseln mit beinharter Prinzipienreiterei! –, um ihren Kindern Anleitung und Hilfestellung bei der Entdeckung von Werten geben zu können.

Dieses Buch versteht sich ausdrücklich *nicht* als Beitrag zur aktuellen Wertedebatte – die ist auch ohne mein Zutun schon verworren genug. Und es stimmt auch nicht ein in das Wehgeschrei der Pessimisten. Wie sollen Eltern die Kraft und den Mut aufbringen, ihre Sprößlinge beim Großwerden zu unterstützen, und wie sollen Kinder sich überhaupt auf das Leben einlassen können, wenn ihnen ständig nur die Heillosigkeit der Welt und der Menschheit vor Augen geführt wird? Gerade in schwierigen Zeiten ist es gut, auf die positiven Kräfte zu bauen, die sowohl die Welt als auch die Menschheit immer wieder in erstaunlichem Maß bewiesen haben, und dem Diskutieren und Lamentieren praktisches Handeln entgegenzusetzen. Ein gesellschaftlicher Umschwung kann nur eingeleitet werden, wenn jeder bei sich selbst anfängt, mit einem guten Schuß Optimismus, ganz im Kleinen, in seinem persönlichen Umfeld und am allerbesten gemeinsam mit den Kindern.

Allen Unkenrufen zum Trotz ist die Familie keineswegs am Ende, sondern – nachdem von Staat, Schule und Kirche nicht viel zu erwarten bleibt – mehr denn je der wichtigste Schauplatz, um die Spielregeln des menschlichen Zusammenlebens zu lernen und einzuüben. Deshalb wendet sich dieses Buch an Eltern. Gedacht als praktische, handfeste Orientierungshilfe im Durcheinander der Begriffe, Standpunkte und Erziehungsstile, die in unserer pluralistischen Gesellschaft zur Verfügung stehen.

Patentrezepte mit Garantie kann es in Erziehungsfragen nicht geben, sondern nur Denkanstöße und Lösungsvorschläge. Jeder muß den individuellen Bedingungen seiner Familie entsprechend selbst entscheiden, was ihm besonders wesentlich erscheint und wo er Grenzen ziehen, sich zum Laufenlassen oder Eingreifen entschließen will.

Perfektionismus ist dabei nicht gefragt. Wichtiger als die penible Einhaltung aller Tips und Anregungen ist die Bereitschaft, sich überhaupt erst einmal auf den Weg zu machen und sich um ein familiäres Klima von Offenheit, Vertrauen und Zuneigung zu bemühen. In so einer Atmosphäre verkraften Kinder auch Schnitzer, sogar dicke, die allen Eltern irgendwann unterlaufen. Und was die Kids selbst anbelangt, wird in diesem Buch nicht das anvisiert, was man landläufig unter wohlerzogenen, tadellos angepaßten

Nachkommen versteht. Es geht darum, kleinen Menschen so auf den Weg zu helfen, daß sie sich zu eigenständigen, verantwortungsbewußten und bindungsfähigen Mitgliedern der Gemeinschaft entfalten können. Zu solchen, die mit sich und der Welt im reinen sind.

Im ersten Teil des Buches werden ein paar Grundsatzfragen behandelt, in kleinen, leichtverdaulichen Happen, ohne die gesamte Moralphilosophie abzugrasen: Was sind Werte, woher kommen sie und was sollen sie eigentlich…

Der zweite Teil wendet sich dem konkreten Umgang mit verschiedenen Werten zu, sowohl traditionellen, als auch neueren, demokratischen. Die Einstellung zu Werten ist immer subjektiv, und darum muß es auch die Auswahl sein. Natürlich wäre die Liste beliebig verlängerbar oder könnte in manchem anders aussehen. Viele der Werte, die sie jetzt enthält, erschienen mir aus persönlicher Sicht besonders vordringlich. Bei anderen war es einfach verlockend, sie ohne den Rahmen der orthodoxen Pädagogik auf ihre Brauchbarkeit im demokratischen Miteinander hin abzuklopfen.

Mit Absicht wurde eine neutrale, alphabetische Reihenfolge gewählt. Die theoretische Rangordnung von Werten innerhalb der Ethik, Philosophie und Psychologie ist im Alltagsleben ziemlich belanglos. Für den einen hat dieser, für den anderen jener Wert eine besondere Qualität. So mögen z.B. die Eltern eines extrem kecken Sprößlings es wichtiger finden, ihn zu Rücksichtnahme zu erziehen als zu noch mehr Selbstbewußtsein, während gerade das den Eltern eines scheuen, ängstlichen Kindes sehr dringlich erscheinen kann, für sie also höher rangiert.

Selbst wenn man einen Wert ganz sicher in der Tasche zu haben glaubt, kann es immer wieder passieren, daß er in einer bestimmten Situation mit einem anderen kollidiert, der einem genauso wichtig erscheint. Soll ich der kranken Nachbarin ehrlich sagen, daß ich ihr Aussehen erschreckend finde oder lieber Mitgefühl zeigen und ihr mit einer Lüge Mut machen? Wertekonflikte sind unvermeidbar. Deshalb steht am Ende jedes Wert-Kapitels eine kleine Beispielgeschichte, auf Kinder zugeschnitten. Auch das ist nicht als Handlungsanleitung gemeint, sondern nur als Muster für den möglichen Umgang mit so einem Dilemma.

Der Leser wird schnell merken, daß die Methoden immer annähernd die gleichen sind. Zwangsläufig, weil sie sich einfach am besten bewährt haben. Aber es zeigt auch, daß es im Grunde nur auf wenige Dinge ankommt, um Kindern Werte nahezubringen.

1. Ein paar Überlegungen vorweg

Was sind eigentlich Werte?

Vermutlich liegt es am säuerlichen, altbackenen Beigeschmack des Wortes »Tugend«, daß ihm von den »Werten« der Rang abgelaufen wurde. Wer will schon noch als tugendhaft gelten? Das klingt zu sehr nach frömmelnd schiefgelegtem Kopf und andressiertem Wohlverhalten – selbst für Menschen, die der moralischen Haltung, die mit der Tugend anvisiert wird, durchaus zustimmen. Im allgemeinen Sprachgebrauch hat der »Wert« die »Tugend« deshalb weitgehend aus dem Feld geschlagen. In der Ethik und Philosophie wird zwar grundsätzlich zwischen beiden Begriffen unterschieden, aber in der praktischen Anwendung sind sie oft deckungsgleich: Weil man Tugend auch als Verwirklichung moralischer Werte interpretieren kann, Werte aber andererseits nur dann das Leben eines Menschen leiten, wenn er sie nicht bloß denkt, sondern sich im Alltag danach richtet – also ebenfalls durch die Verwirklichung.

Wert – der Begriff kommt aus dem wirtschaftlichen Bereich, meinte zunächst nur den materiellen Wert von Tausch- und Gebrauchsgegenständen und wurde erst im 19. Jahrhundert in das philosophische Denken übernommen. Da sind Werte so etwas wie ein moralisches Rankgerüst. Sie geben dem einzelnen Orientierungshilfe und Handlungsanleitungen für sein Verhalten sich selbst und anderen gegenüber. Jeder hat die Möglichkeit, persönlich zu wählen, um welche Werte er sich bemühen will, weil er sie für wichtig erachtet. Aber niemand lebt in einem Vakuum. In seinem sozialen Umfeld findet jeder immer schon bestimmte Wertvorstellungen verankert, die vorgeben, welche Verhaltensweisen als erstrebenswert gelten und welche nicht. Über die gesellschaftlichen Regeln, die Überlieferungen und Sitten lernt der einzelne, zwischen »gut« und »böse«, »richtig« und »falsch« zu unterscheiden und Maßstäbe für seine eigenen moralischen Prinzipien zu gewinnen.

Ein Teil unserer heutigen Werte stammt schon aus der Antike, von Platon und Aristoteles. Tapferkeit gehört dazu, Besonnenheit, Gerechtigkeit, Freundschaft und Wahrhaftigkeit, im Mittelalter von Thomas von Aquin um die christlichen Tugenden Glaube, Hoffnung und Liebe erweitert. Der Absolutismus setzte den unbedingten Gehorsam auf die Werteliste, die Aufklärung Vernunft und Kritikvermögen, und mit dem aufstrebenden Bürgertum traten die sogenannten »bürgerlichen Tugenden« auf den Plan: Ordnung, Sauberkeit, Fleiß, Sparsamkeit, Pünktlichkeit und Pflichterfüllung. Die 68er brachten demokratische Werte ein wie Mitsprache, Selbständigkeit, Toleranz, Solidarität und Verantwortungsbewußtsein. Und durch die ökologische, die Friedens- und die Frauenbewegung kamen Umweltbewußtsein, Friedfertigkeit und Gleichberechtigung dazu.

Jahrhundertelang gab es unangefochtene Instanzen, die den allgemeinen Verhaltenskodex aufstellten und über seine Einhaltung wachten: die Kirche, die staatliche Obrigkeit, die Tradition, die Gesellschaft – »Was sollen die Leute sagen?« –, die gottähnliche Vaterfigur in der Familie – »Was ich anordne, wird getan!«. Der Wegfall oder die Entmachtung dieser klassischen Lieferanten und Hüter von Werten nimmt den Regeln ihre absolute Verbindlichkeit und rigiden Verhaltensvorschriften ihre Glaubwürdigkeit. Statt blindlings Gebote und Verbote zu befolgen, steht der einzelne vor der Aufgabe, sich mit der Palette überlieferter und neuer Werte auseinanderzusetzen, sich die gesellschaftliche Verantwortung bewußt zu machen, die er mit der Wahl seiner moralischen Grundsätze übernimmt und Entscheidungen deshalb nicht nur gefühlsmäßig zu treffen, sondern mit Vernunft und Überlegung. Werte entwickeln sich nur dann zu stabilen Stützpfeilern der Moral, wenn ihr Appellcharakter »Du sollst!« nicht als Zwang und Müssen verstanden wird, sondern als Richtschnur für freiwillige Zustimmung aus eigener Einsicht.

Vom Wandel der Werte

Es ist wahrlich nichts Neues, den Niedergang der Werte, wenn nicht gar ihren Verfall zu beklagen – im allgemeinen, aber ganz besonders beim Nachwuchs. Schon Sokrates nahm seinerzeit heftig Anstoß an den Sitten der Jugend, und seitdem gab es wohl kaum eine Elterngeneration, die nicht die nachfolgende verdächtigt hätte, moralisch zu verkommen. Es wäre halt zu schön, wenn alles in den gewohnten, eingespielten Bahnen weiterliefe, ohne daß man sich Auseinandersetzungen und der kritischen Überprüfung der eigenen Haltung stellen müßte.

Aber es gehört nun mal zum Wesen der Werte, sich zu wandeln. Sie sind Handlungsanleitungen für ganz konkrete Situationen und damit immer an einen historischen Hintergrund gebunden. Ihr Wandel hängt mit gesellschaftlichen Veränderungen zusammen, mit neuen geistigen Strömungen oder Leitbildern, dem Wechsel von Lebensformen oder Institutionen.

Manchmal zeigt sich der Wandel darin, daß ein Wert, der lange Zeit für besonders wichtig gehalten wurde, seinen Glanz verliert und weit abgeschlagen auf den hinteren Rängen der Skala landet – wie es zum Beispiel der Pflicht oder der Fügsamkeit erging. Oder umgekehrt gilt plötzlich ein verpönter »Unwert«, für den man etwa die Selbstverwirklichung noch vor hundert Jahren hielt, als besonders wertvoll. Es kann auch sein, daß ein Wert seinen Inhalt ändert, wie die Bescheidenheit, die durch die zunehmende Umweltzerstörung und das drohende Versiegen der Ressourcen eine ganz neue Dimension bekam. Oder ein Wert, der lange ein Schattendasein führte, gewinnt plötzlich an Aktualität, weil die Lage es erfordert – so zum Beispiel die Toleranz im multikulturellen Zusammenleben.

Wenn er im Prinzip auch ganz normal ist, war der Wandel der Werte wohl niemals so gravierend, so umfassend, und niemals hinterließ er eine so große Verwirrung wie zu unserer Zeit. In unserer freien, pluralistischen Gesellschaft gibt es eine breite Palette von Weltanschauungen und Lebensweisen, aber kaum noch eine geschlossene Wertordnung und erst recht keine Autoritäten, die für die unverrückbare Gültigkeit von Werten einstünden. Kirche,

Schule, Elternhaus – diese traditionellen Garanten für eindeutige Maßstäbe standen noch in den 50er, 60er Jahren unangefochten auf ihrem Sockel. Als aber die 68er Bewegung daran ging, Werte wie Gehorsam, Pflichtbewußtsein, Unterordnung und Disziplin, die ihre Elterngeneration geradewegs in das finsterste Kapitel unserer Geschichte geführt hatte, kritisch unter die Lupe zu nehmen, kamen damit auch die Autoritäten ins Wanken. Die klassischen Ideale des willfährigen Untertanen paßten nicht zu einem demokratischen Bewußtsein und mußten ihre Vorrangstellung räumen zugunsten von Kritikfähigkeit, Eigenverantwortung, Mitsprache, Selbstbestimmung. Mit individueller Freiheit lassen sich absolut verbindliche Maximen schwerlich vereinbaren. Jeder ist gefordert, selbst zu denken und zu entscheiden, ohne daß ihm autoritäre Gebote Rückendeckung geben.

Mittlerweile ist die 68er Revolte schwer ins Kreuzfeuer geraten. Vor allem aus dem konservativen Lager wird ihr vorgeworfen, die allgemeine Wertunsicherheit ausgelöst zu haben und damit auch die Folgen: Gewaltexzesse an den Schulen, hemmungslose Übergriffe wie in Mölln oder Solingen. Aber wäre es tatsächlich besser gewesen, die nahtlose, unkritische Überlieferung der alten Werte nicht zu durchbrechen? Hätte Deutschland auch dann eine Chance gehabt, sich aus einem Schreckgespenst in einen verläßlichen, vertrauenswürdigen Nachbarn zu verwandeln? Hätte sich auch dann ein demokratisches Gemeinwesen etablieren können? Was man den Revoluzzern von damals auch vorwerfen mag, eines muß ihnen hoch angerechnet werden: Sie haben den Weg dafür geebnet, daß alte Werte unter veränderten Vorzeichen wieder zu Ehren kommen und sogar der ehemals erz-autoritäre Gehorsam mit einer demokratischen Gesinnung zusammengehen kann – wenn dabei auch lieber von »Grenzen setzen« gesprochen wird.

In vielen Debatten über die gegenwärtige Orientierungskrise, über wachsende Brutalisierung und Ego-Manie tauchen »Rufer in der Wüste« auf, die die Rückkehr zu den alten Werten fordern, mitsamt ihrem autoritären Fundament von früher. Zucht und Ordnung als Retter in der Not. Leichter wäre es sicher, wieder nach »guter« preußischer Art kommandieren zu können: »Hausaufgaben machen, zack, zack!«, in der Gewißheit, daß die Kids auch parieren. Aber um welchen Preis? Wer würde sich noch so bevormunden lassen wollen und den aufrechten Gang gegen ein Untertanendasein eintauschen? Welche vernünftigen Eltern wären bereit, sich als unantastbare Obrigkeit vor ihren Kindern aufzuplustern? Und woher die Autorität nehmen, die sich ehemals immer auf den Allmächtigen berufen konnte? Eine Rückwärtsbewegung scheint weder möglich noch wünschenswert.

Und neue Werte? Vielleicht könnten ja neue Werte helfen. Auch danach rufen viele. Aber sie sind eigentlich nur nötig, wenn bisher nicht dagewesene Stiuationen entstehen – wie die Gefährdung der Umwelt.

Im übrigen verhält es sich mit den Werten wie mit den Gesetzen: es gibt genügend davon, für alle Eventualitäten. Es kommt nur darauf an, richtig mit ihnen umzugehen.

Warum brauchen Kinder Werte?

Für kleine Elefanten ist die Sache ganz einfach: sie kommen auf die Welt und wissen sofort instinktiv, was sie tun müssen, um in ihrer Herde als gute Dickhäuter zu gelten. Kleine Menschen haben es da entschieden schwerer: die Natur stattet sie zwar mit der Fähigkeit aus, sich zu ersprießlichen Mitgliedern der Gesellschaft zu entwickeln, aber daß sie das auch tatsächlich werden, ist keineswegs genetisch vorprogrammiert. Sie haben keine Ahnung, warum sie dieses tun und jenes lassen sollen, warum man wohl auf die Trommel, nicht aber auf den Kopf der kleinen Schwester hauen darf. Kinder müssen erst lernen und erfahren, welches Verhalten in ihrer Gruppe als gut und richtig oder böse und falsch angesehen wird und wie man es lebt.

Bis weit in unser Jahrhundert wurden Kinder als kleine Wilde betrachtet, denen man mit Prügel und psychischem Druck beibringen mußte, wie sie zu funktionieren hatten. Bis dann das Pendel ins Gegenteil umschlug: die antiautoritäre Erziehung setzte darauf, daß ein Kind nur genügend Freiheit brauche, damit es sich als von Haus aus gutes Wesen zu einem sozialen Glanzlicht entfalten könne. Die Resultate beider Richtungen erscheinen wenig überzeugend. Die »Zöglinge« der ersten Variante wurden oft zu Duckmäusern mit verbogenem Rückgrat, die der zweiten nicht selten zu hemmungslosen Egoisten mit nichts als ihren eigenen Vorteilen im Kopf.

Wenn rigorose Strenge nicht taugt und auch kein Laisser-faire, bleibt nur ein Mittelweg: Klare Verhaltensmaßstäbe aufstellen und sie den Kindern statt mit Druck und Zwang mit Überzeugungskraft nahebringen.

So einfach das klingt, stellt es doch viele Eltern vor erhebliche Schwierigkeiten. Oft wurden sie selbst noch mit Ohrfeigen, Hausarrest und Gardinenpredigten erzogen und können sich nicht ausmalen, wie sich Kinder ohne diese »Hilfsmittel« zu akzeptablem Verhalten bewegen lassen. Außerdem müssen sie sich zuerst einmal klarmachen, wohin sie ihr Kind erziehen und mit welchen Werten die Leitlinie vorgeben wollen. Gerade das zu entscheiden ist alles andere als leicht. An was soll man sich dabei halten? An die Prinzipien der Ellenbogengesellschaft: »Sieh zu, daß du der erste bist!«, »Paß auf, daß du am meisten kriegst!«, »Gib ja nicht den kleinen Finger, sonst schnappen sie die ganze Hand!«? Oder an die Grundsätze des demokratischen Zusammenlebens wie Verantwortung, Toleranz, Mitgefühl und Rücksicht? Aus Sorge, daß ihr Kind dem harten Konkurrenzkampf um Jobs und Prestige eines Tages nicht gewachsen sein könnte, tendieren viele Eltern zu der Ego-Linie und feuern ihren Sprößling schon im Sandkasten an, sich mit rüden Methoden gegen andere durchzusetzen. Die Frage ist nur, ob sie diese Erziehungsrichtung tatsächlich verantworten können. Psychologen, Pädagogen, Politiker – alle, die sich an vorderster Front mit der Verrohung der Sitten und der wachsenden Skrupellosigkeit oder auch mit aktuellen Überlebensfragen wie Technologie-, Rüstungs- oder Ökologieproblemen beschäftigen, stellen übereinstimmend fest, daß unsere Gesellschaft nur dann eine Chance hat, wenn jeder sich wenigstens an ein Minimum von verbindlichen Regeln hält, ausgehend von der mitmenschlichen Solidarität.

Bei allem Wandel und aller Vielfalt hat sich über Jahrhunderte ein Grundbestand an Werten erhalten, der für ein soziales Zusammenleben unerläßlich ist und der deshalb sogar den ersten Artikel unseres Grundgesetzes bildet. Da geht es zuallererst um die unantastbare Würde des Menschen und darauf aufbauend um Werte wie Sicherheit, Freiheit, Gerechtigkeit, Gleichheit, Frieden und Wahrhaftigkeit. Bei näherem Hinsehen zeigt sich, daß selbst Werte, die früher nur Werkzeuge autoritärer Unterdrückung waren, aus veränderter Perspektive viel zu einem menschenfreundlichen sozialen Klima beitragen können: Bescheidenheit etwa, Ordnung oder sogar so verschriene Werte wie Pünktlichkeit und Fleiß.

Eltern, die ihren Kindern solche Werte des Gemeinsinns nahebringen, helfen ihnen nicht nur, die Sorge für humane Lebensbedingungen als ihre Sache zu betrachten, statt sie anderen aufzubürden. Ein stabiles Fundament an Grundsätzen gibt den Kids auch das Rüstzeug mit, in persönlichen kritischen Situationen sicher entscheiden zu können, wie sie sich verhalten sollten.

Bleibt die Frage, wie man Kinder dazu anregen kann, diese Werte zu akzeptieren und sich nach ihnen zu richten. Speziell in diesem Punkt hatten es Eltern von früher leichter: sie ordneten an, was sie für richtig hielten, notfalls mit Nachdruck durch den Rohrstock, und damit basta. Aber es wäre natürlich paradox, einem Kind demokratisches Verhalten und moralische Mündigkeit mit autoritären Mitteln einzubimsen. Wer nicht einfach befehlen will, muß begründen, warum er bestimmte Spielregeln aufstellt, warum Toleranz und Friedfertigkeit wichtig sind. Und er gibt seinen Kindern damit den Anstoß, über Situationen und Probleme nachzudenken. Sie brauchen Gelegenheit, sich mit den geltenden Werten auseinanderzusetzen, um schließlich zu eigenen moralischen Standpunkten zu finden – unabhängig von den elterlichen Leitvorstellungen.

Bei der autoritären Linie wie bei der des Laisser-faire werden Konflikte ausgeblendet. Auf demokratischem Weg dagegen sind sie unvermeidlich. Das ist zwar schwieriger, aber auch gut so. Wenn es nämlich den Eltern gelingt, für eine Atmosphäre zu sorgen, in der sich die Kinder geborgen und geliebt fühlen, müssen Konflikte nicht in harte Konfrontationen ausarten, sondern bieten eher die Chance, im praktischen Umgang zu erfahren, wie Werte wie Achtung und Vertrauen gelebt werden und welchen Sinn sie haben. Jede Auseinandersetzung, jede Möglichkeit, sich an den

Eltern zu reiben, kann dann schon ein Stückchen Einübung in moralischer Eigenverantwortung sein.

Begründen und Erklären von Normen und Regeln ist zwar notwendig, ob die Kids aber tatsächlich danach handeln, hängt zum größten Teil vom Verhalten der Eltern ab (→ Vorleben statt predigen). Gerade im nahen Umfeld der Familie, in dem die Kinder den Grundstock ihrer Wertorientierung entwickeln, muß sich die Übereinstimmung von Zielvorstellungen und Alltagsverhalten erweisen: im zivilisierten Umgang der Großen untereinander und in der Art, wie sie den »Lehrlingen« auf moralischem Gebiet die notwendigen Grenzen setzen, ohne ihnen Achtung, Wärme und Mitgefühl zu entziehen.

Selbstverständlich kann sich kein Mensch ständig so mustergültig verhalten und wirklich immer tun, was ihm als Ideal vorschwebt. Oft genug sind Väter und Mütter gereizt, genervt, überfordert oder mit Sorgen belastet. Klar, daß ihnen hin und wieder mal gewaltig der Kragen platzt. Aber was hindert sie daran, dann mit den Kindern partnerschaftlich über die Lage zu reden und einzugestehen, daß das, was sie sich geleistet haben, ein Ausrutscher war, mit dem sie selbst nicht einverstanden sind? Kinder fühlen sich durch solche Gespräche für voll genommen und sind dann vielleicht auch eher bereit, einen kritischen Blick auf ihr eigenes Verhalten zu werfen.

Es gibt allerdings auch Eltern, die aus Verwirrung angesichts der Vielfalt möglicher Wertorientierungen, aus Bequemlichkeit, Desinteresse oder Scheu vor Auseianandersetzungen überhaupt keine Maßstäbe setzen, nie sagen: »Hier ist Schluß! Das geht nicht!« Kinder können unter solchen Bedingungen kein festes Fundament für ihr Verhalten entwickeln, sie wissen nichts vom zivilisierten zwischenmenschlichen Umgang. Wer keine sozialen Spielregeln kennt, wer nie gelernt hat, andere zu respektieren, Verantwortung zu übernehmen, sich vernünftig auseinanderzusetzen, schlägt eben zu, statt zu reden, und nimmt sich, was er für sich beansprucht. Gerade in einer enger werdenden Welt, in einer bunten Mischung von Weltanschauungen, Rassen und Nationalitäten brauchen Kinder Werte, um zu begreifen, wie weit jeder mit seinen Eigeninteressen gehen kann, ohne die der anderen zu verletzen, und daß seine Mitverantwortung gefragt ist, um das Zusammenleben in humanen Bahnen zu halten. Viele Kinder haben das inzwischen besser verstanden als ihre »enthaltsamen« Eltern. Jedenfalls mehren sich unter ihnen die Stimmen, die selbst nach festen Regeln verlangen, an denen sie ihre Grenzen testen und sich orientieren können.

Die Sache mit dem Gewissen

Was Kinder dazu bringt, sich an das zu halten, was sie als gut und richtig erkannt haben – auch später als Erwachsene, wenn keine elterlichen »Aufpasser« mehr hinter ihnen stehen –, dieses moralische Bewußtsein nennen wir Gewissen. Gar nicht wenige Menschen stellen sich darunter so etwas wie ein Organ vor, das im Kopf sitzt, oder im Magen, möglicherweise auch in der Nähe des Herzens. Eben da, wo es grummelt, wenn jemand etwas getan hat, das nicht in Ordnung war. Vielleicht könnte es eine Art Trichter sein, in den man oben hineinschreit, damit unten etwas Gutes herauskommt. Jedenfalls reden viele Eltern schon winzigen Kindern heftig »ins Gewissen«: »Schäm dich! Das tut man nicht! Was denkst du dir denn bloß?!« Gar nichts denken sich die meisten Kleinen, wenn sie einen anderen mit Sand bewerfen oder in die Backe beißen. Solche Aktionen gehören zu ihrem ganz normalen Welterkundungsprogramm: Mal sehen, was jetzt passiert.

Genausowenig wie die Kenntnis der in ihrem Umfeld gültigen sozialen Spielregeln ist Kindern das Gespür dafür angeboren, ob ihr eigenes Handeln richtig oder falsch ist. Sie müssen es erst entwickeln, in einem Prozeß, der sich von der frühen Kindheit bis fast ins Erwachsenenalter hinzieht. Und wie die Sache verläuft, hängt ganz wesentlich von den Eltern ab.

Am Anfang der Gewissensbildung stehen die Normen und Werte, mit denen die Eltern das Verhalten des kleinen Kindes steuern. Es verinnerlicht ihre Ge- und Verbote – im Fachjargon wird dafür der Freudsche Begriff Über-Ich verwendet – und richtet sich nach Lob und Strafen.

Väter und Mütter, die den Kindern mit Druck und Zwang ihre Moralvorstellungen einbleuen, verbauen ihnen damit häufig den Weg, ein mündiges Gewissen zu entfalten und mit sich im reinen zu leben. Die meisten dieser so rigide Erzogenen messen sich, wenn keine weitere Entwicklung stattfindet, lebenslang an den gnadenlosen Forderungen der früheren Autoritäten und können den Absprung in ein selbstbestimmtes Dasein nicht schaffen. Viele von ihnen halten sich selbst als Erwachsene noch allein aus Angst vor Strafen an moralische Regeln, nach dem Motto: »Alles geht, solange ich nicht erwischt werde!«, aber niemals aus eigenem Verantwortungsbewußtsein. Außerdem macht sie der Drill zum unbedingten Gehorsam leicht zu gefügigen Befehlsempfängern fremder Autoritäten – und kämen sie mit noch so menschenfeindlichen Anweisungen daher –, weil sie nichts anderes gelernt haben als zu parieren.

Damit sie ein eigenständiges, reifes Gewissen ausbilden können, müssen Kinder weitergehen und in Rückkopplung mit den Eltern und mit Gleichaltrigen kontinuierlich Erfahrungen sammeln und daraus ihre Schlüsse ziehen. Erst allmählich lernen sie, neben ihren ureigenen Interessen auch die anderer Menschen wahrzunehmen und sich in sie einzufühlen. Zunächst über die Gegenseitigkeit von Geben und Nehmen, dann aber auch über die Fähigkeit, Situationen vom Standpunkt eines anderen aus zu betrachten und sich in seine Lage hineinzuversetzen. Im Zusammenleben mit Eltern, Geschwistern, Freunden und Bekannten erfassen sie nach und nach den Sinn und die Notwendigkeit von sozialen Regeln und verstehen, warum etwas als »gut« oder »böse« angesehen wird. Erst während der Pubertät, wenn die Jugendlichen differenzierter und abstrakter zu denken beginnen, können sie auch Entscheidungen als »gut« einstufen, die unabhängig von der allgemeinen Norm aus persönlichen Motiven getroffen werden. Sie orientieren sich dabei aber immer noch an den grundlegenden Tabus und Geboten der frühen Kindheit. Um zu einem wirklich unabhängigen Gewissen zu finden, müssen sie schon fast am Ende der Kindheit angelangt und fähig sein, in Zweifelsfällen nach eigenen Wertvorstellungen zu entscheiden, ob sie Befehlen und gültigen Normen folgen wollen oder den Forderungen des eigenen Gewissens. Und sie müssen sich bewußt sein und akzeptieren, daß nur sie verantwortlich sind für die Konsequenzen ihres Handelns und niemand sonst – keine Institution, keine Leitfigur, kein Zeitgeist. Genau deshalb gilt das Gewissen in demokratischen Gesellschaften als letzte Instanz und wird das Widerstandsrecht durch die Verfassung geschützt.

Es gibt keine allgemeinverbindlichen Angaben darüber, wann ein Kind welchen Stand seiner moralischen Entwicklung erreicht. Manche begreifen schon mit vier Jahren, daß Lügen oder Stehlen falsch ist, weil es gegen die Regeln verstößt, unabhängig von Strafandrohungen. Andere haben diese Norm erst im Schulalter verinnerlicht. Der Zeitpunkt variiert, weil Kinder unterschiedlich sind, weil ihre individuelle geistige Entwicklung und das jeweilige soziale Umfeld Einfluß auf ihr moralisches Bewußtsein haben.

Für Eltern ist es immens wichtig zu wissen, daß das Gewissen nicht wie ein x-beliebiges anderes »Organ« von Anfang an voll funktionsfähig ist, sondern sich stufenweise entfaltet. Allzu leicht könnten sie sonst ihr Kind überfordern und es damit in seiner Gewissensbildung irritieren. Ein Zweijähriger kann einfach noch nicht verstehen, warum man dem Spielkameraden nicht einfach seine Schaufel wegreißen darf, ein Vierjähriger sieht überhaupt nicht ein, warum er jemandem etwas abgeben soll, wenn er nichts Entsprechendes dafür zurückbekommt. Zu hohe Ansprüche können dazu führen, daß ein Kind ständig das Gefühl hat, nicht gut genug zu sein, nie zu schaffen, was man von ihm erwartet. Es braucht aber Zuversicht und Selbstvertrauen, um irgendwann sicher zu den Entscheidungen seines Gewissens stehen zu können.

Früher war die abendliche Gewissenserforschung ein beliebtes Mittel, um Kindern »Moral« einzutrimmen: Haarklein mußten sie gestehen, was ihnen während des Tages mißraten war, vom Naschen übers Schwindeln oder eine zerdepperte Tasse bis zum Zwicken des Banknachbarn. Eine entsetzlich niederschmetternde Prozedur, denn wer überstand schon jemals einen Tag ohne moralische Kratzer? Und dann wurden sie mit einem richtig schönen schlechten Gewissen ins Bett gesteckt, um über ihre »Schandtaten« nachzudenken.

Egal, ob durch solche Rituale oder durch massiven Tadel – Kindern ein schlechtes Gewissen zu machen, bringt sie kaum weiter.

Diese quälende Rückbesinnung hält sie bei vergangenen Fehltritten fest, weckt Ängste und nimmt ihnen den Mut für bessere Versuche. Das Gewissen ist nur dann eine hilfreiche Instanz, wenn es einerseits milde ist und freundlich und auch Fehler und Irrtümer verdauen kann, andererseits aber wachsam genug, um sich bei wirklichen Vergehen mit Schuldgefühlen oder »Gewissensbissen« zu melden.

In dieser Art der Gewissensbildung können Eltern ihre Sprößlinge am besten unterstützen, wenn sie sie nicht mit Zurechtweisungen à la »Das tut man nicht!« allein lassen. Sondern ihnen immer wieder erklären, warum ihr Verhalten nicht in Ordnung war, ihnen verständlich machen, wie sehr sie andere durch ihr Handeln beeinträchtigen: »Sieh mal, wie traurig sie ist, weil du ihr Bild verschmiert hast!« »Du kannst den Roller hier nicht liegenlassen, weil wahrscheinlich jemand drüber stolpert!« Schimpfen bringt nichts als momentane Beschämung. Wenn Eltern ihr Kind aber dazu anhalten, Verständnis für sein »Opfer« aufzubringen und über das Mitgefühl Gemeinsamkeit zwischen beiden herstellen, lernt es allmählich, die zwischenmenschlichen Spielregeln zu verinnerlichen. Und es kann sie, falls das gelingt, auch dann einhalten, wenn die Eltern nicht dabei sind. Voraussetzung dafür ist allerdings, daß Mutter und Vater mit ihren Wertvorstellungen eine eindeutige Orientierungslinie vorgeben und nicht je nach persönlicher Verfassung mal eingreifen, mal wegsehen. Über die Identifizierung mit den Eltern erkennen die Kinder, daß es bestimmte Normen gibt, die immer und unumstößlich gelten, und können daraus schrittweise die bleibende Basis für ihre Gewissensentscheidungen bilden.

Bei dieser elterlichen Hilfestellung erscheint es besonders wichtig, den Kindern nicht die eigenen Vorstellungen aufzuzwingen. Das Gewissen wird erst dann zu einer verläßlichen, nicht beliebig manipulierbaren Größe, wenn es auf Überzeugung gründet, wenn die Entscheidung für das Gute, das Menschliche aus freien Stücken getroffen wird und nicht aus Angst vor Sanktionen. Darum brauchen Kinder schon von klein auf Freiräume für ihre eigenen Urteile. Eltern, die sie dazu anregen zu überlegen, wie wohl einem anderen zumute ist, den man prügelt, nicht mitspielen läßt oder beklaut, und sich vorzustellen, wie sie selbst in dessen Lage empfinden würden, fördern damit die Bereitschaft ihrer Sprößlinge, sich aus Einsicht »richtig« zu verhalten. Es sind dann schließlich ihr eigener Wille und ihr eigenes Verantwortungsgefühl, die sie in kritischen Situationen veranlassen, »nein« zu sagen, und nicht mehr die Befehle und Kontrollen der früheren Autoritäten.

Von schädlichen und nützlichen Nothelfern

Noch immer glauben viele Väter und Mütter, ihre Kinder nur mit Strafen auf den rechten Weg bringen zu können. Die Liste der Maßnahmen reicht von einer saftigen Tracht Prügel über Ohrfeigen, Schimpfkanonaden, Blamieren, Hausarrest, Fernsehverbot und Taschengeldstreichung bis zu Erpressung und Liebesentzug. »Das hat mir auch nicht geschadet«, erklären manche ihre Handlungsweise und übersehen dabei, daß gerade solche Äußerungen für das Gegenteil sprechen.

Was sind das für Eltern, die Watschen und Schläge für probate Erziehungsmittel halten? Manche handeln als echte »Überzeugungstäter«, sie meinen tatsächlich der uralten Tradition gemäß, daß die kleinen »Unholde« allein mit Gewalt zu gesitteten Menschen heranzuziehen seien. Nach dem biblischen Motto: »Wer sein Kind liebt, der züchtigt es!« Und dann gibt's eben schon bei Babys eins auf die Finger, weil sie ihre Rassel immer wieder aus dem Wagen schmeißen, oder ein kleiner Brüller kriegt was auf den Hosenboden, damit er endlich lacht. Andere Eltern greifen aus Hetze und Streß zu diesen Methoden. Wenn die Zeit am Morgen drängt oder abends noch eine Menge zu erledigen ist, setzt es Ohrfeigen oder Klapse auf den Po, falls ein Kind nicht spurt, wie es soll. Wozu Geduld und lange Palaver? Hauptsache, der Laden läuft. Wieder andere – und das sind sehr viele – hauen aus schierer Hilflosigkeit drauf. »Was sollen wir denn tun?« lautet die stereotype Frage, »Diese Rabauken tanzen uns doch auf der Nase herum!« Sie haben es meistens selbst nicht anders erfahren oder nicht genügend Phantasie, um sich vorzustellen, wie es sonst gehen könnte.

Was auch immer Eltern dazu bringt, ihre Kinder zu schlagen, sie haben samt und sonders aufs falsche Pferd gesetzt. Eigentlich genügte ein Blick zurück in die eigene Kindheit, um auf Anhieb zu erkennen, daß Schläge, Klapse und Ohrfeigen sinnlos sind, ohne jeden Lerneffekt. Oder kann sich jemand daran erinnern, dadurch geläutert worden zu sein? Wer ehrlich ist, muß gestehen, daß ihn nur eine unbändige Wut auf die Großen gepackt hat, die stark genug waren, einem den Hintern zu versohlen, und daß man auf Rache sann, anstatt Reue zu empfinden. Genauso sehen es auch die Fachleute. Psychologen und Pädagogen sind sich einig darin, daß solche Strafen allerhöchstens eine momentane Wirkung zeigen, jedoch niemanden zur Einsicht bringen und schon gar nicht zu dauerhaftem Wohlverhalten. Die Folgen sind sogar eher ausgesprochen negativ: Abgesehen von Groll und Rachegelüsten, fühlen sich die Kinder gedemütigt, die Beziehung zu den Großen leidet unter deren Machtdemonstrationen und genauso das Selbstvertrauen der Kleinen. Und weil die Schläge meistens anstelle von Erklärungen kommen, können die »Missetäter« oft nicht einmal erfassen, was sie denn eigentlich falsch gemacht haben oder wie sie es hätten besser machen können. Soviel ist klar: mit Hauen erzieht man bestenfalls Duckmäuser, Scheinheilige oder heuchlerisch Angepaßte, die in unbewachten Momenten doch tun, was ihnen paßt.

Natürlich wäre es absurd, mit den Mitteln der »Rohrstockpädagogik« Kinder zu selbstverantwortlichen, mündigen Mitgliedern einer demokratischen Gesellschaft erziehen zu wollen. Wer es also ernst meint mit dem Versuch, ihnen die für unsere Zeit wichtigen Werte nahezubringen, kann diese veralteten »Nothelfer« von vornherein vergessen. Aber was, wenn einem in oft berechtigtem Zorn doch mal die Hand ausrutscht und dem widerborstigen Sprößling »wie von allein« eine Backpfeife verpaßt? Für einen Augenblick fühlen sie sich vielleicht erleichtert, aber dann plagt die meisten Väter und Mütter doch ein heftiges Schuldgefühl: »Wie schlimm bin ich eigentlich, daß mir so etwas passiert?!« Sich mit Schuldgefühlen zu quälen, vergrößert aber nur den Druck und damit auch die Gefahr, es bei nächster Gelegenheit wieder zu tun. Solange die Ohrfeige ein vereinzelter Fehlgriff bleibt, muß sie keinen Erdrutsch auslösen. Vor allem dann nicht, wenn die Eltern – sobald sich die Wogen geglättet haben – mit den Kindern darüber reden und ihnen erklären, was sie so in Rage gebracht hat. Eltern müssen keine Heiligen sein und sich auch nicht vor ihren Kindern diesen Anschein geben. Viel wichtiger als vorgebliche Unfehlbarkeit ist ihre Fähigkeit, sich für den Ausrutscher zu entschuldigen und mit neuem Mut weiterzumachen. Die Kinder empfinden das nicht nur als Zeichen der Achtung, sie können dadurch auch lernen, wie man aus einer mißratenen Situation mit Anstand wieder herausfindet.

Kinder, vor allem kleine, empfinden Schläge oft als schiere Ablehnung. Sie haben das Gefühl, nicht mehr geliebt zu werden. Und genauso geht es ihnen bei Schimpftiraden. Egal, ob sie nur ein Glas umgekippt, Geld gemopst oder heimlich gehascht haben, Eltern neigen dazu, den Übeltäter insgesamt zu verurteilen: »Du bist ein Schmierfink – ein Dieb – ein Junkie!« Wer oft genug mit solchen Etiketten beklebt wird, glaubt meistens schließlich selbst daran, nichts wert und nicht gemocht zu sein, und macht gar keinen Versuch mehr, das Urteil zu widerlegen, weil es sowieso zwecklos erscheint. Die Devise der Fachleute lautet deshalb: »Die Tat vom Täter trennen!« Das heißt, dem Kind unmißverständlich mitteilen, daß man sein Verhalten nicht gut findet, es als Person aber dennoch liebt und ihm zutraut, auch anders zu handeln. So behält es das nötige Selbstvertrauen für einen neuen Start.

In vielen Familien gehört das Schimpfen so sehr zum Alltagsritual, daß die Kinder komplett auf Durchzug schalten und sich davon nicht im geringsten beeindrucken lassen. Nicht selten sind Vorwürfe und Gemecker überhaupt die einzige Art, in der Eltern mit ihren Sprößlingen kommunizieren. Und die Kinder benehmen sich als Folge mit Absicht daneben, damit sie wenigstens in dieser Form die Aufmerksamkeit der Großen auf sich lenken können. Aber irgendeine positive Wirkung ist dabei nicht zu erwarten.

Um sie mit Bitten, Forderungen oder Anweisungen zu beeinflussen, haben sich sogenannte »Ich-Botschaften« bestens bewährt. Wer sein Kind nicht anfährt: »Schrei hier gefälligst nicht so rum!«, sondern zum Beispiel sagt: »Ich möchte einen Brief schreiben, vielleicht kannst du etwas leiser sein«, gibt ihm das Gefühl, nicht bloß als lästiger Kräher zu gelten, sondern als gleichberechtigte Person, an die man sich vernünftig wenden kann. Und das macht es ihm leichter, die Wünsche des Erwachsenen zu respektieren.

Neben den Strafen rangiert der Lohn an der Spitze der traditionellen Erziehungsmittel. Und von ihm ist aus heutiger Sicht genausowenig zu halten. Wie das Schlagen bedeutet auch das Belohnen eine Demonstration überlegener Machtfülle gegenüber einem »kleinen Würstchen«. Und das paßt nicht zur demokratischen Basis gegenseitiger Achtung. Wer Kinder als vollwertige Mitglieder der Familie betrachtet, bezahlt sie natürlich nicht für ihre Beiträge zum gemeinsamen Alltag. Wie sollen sie sonst lernen, daß es ganz selbstverständlich zum menschlichen Zusammenleben gehört, daß jeder Verantwortung übernimmt und Aufgaben zuverlässig erfüllt, ohne dafür immer etwas zu erwarten? Daß sie einen wichtigen Platz in der Gemeinschaft einnehmen, erfahren die Kids nicht über materielle Belohnungen, wie etwa Geld, sondern über Anerkennung. Und dieses Gefühl der Zugehörigkeit und Bedeutung gibt ihnen ein wesentlich besseres Fundament für ihre Zukunft als ein fettes Sparschwein.

Wenn nicht mit Schlägen, nicht mit Schimpfen, nicht mit Lohn – wie sonst soll man die Sprößlinge denn auf den richtigen Kurs bringen? Diese Frage müßte so eigentlich gar nicht gestellt werden. Gelingt es den Eltern, eine Beziehung zu ihren Kindern aufzubauen, in der sie Wärme, Geborgenheit und Verständnis finden, sind derart drastische Maßnahmen meistens überflüssig. Wer sich in einer Atmosphäre von gegenseitigem Respekt und Vertrauen aufgehoben fühlt, braucht keine scharfen Anpfiffe und Schläge, um sich an humane Umgangsformen zu halten. Der größte Vorteil dieser weicheren Methode: die Kinder werden nicht einfach zu diszipliniertem Benehmen abgerichtet, sondern sie können den Sinn der elterlichen Wertvorstellungen im Zusammenleben erfahren und verinnerlichen, so daß sie sich schließlich aus eigener Überzeugung danach richten und nicht infolge gelungenen Drills.

Aber natürlich sind Kinder keine kleinen Erwachsenen. Auch in einem noch so liebe- und verständnisvollen Umfeld verhalten sie sich keineswegs immer vernünftig und »gesittet«. Ungestüm, spontan und quietschlebendig erobern sie die Welt und loten aus, was sich alles machen läßt, ehe man auf Widerstand stößt. Bei Winzlingen, die sich mit ihren Experimenten an Fensterbänken, Herdplatten und Straßenrändern ernsthaft in Gefahr bringen, kann ein Machtwort nötig sein, ein energisches »Nein«. Da sie aus Strafen nichts lernen, weil ihnen schlicht die Einsicht fehlt, kann man darauf gleich verzichten und sie lieber ablenken oder an einen weniger risikoreichen Ort transportieren.

Viel früher, als die meisten Leute glauben, können Eltern schon mit ihren Kindern reden und ihnen erklären, warum etwas nicht geht. Argumente, daran gibt es keinen Zweifel, haben langfristig eine unvergleichlich einprägsamere Wirkung als Hiebe und Gezeter. Je älter die Kinder werden, desto entscheidender wird diese freundschaftliche Verständigung. Wenn Vater und Mutter gemeinsam mit ihnen die notwendigen Grenzen festlegen, ohne ihnen durch bloße Kommandos etwas aufzuzwingen, akzeptieren die Sprößlinge umso eher den Rahmen ihrer Freiheit.

Sie müßten allerdings Engel sein oder totale Langweiler, wenn sie nicht doch immer wieder versuchen würden, die Spielregeln zu umgehen. Chaos, Faulheit, Prügeleien, freche Sprüche – ohne das alles geht keine Kindheit ab. Aber es ist noch lange kein Grund für strenge Strafen. Immer mehr liberale Eltern setzen inzwischen darauf, die Kids lieber die Konsequenzen ihres Verhaltens erleben zu lassen. Sie handeln mit ihnen die Familienregeln aus und auch die Folgen, die jeder zu tragen hat, der sich nicht dran hält. Wer nicht aufsteht, kommt eben zu spät zur Schule, wer einen Spielnachmittag draußen mit Aggressionen verdirbt, wird ohne viel Federlesens nach Haus gebracht, wer keine Lust hat, zum Essen zu kommen, muß halt bis zur nächsten Mahlzeit warten. Das Realitätsprinzip ist ein wesentlich eindrucksvollerer Lehrmeister als Eltern mit ihren Überzeugungsversuchen. Allerdings sollten Väter und Mütter sich dabei nicht als Rächer im Hintergrund aufbauen, sonder ruhig, bestimmt und verständnisvoll bleiben. So daß die Kinder immer die Gewißheit bewahren, sie halten zu mir, auch wenn ich mich danebenbenommen habe.

Genauso wichtig wie das Erleben der negativen Konsequenzen ist es aber auch, die Kinder positive Folgen spüren zu lassen, wenn ihnen etwas gelungen ist. Gerade das wird in vielen Familien als selbstverständlich verbucht, Mißlungenes dagegen immer wieder betont. Lob und Anerkennung auch für kleine Fortschritte spornen aber entschieden mehr an als ständiges Gemäkel – wie jeder an sich selbst überprüfen kann.

Und was, wenn ein Kind wirklich »schlimme« Dinge anstellt,

stiehlt oder betrügt oder sich zum Schläger entwickelt? Zumindest dann, meinen viele Eltern, sind doch strenge Strafen unumgänglich. Man muß sich jedoch nur in Gefängnissen umsehen, um am Lerneffekt solcher Maßnahmen zu zweifeln. So schwer es auch fallen mag, aber gerade dann, wenn sie sich total verrannt haben, brauchen Kinder Eltern, die ihnen zur Seite stehen, die sie nicht verdonnern und aburteilen, sondern sie ermutigen. Damit ist durchaus nicht gemeint, die Sache zu beschönigen oder vom Tisch zu wischen. Ermutigung bedeutet, dem Kind bei aller klaren Kritik an seinem Verhalten Vertrauen zu zeigen, es in dem Gefühl zu bestärken, zu Besserem fähig zu sein – selbst dann, wenn es Rückfälle gibt. Während Strafen den »Übeltäter« meistens nur verstockt und uneinsichtig machen, können Eltern ihm durch Ermutigung, durch Auftrieb für sein Selbstvertrauen und durch das gemeinsame Nachdenken über Entschuldigung oder Wiedergutmachung helfen, einen Ausweg aus der vermeintlichen Sackgasse zu finden.

Vom Umgang mit Konflikten

Kinder haben oft eine entschieden andere Sicht der Dinge als ihre Eltern. Sie finden ein Zimmer fabelhaft aufgeräumt, das den Großen als wüste Rumpelkammer erscheint, sie halten abendliche Heimkehrzeiten für angebracht, die Vater und Mutter als absurd betrachten, sie glauben Ansprüche stellen zu können, die den Erwachsenen als Gipfel der Unverfrorenheit vorkommen. Und dann geht das Tauziehen los, bahnen sich Kräche an und erbitterte Machtkämpfe, die gewöhnlich bloß zu gegenseitigen Verletzungen führen.

Die meisten Eltern empfinden solche Konflikte als entsetzlich belastend und würden sie am liebsten ausblenden. Aber das läßt sich nur bewerkstelligen, wenn man in autoritärer Manier auf den Tisch haut und alle zwingt, auf ein Kommando zu hören. Weil sie es fast durchwegs selbst so erfahren haben, fällt es vielen Erwachsenen schwer, anders mit Konflikten umzugehen.

Dazu müßten sie als erstes akzeptieren, daß Konflikte an sich nichts Schlechtes sind, sondern eine völlig normale Begleiterscheinung des Zusammenlebens. Einfach deshalb, weil jeder Mensch, auch der ganz kleine schon, seine eigenen Wünsche, Ansichten und Ziele hat, die natürlich nicht immer mit den Interessen seiner Umgebung übereinstimmen. Aus dieser Reibung unterschiedlicher Bedürfnisse entstehen Konflikte, die allerdings nur dann zu harten Auseinandersetzungen führen, wenn jeder auf seinem Standpunkt beharrt und ihn auf Biegen und Brechen durchsetzen will. Geht man dagegen von einer demokratischen Grundlage des Miteinanders aus, vom Bewußtsein, daß jeder gleiches Mitspracherecht hat, können Konflikte sogar zu Chancen werden, Meinungsverschiedenheiten ausgesprochen konstruktiv auszutragen. Es dreht sich dann nicht mehr darum, daß einer sich gegenüber den anderen behauptet und sie »besiegt«, sondern darum, sich zu verständigen und einen gemeinsamen Nenner zu finden. Jede Meinungsverschiedenheit hat ihre ganz speziellen Bedingungen und jede Familie ihre individuellen Umgangsformen. Trotzdem gibt es ein paar allgemeingültige Spielregeln, die helfen können, zu friedlichen, verträglichen Lösungen zu kommen, anstatt sich in Machtkämpfen zu zermürben:

- Gegenseitiger Respekt ist die wichtigste Voraussetzung für vernünftige Verhandlungen. Auch kleine Kinder haben das Recht, geachtet und ernstgenommen zu werden. Eltern, die leicht ausrasten und ihre Sprößlinge unwirsch abkanzeln, bringt es oft auf die richtige Schiene, wenn sie sich kritisch fragen, mit wem sonst sie in diesem Ton reden würden. Mit Nachbarn, mit Freunden, mit Geschäftspartnern? Und warum sie es ausgerechnet mit den Menschen so halten, die ihnen am nächsten stehen und ihnen am meisten bedeuten.
- Jedem die Gelegenheit geben, seine Meinung frei zu äußern und in Ruhe auszureden,
- Dem anderen aufmerksam und vorurteilslos zuhören. Versuchen, sich in seinen Standpunkt, sein Denken und Empfinden einzufühlen, auch wenn man seine Meinung nicht teilt.
- Die eigene Einstellung ohne Feindseligkeit und Vorwürfe darlegen. Offen aussprechen, warum einem etwas falsch oder

bedenklich erscheint, warum man Befürchtungen hat oder sich Sorgen macht.

- Notwendige Grenzen und Verbote erklären und begründen. Aber auch Bereitschaft zeigen, sie zu erweitern oder abzuwandeln, wenn die Kinder größer werden und mehr Eigenverantwortung übernehmen können.
- Spielregeln fürs Familienleben mit ihnen aushandeln und auch über die Konsequenzen beraten, die eventuelle Regelüberschreitungen haben sollen. Wenn man sich in wechselseitiger Annäherung über Mithilfe im Haushalt, Schlafens- und Ausgehzeiten und ähnliches mehr einigt, fällt es den Kindern leichter, sich daran zu halten. Schließlich haben sie die Entscheidung ja mit getroffen.
- Alle Vorschläge zur Lösung eines Konflikts gleichermaßen gelten lassen und durchdenken. Vertrauen zeigen, daß jeder es ernst meint und sich Mühe gibt. Kompromisse sollten so aussehen, daß sie für alle akzeptabel sind und keiner sich über den Tisch gezogen fühlt.
- Schwierige Fälle nicht im ersten Aufschäumen von Wut, Ärger oder Enttäuschung verhandeln, sondern lieber, wenn sich der Sturm gelegt hat. Und dann miteinander überlegen, wie die Sache in den Griff zu kriegen ist und welche Folgerungen daraus zu ziehen sind.

In manchen Familien gehören regelmäßige Familienkonferenzen zum Programm, bei denen der gemeinsame Kurs festgelegt oder korrigiert wird. Andere setzen sich nur in bestimmten Situationen zusammen. Egal wie man es hält, der Versuch, Konflikte partnerschaftlich zu lösen, bewahrt nicht nur vor ständigen Krächen. Er ist auch ein für alle Beteiligten nützliches Training in demokratischem Verhalten. Weil er von den Eltern verlangt, auf autoritäres Gebaren zu verzichten und ihre Standpunkte immer wieder zu überprüfen, und die Kinder dazu bringt, sich von klein auf mitverantwortlich und selbstbestimmt zu fühlen.

Warum nicht einfach tun, wozu man Lust hat?

Gutsein hat einen ähnlichen Ruf wie in früheren mageren Zeiten der Lebertran: es fördert angeblich die Entwicklung, ist aber kaum erträglich. Wer diesem verheerenden Image auf den Grund zu gehen versucht, landet schnell wieder bei den repressiven Maßnahmen der traditionellen Kindererziehung. Ein gutes Kind war ein braves Kind, war ein angepaßtes Kind. Es quatschte nicht einfach drauflos, sobald ihm etwas durch den Sinn schoß, es kippelte nicht mit dem Stuhl, lachte nicht laut, wenn dem Vater die Kaffeetasse umfiel, schlitterte keine blankpolierten Gänge entlang, schnappte sich niemals das dickste Stück Torte, pfiff nicht auf zwei Fingern hinter seinen Freunden her, hatte wegzuhören, wenn die Erwachsenen stritten und wehe, es spielte »Onkel Doktor«! Ein gutes Kind tat einfach nichts, was Spaß machte und interessant war. Wer sollte da wohl Lust zum Gutsein haben!? Außerdem wurden alle eventuellen Verstöße gegen das Gutsein schon mal prophylaktisch mit eindrucksvollen Strafen belegt. Wenn du lügst oder Geld stiebitzt oder deinen Bruder verhaust, landest du in der Hölle oder im Fegefeuer, zumindest aber für eine Weile im Keller. Ersatzweise gab's was hinter die Ohren oder auf den Hosenboden.

Aber Kinder sind schließlich nicht dumm, und mit der ihnen eigenen Logik mußten sie daraus schließen, daß Dinge, zu denen sie mit so strengen Zuchtmitteln abgerichtet werden sollten, an sich nicht reizvoll sein konnten – sonst wäre der Zwang ja überflüssig gewesen! Das, was Spaß machte und Lust brachte, war deshalb eindeutig beim Gegenteil zu suchen. Getreu dem Motto: Was verboten ist, das macht uns gerade scharf.

Wer nach diesen Maßregeln groß wurde, hatte als Erwachsener, wenn er endlich nach seinem Willen handeln konnte, die eigenen Erfahrungen meistens so verinnerlicht, daß er sie beim Nachwuchs ganz selbstverständlich wieder anwandte: ein gutes Kind ist ein braves Kind, ist ein angepaßtes Kind.

Das Gutsein hat es also wirklich schwer, sein unangenehmes Image loszuwerden. Dabei standen die Chancen dafür noch nie so günstig wie heute. Denn mit dem Wegtauen der alten Autoritäten schwanden auch die unerbittlichen Normen und Regeln, die das

Gutsein erzwingen sollten. Bloß blühte in der Folge nicht die Lust am Gutsein auf, sondern viel mehr die Lust, einfach zu tun, wonach einem gerade zumute ist, Wünsche, Triebe, Aggressionen auszuleben, ohne Rücksicht auf den Rest der Welt.

Die Lust, den eigenen Bedürfnissen zu folgen, ist eine natürliche und sicher mit die stärkste Antriebskraft des Menschen. Sie motiviert seinen Entdeckungsdrang, seine Kreativität, seine Abwehr von Gefahren. Vielen erscheint die unmittelbare und ungebremste Erfüllung aller Wünsche überhaupt als der einzige Weg zum Glück. Ganz im Sinne der Gurus der Konsumgesellschaft und der Selbstverwirklichungsapostel, die ihnen einreden, sich ja nur nichts zu versagen, immer hübsch ihr Ego zu päppeln, egal, was es für andere bedeutet.

Die Schwierigkeit ist bloß, daß der Mensch von der Natur zwar mit einer satten Portion Egoismus ausgestattet wurde, aber daneben auch mit dem starken Drang nach Gemeinsamkeit mit anderen Menschen, mit der Sehnsucht, sich zugehörig, angenommen und geborgen zu fühlen. Wer sich allein von dem lenken läßt, worauf er gerade Lust hat, klammert sich zwangsläufig aus der Solidargemeinschaft aus. Nicht nur, daß er die Verantwortung für das Gemeinwohl anderen überläßt – unreif wie ein Kleinkind, was ihm schon seine Selbstachtung verbieten sollte. Das Zusammenleben mit einem rücksichtslosen »Ichling« ist auch ausgesprochen unersprießlich. Und deshalb zahlt er einen hohen Preis für seinen Egoismus. Kurzfristig vermittelt der Ich-Kult vielleicht das Gefühl, ein Siegertyp, ein toller Hecht zu sein, aber auf die Dauer führt er fast ausnahmslos zu Isolation, Einsamkeit, Depressionen und Ängsten, also keineswegs zu einem glücklichen Leben. Psychologen und Therapeuten wissen ein Lied davon zu singen.

Das Problem ist nicht neu, war aber kaum je zuvor so sehr dem Ermessen des einzelnen überlassen. Schon immer mußten die Menschen abstecken, wie weit sie mit ihrem Luststreben gehen konnten, ohne die Interessen der Gemeinschaft und damit indirekt auch ihre eigenen zu verletzen. Und darum wurde bereits vor Jahrtausenden eine Orientierungshilfe ersonnen, die bis heute in nahezu allen Kulturkreisen und Religionen gilt, die sogenannte Goldene Regel. In etwas unterschiedlichen Formulierungen meint sie immer das gleiche: »Was du nicht willst, das man dir tu', das füg auch keinem andern zu.« oder: »Behandle andere so, wie du von ihnen behandelt werden möchtest.« Eine simple Faustregel, die einen eindeutigen Maßstab setzt, aber keine detaillierten Verhaltensvorschriften enthält, so daß jedem Spielraum für seine Eigenverantwortung bleibt.

So wie es notwendig sein kann, egoistische Tendenzen mit Rücksicht auf andere einzuschränken, ist manchmal auch ein »Ich habe keine Lust« angebracht. Nicht als Ausdruck einer beliebigen Laune, sondern um sich gegen übertriebene Ansprüche von außen abzugrenzen, zu eigenen Ansichten stehen zu können und mit sich im reinen zu bleiben. Ein wichtiger Punkt für Eltern, weil Kinder selten zu langen Erklärungen ausholen, sondern sich häufig auf diesen Satz beschränken, wenn sie gute Gründe für eine Weigerung haben – und damit oft gehörig mißverstanden werden.

Noch einmal zurück zum Gutsein. Vielen Menschen hat der althergebrachte Zinnober von Höllen- und Prügelstrafen so sehr den Blick verstellt, daß sie gar nicht auf die Idee kommen, daß man wirklich Lust am Gutsein haben kann. Nicht im Hinblick auf ein nettes Plätzchen im Himmel, sondern ganz unmittelbar im alltäglichen Zusammenleben. Das klingt vielleicht nach den Verheißungen der Erbauungsliteratur, läßt sich aber direkt überprüfen. Nur grimmige, total verbiesterte Leute werden leugnen, daß es sich gut anfühlt, jemandem zu helfen oder zu vertrauen, Zivilcourage zu zeigen oder Mitgefühl, und daß es Spaß macht, höflich zu sein, weil man damit ein angenehmes Klima verbreitet und Freundlichkeit erntet. Bestimmt ist das nicht die Art von Lust, von der Zeitgenossen auf dem Ego-Trip schwärmen, aber auf die Dauer trägt sie entschieden mehr zu einem glücklichen, gelungenen Leben bei als ein momentanes »Gib Gas, ich will Spaß!«

Vorleben statt predigen

Laufen, Sprechen, Essen, Singen – Menschen lernen das allermeiste durch Nachahmung. Auch und vor allem die Art, miteinander umzugehen. Ob sie es wissen und wollen oder nicht: Eltern können gar nicht anders, als ihre Kinder zu einer bestimmten Einschätzung von Werten zu »erziehen«. Sie tun es in jedem Fall, einfach durch die Weise, wie sie sind und reagieren – wie sie sich zueinander verhalten, wie sie ihr Kind lieben und respektieren, wie sie etwa Vertrauen und Hilfsbereitschaft zeigen oder Ärger und Ablehnung, Gleichgültigkeit oder Anteilnahme. Aus allem lernt ein Kind schon von klein auf, was ihnen »gut« und »richtig« erscheint oder »falsch« und »böse«, und daran hangelt es sich hoch. Die wenigsten Eltern machen sich klar, daß selbst ihr unreflektiertes Handeln ihre Sprößlinge unvergleichlich mehr beeinflußt als alle Mahnungen, Drohungen und Sanktionen. Tatsächlich bringen sie ihnen ihre Wertvorstellungen in erster Linie duch ihr Vorleben bei und nicht durch Überredung und Druck.

Es gehört zu den größten Wünschen der Kinder, sich mit den Eltern zu identifizieren, so zu werden wie Vater und Mutter. Allerdings nur dann, wenn sie die Großen lieben und bewundern können und sich bei ihnen geborgen fühlen. In einem Klima von Vertrauen und gegenseitiger Zuneigung übernehmen die Kinder am ehesten die Wertvorstellungen der Eltern und versuchen, sich ihnen anzugleichen. Harte, strafende Eltern haben dagegen kaum eine Chance, als positive Vorbilder zu bestehen, selbst wenn sie es gut meinen. Anstelle der Werthaltungen, die sie ihnen mit ihrer Strenge aufzwingen wollen, kopieren die Sprößlinge häufig nur die Methoden und neigen selbst zur Gewaltbereitschaft.

Weil Kinder von Anfang an bemüht sind, sich zugehörig zu fühlen und den Verhaltensweisen ihrer Gruppe anzupassen, beobachten sie scharf, was in ihrem Umfeld vorgeht. Sie haben ausgezeichnete Antennen und merken schnell, wenn ihnen etwas aufgedrückt werden soll, was die Großen selbst nicht praktizieren. Bei Kleinen, die noch leicht zu steuern sind, mag das vielleicht eine Weile klappen. Aber Größere, denen bewußt wird, daß im Prinzip allen gleiche Rechte zustehen, begehren oft auf gegen die Verschiebung der Maßstäbe. Wieso sollen sie sich an Regeln halten, die ein Großteil der Erwachsenen offen oder auf spitzfindige Art umgeht? Für die meisten, die sich mit diesem Thema befassen, gilt es inzwischen als ausgemacht, daß viele Kinder und Jugendliche gerade deshalb auf Werte pfeifen, weil sie gegen die weitverbreitete Doppelmoral der Erwachsenen protestieren und sich nicht von denen an der Nase herumführen lassen wollen, die ihnen Ehrlichkeit und Bescheidenheit predigen und dann selbst mit allen Tricks versuchen, ihr Schäflein ins Trockene zubringen.

Wenn Eltern ihre Kinder von humanen Werten überzeugen wollen, bleibt ihnen also nichts anderes übrig, als bei sich selbst anzufangen, in ihrem eigenen Leben damit ernst zu machen und den persönlichen Wertebestand aufzupolieren. Vermutlich erscheint das manchen als fürchterliche Last. Aber ebensogut läßt es sich als Chance betrachten, mit und von den Kindern zu lernen. Wer Kinder wirklich mag und Spaß daran hat, mit ihnen Schneemänner zu bauen, Leberblümchen zu bestaunen und Wasserrutschen runterzusausen, kann genausoviel Freude dabei empfinden, mit ihnen eine Familienatmosphäre zu gestalten, in der sich Liebe, Gelassenheit und Selbstvertrauen entwickeln können und all die anderen Werte, die später auch über diesen Mikrokosmos hinaus das Leben lebenswert machen.

Das elterliche Vorleben gilt zwar als die wirksamste Methode, um Kindern bestimmte Werthaltungen nahezubringen, ist aber trotzdem kein Unterfangen mit Erfolgsgarantie. Ein Kind wird durch das Muster der Großen nicht einfach in eine vorgegebene Form gepreßt. Jedes hat seine unverwechselbaren Eigenarten und Ausrichtungen. Es wählt aus und übernimmt die Normen der Erwachsenen in einer Weise, die zu seiner Individualität paßt. Und dadurch entscheidet es immer selbst mit über das Ergebnis. Darum ist es wichtig, kein zu starres Gerüst aufzubauen, sondern den Sprößlingen Freiräume zu lassen, in denen sie sich ihren eigenen Anlagen und Überzeugungen entsprechend einrichten können.

Es gibt allerdings auch Kids, die sich gegen alle Steuerungsversuche resistent zeigen, weder durch Vorbilder noch durch Bitten, noch durch Druck erreichbar. So schwer es auch fallen mag, aber das einzige, was Eltern dann bleibt, ist anzuerkennen, daß Kinder nicht unser Eigentum sind, das wir nach unseren Wünschen formen können. Sondern eigenständige Wesen, die wir nur ein Stück ihres Weges begleiten – manchmal mit sehr begrenzten Einflußmöglichkeiten. Trost gibt dabei indes der Gedanke, daß Vertrauen und Liebe, die sie auf diesem Weg miterlebt haben, oft doch eines Tages Wirkung zeigen und sie aus »ungezogenen« Kindern in sozial verträgliche Erwachsene verwandeln. Bestens zu beobachten an vielen Pubertierenden, die für eine Weile alles vergessen zu haben scheinen, was sie als Kleine durch ihre Eltern gelernt haben und dann nach überstandenen »Häutungen« fast immer wieder zu der Linie zurückfinden, die von Vater und Mutter vorgelebt wurde.

2. Werte im Kinderleben

Achtung

Achtung zu haben bedeutet, die unantastbare Würde des Menschen anzuerkennen – die des Mitmenschen und auch die eigene. Sie ist ein Prinzip der Gegenseitigkeit, denn grundsätzlich hat jeder ein Anrecht darauf, daß seine Menschenwürde respektiert wird. Wer das beherzigt und seine Mitmenschen achtet, kann niemandem wehtun: Freundschaft, Ehrlichkeit, Zuverlässigkeit, Toleranz – die allermeisten Werte fußen auf dieser Hochschätzung anderer.
Aber nur wer von sich selbst etwas hält, gibt auch etwas auf die Rechte und Bedürfnisse anderer. Um seine Mitmenschen achten zu können, muß jeder deshalb zuerst lernen, sich selbst zu achten.

Selbstachtung beruht auf der Überzeugung, etwas wert zu sein, Bedeutung für andere zu haben und positive Eigenschaften und Fähigkeiten. Und dabei auch die eigenen Fehler und Schwachstellen akzeptieren zu können. Ihr Fundament bekommt sie schon in frühester Kindheit: Fühlt sich ein kleiner Mensch von seiner Umgebung geliebt und angenommen, entwickelt er ein positives Bild von sich selbst, ein tragfähiges Selbstwertgefühl.

Der Grad seiner Selbstachtung bestimmt ganz wesentlich mit über das seelische Gleichgewicht eines Menschen, seine Art zu denken, sich auszudrücken, sich zu bewegen. Er ist ausschlaggebend für seine Rolle in der Welt und vor allem für sein soziales Verhalten.

Selbstachtung ist das, was einen Menschen veranlaßt, seinen Grundsätzen entsprechend zu handeln – auch wenn keiner zusieht. Sie bildet deshalb die Basis für seinen Umgang mit Werten.

»Das bin ich mit Papi und Mami!« Steffi, 5, hat sich als Tannenbäumchen gemalt. Klein und stramm, mit einem bunten Vogel obendrauf, steht es auf sicherem Posten zwischen zwei größeren

Tannen, beschützt von deren Zweigen, aber mit genügend Spielraum um sich herum. Ganz anders sieht es auf dem Familienbild von Karsten, 7, aus: da umkreisen zwei haiähnliche Ungeheuer mit riesigen Flossen, Kugelaugen und Mäulern voller spitzer Sägezähne ein mickriges, aschfarbenes Fischlein. Bilder, auf denen Kinder sich als Tier, Baum oder Blume darstellen, verraten eine Menge von der Bedeutung, die sie sich selbst beimessen, ob sie sich wichtig und geschätzt fühlen oder nebensächlich, unerwünscht und wertlos. Lange bevor es solche Eindrücke mit Worten oder Bildern wiedergeben kann, spürt ein Baby schon, was es seinen Eltern bedeutet. Durch ihre Zärtlichkeit und Fürsorge, durch Gesten, Schmusenamen und Aufmerksamkeit oder durch Desinteresse, Nervosität und Ungeduld signalisieren sie ihm: »Du gehörst dazu, wir lieben und akzeptieren dich« oder – im Gegenteil – »Du störst und bist lästig.« Egal, ob sie es wissen und wollen oder nicht – schon in den ersten Monaten seines Daseins legen die Eltern so den Grundstein für die Achtung, die das Kind sich selbst und anderen Menschen entgegenbringen wird.

Um Achtung vor anderen entwickeln zu können, muß ein Kind zuallererst selbst Achtung erfahren. Erlebt es liebevolle Zuwendung, lernt es dabei, sich als unersetzbar und wertvoll einzuschätzen. Ein stabiler Sockel an Selbstachtung ist die beste Voraussetzung, um auch andere zu achten.

Ein positives Bild von sich selbst können kleine Kinder am ehesten über die bedingungslose Liebe ihrer Eltern gewinnen, die ihnen die Sicherheit gibt, wichtig und einzigartig zu sein. »Mami, hast du mich lieb?« fragen viele Kinder immer mal zwischendurch. Aber entscheidender als alle Bestätigungen durch Worte sind die Ergebnisse ihrer – natürlich nicht unbedingt bewußt geplanten – »Tests«: Haben sie mich noch lieb, wenn ich die Tomatensuppe über den Tisch pruste? Oder diese Strippe hier durchbeiße? Tragfähige Liebe setzt zwar Grenzen, verurteilt aber den Missetäter nicht gleich insgesamt als »böses Kind«, als eines also, das man nicht mehr mögen kann.

»Als er ein Winzling von 15 Monaten war, gab es für unseren Basti im Park ein wandelndes rotes Tuch – Matthias«, erinnert sich eine Mutter. »Wo immer er steckte, in einem Laubhaufen, im Gebüsch oder in der Sandkiste, Basti rannte auf ihn zu und biß ihn in die Backe. Oft hatte ich das arme Opfer noch gar nicht gesichtet, da war es auch schon passiert. Natürlich versuchte ich Basti klarzumachen, wie weh er Matthias tat, und auf unseren Spaziergängen schlug ich alle möglichen Haken, nur um seinen Weg nicht zu kreuzen, aber es klappte nicht immer. Eines Nachmittags baute sich Matthias' erboste Mutter mit ihrem Sohn an der Hand vor Basti auf: ›Siehst du, Matthias, das ist ein wirklich böses Kind‹, erklärte sie, ›ein schlimmer Junge, weil er dich nicht in Ruhe läßt.‹ Ich konnte ihren Ärger zwar gut verstehen, aber dieses Urteil ging dann doch zu weit. Basti war nämlich, wenn er nicht gerade auf sein ›rotes Tuch‹ traf, ein freundliches, verschmustes Kerlchen. Deshalb nahm ich ihn damals auch bei der Hand. ›Es tut mir wirklich leid, daß Basti Matthias immer wieder beißt‹, sagte ich den beiden. ›Ich finde das absolut nicht in Ordnung, aber er ist deswegen doch kein böses Kind, meistens ist er sogar ausgesprochen lieb. Schade, daß er das nicht auch bei Matthias zeigt.‹ Die beiden Kleinen hörten dem Hin und Her zwischen ihren Müttern sehr aufmerksam zu. Und wenn er auch sicher nicht alles verstanden hat, glaube ich doch, daß Basti mitbekam, wie ich trotz seiner ›Untaten‹ zu ihm stand und ihn nicht ganz und gar verurteilte. Ich weiß nicht, ob es etwas mit diesem Erlebnis zu tun hatte, jedenfalls hörten seine Überfälle auf Matthias ziemlich bald danach auf.«

Kinder können – wie Erwachsene auch – Kritik besser annehmen und auch leichter einen Ansatz finden, ihr Verhalten zu ändern, wenn sie spüren, daß sie trotz ihrer Fehler nicht fallengelassen, sondern weiter akzeptiert werden.

»Papi, haben kleine Vögel Zähne?« Jonas, 4, platzt mitten in eine ernste Unterhaltung seines Vaters. Der unterbricht sein Gespräch und wendet sich dem Sohn zu: »Die brauchen sie nicht, Jonas, weil sie picken, statt zu kauen.« Zufrieden marschiert Jonas davon. Es ist noch gar nicht so lange her, daß Kinder still zu sein hatten, wenn die Erwachsenen sich unterhielten. »Halt den Mund, wenn die Großen reden«, hieß es. »Kinder sprechen nur, wenn sie gefragt werden.« Kinder können aber ihre Probleme oder Wünsche noch nicht wie Erwachsene auf später vertagen, dazu leben sie viel zu unmittelbar. Eine wichtige Frage, wie die nach den Vogelzähnen, hat einfach keine Zeit bis nachher. Außerdem haben zumindest kleine Kinder kaum Verständnis dafür, daß die Themen der Erwachsenen wichtiger sein sollen als ihre eigenen Anliegen.

Natürlich muß man es nicht zulassen, daß sie immer wieder jedes Gespräch unterbrechen. Als wirkliche Störenfriede betätigen sich aber eigentlich nur Kinder, die mit allen Mitteln versuchen müssen, die Aufmerksamkeit der Erwachsenen auf sich zu lenken, weil sie ihnen freiwillig nicht zugestanden wird. Fühlen sie sich dagegen ernstgenommen, sind sie viel eher bereit, auch die Interessen der Großen zu respektieren. Dann haben sie es nicht nötig, unentwegt dazwischenzufunken und solange zu nerven und zu quengeln, bis man sich schließlich doch um sie kümmert. Kinder ernstzunehmen, das bedeutet, sie zu achten, und das heißt:

- Sie nicht wie willenlose Gegenstände hin- und herschieben,
- ihre eigenen Bedürfnisse gelten lassen,
- akzeptieren, daß sie keine kleinen Erwachsenen sind, daß Spontaneität, Ungestüm und Direktheit zum Kindsein gehören,
- ihnen zuhören und ihre Empfindungen, Sorgen und Nöte respektieren.

Galt es früher als selbstverständlich, daß ausschließlich Erwachsene Anspruch auf Achtung hatten, die Kinder dagegen parieren mußten, schlägt das Pendel inzwischen nicht selten zur Gegenseite aus: Gerade Eltern, die alles besser machen wollen, als sie es selbst erlebt haben, konzentrieren sich häufig dermaßen darauf, sämtlichen Bedürfnissen ihres Kindes Beachtung zu schenken, daß ihr eigenes Recht auf Respekt dabei auf der Strecke bleibt. Um der Selbstentfaltung ihres Sprößlings nicht im Weg zu sein, verzichten sie nicht nur auf eigene Wünsche und Interessen, sondern versäumen es auch, Grenzen zu setzen, wenn das Kind groß und wortgewandt genug ist, um andere Menschen zu kränken.

Die meisten Kindergartenkinder sind hingerissen von richtig schönen schlimmen Wörtern. Mit 3 bis 4 Jahren können sie gewöhnlich mit der Sprache so gut umgehen, daß sie Wut und Protest nicht mehr rein körperlich ausleben, sondern lieber zu starken Wörtern greifen, anstatt sich auf die Erde zu werfen und zu strampeln. »Sauarschmami«, »Scheißziege«, »Kackwurst« oder »blöder Hornochse« – in ihren Ohren klingt das wunderbar und gibt ihnen das Gefühl, fast so mächtig zu sein wie die Großen. Meistens haben sie keine Ahnung davon, was mit diesen rüden Ausdrücken wirklich gemeint ist, aber sie registrieren doch sehr genau, welche tollen, überraschenden Effekte sich damit erzielen lassen. Manche Erwachsene prusten los, wenn so ein Zwerg sie als »dämlichen Wichser« tituliert, manche sind ernstlich beleidigt, andere reagieren ärgerlich oder empört. Obwohl man die Phase der Kraftausdrücke nicht dramatisch sehen muß – laut Entwicklungspsychologie gehört sie als Einübung von Selbstbehauptung zum normalen Programm –, die Kinder einfach gewähren zu lassen, ist trotzdem keine gute Idee. Wie sollen sie schließlich lernen, daß Schimpfwörter nicht das richtige Mittel sind, um sich mit anderen auseinanderzusetzen? Warum sollen sie sich die rüden Töne abgewöhnen, wenn man sie nicht bremst? Über einen Zehnjährigen, der seine Eltern als »dumme Säue« bezeichnet, lacht nämlich niemand mehr. Und falls er auch noch andere Erwachsene mit üblen Wörtern belegt, wird er ziemlich bald schmerzhaft deren Ablehnung erleben.

Gerade weil kleine Kinder den Sinn ihrer Schimpfwörter meist gar nicht kennen, ist es Sache der Eltern, ihnen klarzumachen, wieviel Mißachtung und Kränkung darin steckt und daß zu Recht niemand bereit ist, das hinzunehmen. Je gelassener sie dabei bleiben, desto schneller verlieren die wüsten Wörter ihren Reiz:

»Ich habe einfach jedesmal in aller Ruhe gesagt, daß ich so nicht heiße und auch so nicht angeredet werden möchte. Wenn man weder lacht noch Ärger zeigt, werden die Superwörter ziemlich schnell langweilig.«

»Wir haben Daniel gefragt, wie er sich wohl fühlen würde, wenn wir ›du stinkender Hering‹ zu ihm sagten. Das hat ihm schwer zu denken gegeben.«

Manche Eltern lassen ihre notorischen Schimpfer auch Konsequenzen spüren: »Hast du schon mal eine Kuh gesehen, die Fahrrad fährt? Wenn du mich dauernd so nennst, kann ich leider keine Radtour mit dir machen.«

Der Kindergarten ist zwar unter den Kleinen die ergiebigste Quelle für Schimpfwörter, aber ziemlich bald danach folgt das Auto. »Saublöder Penner!«, »Idiot!«, »Lahmarsch!«, selbst ansonsten zivilisierte Erwachsene rasten am Steuer häufig aus und hängen anderen Verkehrsteilnehmern die übelsten Schimpfnamen an, begeistert belauscht vom Nachwuchs im Fond. Und natürlich kontern die Kinder, wenn man ihre Ausdrucksweise kritisiert: »Aber du gebrauchst doch selbst solche Wörter!« Eltern, denen ein Umgangston am Herzen liegt, der niemanden erniedrigt oder kränkt, tun gut daran, ihren eigenen Wortschatz unter die Lupe zu nehmen und Begriffe wie »Scheiße« oder »Arschloch«, die vielen schon gewohnheitsmäßig über die Lippen gehen, möglichst auszumerzen. Natürlich passiert es den meisten trotzdem, daß sie ihr Kind im Ärger irgendwann als »Suppenhuhn« bezeichnen oder andere Autofahrer im Streß und Stau beschimpfen, aber nichts hindert sie daran, in solchen Fällen zuzugeben, daß der Ausrutscher nicht in Ordnung war und keinesfalls ein Muster zur Nachahmung.

Schulkinder gehen mit Schimpfwörtern schon wesentlich gezielter um. Auch wenn vielen die Tragweite ihrer Ausdrücke immer noch nicht klar ist, wissen sie doch genau, daß sie andere damit herabsetzen können. Bewußter und kritischer nehmen sie jetzt ihr soziales Umfeld wahr. Vor allem in der Gruppe der Gleichaltrigen finden sie schnell heraus, wer besondere Angriffsflächen bietet und wo sie den Spaten ansetzen müssen, um ihn zu treffen. Ob ein Kind langsamer, ungeschickter, weniger gut ausstaffiert oder fremd ist – im Nu bekommt es einen verletzenden Spitznamen verpaßt. Aber auch jenseits der Schimpfwortebene gibt es eine Menge Möglichkeiten, einem anderen Kind Mißachtung zu zeigen: Niemand will neben ihm sitzen, seine Freundschaftsangebote werden offen verspottet, es wird zu keinem Geburtstag eingeladen, in der Pause behandelt man es wie Luft und spricht nur verächtlich von ihm, jeder seiner Fehler wird höhnisch aufs Korn genommen.

Kinder mit einem stabilen Fundament an Selbstachtung haben es gewöhnlich nicht nötig, andere herabzusetzen. Deshalb sind es längst nicht immer die »Spitzenreiter« einer Gruppe, die Starken, Selbstbewußten, die sich bei solchen Aktionen hervortun, sondern viel öfter diejenigen, die selbst mit Schwächen zu kämpfen haben. Sie sind froh, jemanden entdeckt zu haben, dem sie sich einmal überlegen fühlen können.

Es ist zwar grundsätzlich ein vernünftiger Standpunkt, Kinder ihre Streitereien unter sich ausmachen zu lassen, hier aber geht es um mehr als eine alltägliche Zankerei: Es geht darum, daß ein Mensch in seiner Würde verletzt wird.

Mit Sicherheit ist Kindern in diesem Alter die Tragweite ihres Verhaltens nicht bewußt. Für sie handelt es sich eher um ein boshaftes Spiel, bei dem sie sich auf Kosten eines anderen profilieren können. Und deshalb sind sie auf die Hilfestellung der Erwachsenen angewiesen. Mit Schimpfen, Strafen oder Verbieten läßt sich garantiert nichts ausrichten; sie würden sich höchstens im Beisein der Eltern zusammenreißen und in ihrem Kreis unbeirrt weitermachen. Wichtig ist, den Kindern zu erklären, daß jeder Mensch, unabhängig davon, ob man ihn mag oder nicht, Anspruch darauf hat, respektiert zu werden. Am besten geht das in einem ruhigen Gespräch unter vier Augen.

Im Unterschied zu jüngeren sind Schulkinder schon fähig, sich in die Lage anderer Menschen zu versetzen. Und so stark sie auch im Austeilen sein mögen, im Wegstecken geben sie sich eher mimosenhaft. Darüber ließe sich zum Beispiel ein Einstieg finden: »Überleg mal, wie dir zumute wäre, wenn das alles dir passieren würde.« Bei näherem Hinsehen stellt sich oft heraus, daß das Kind von seinem »Opfer« kaum etwas weiß. Anteilnahme oder zumindest Verständnis wächst aber gewöhnlich, wenn man sich mit dem anderen ernsthaft beschäftigt. Auch da könnten Eltern ansetzen: »Weißt du eigentlich, was er gern tut? Wo er wohnt und ob er Geschwister hat?« »Wie reagiert er, wenn ihr ihn einfach stehen laßt?« »Was ist das Netteste, das du über ihn sagen kannst?« »Hast du eine Idee, wo er vielleicht mal dabeisein könnte?«

Manchmal geraten Kinder nur in einen Strudel und machen mit, weil's alle tun, ohne sich den Kopf über die Folgen zu zerbrechen. Sind sie aber selbst der Motor der Sticheleien und Herabwürdigungen, steckt gewöhnlich ein eigenes Problem dahinter. In vielen Familien ist es üblich, nur die Fehler und Niederlagen eines Kindes zu erwähnen, während seine Stärken und Erfolge als selbstverständlich angesehen werden. Nach dem Motto: »Mathe und Bio kannst du ja sowieso, aber diese ständige Fünf in Deutsch – muß die denn sein?« Zwangsläufig starrt das Kind selbst schließlich nur auf das, was es *nicht* kann, es hält sich für einen Versager, und die Versuchung ist groß, sich selbst aufzubauen, indem man andere herabsetzt.

Sinnvoller als ihm Vorwürfe zu machen oder das Kind seinerseits zu demütigen – »damit du siehst, wie sich das anfühlt« –, ist es deshalb, seinem Selbstwertgefühl Auftrieb zu geben, seine Erfolge zu betonen, seine Bemühungen anzuerkennen und ihm Mut zu machen, wenn etwas danebengeht.

Klappt es in vielen Familien in den ersten Jahren noch ganz gut mit der wechselseitigen Achtung, brechen gerade auf diesem Sektor oft harte Zeiten an, sobald die Kinder in die Pubertät kommen. Plötzlich schlagen sie derart unverschämte Töne an und legen eine solche Rücksichtslosigkeit an den Tag, daß Väter und Mütter nicht selten die Nerven verlieren und zurückbrüllen in einer Weise, die sie sich selbst nie zugetraut hätten. Aggressionen und Provokationen richten sich zwar in erster Linie an die Adresse der Eltern, aber auch Gleichaltrige, Lehrer und fremde Erwachsene bleiben gewöhnlich nicht verschont.

Selbst wenn sie wissen und akzeptieren, daß das Auftrumpfen der Jugendlichen Teil des notwendigen Ablösungsprozesses ist, die Einübung von Unabhängigkeit mit noch ungehobelten Methoden – den meisten Eltern fällt es extrem schwer, diese Attacken zu ertragen und damit umzugehen. Der Versuch, Respekt einfach einzufordern, reizt in der Regel nur zu neuen Ausfällen: »Rutscht mir doch den Buckel runter mit eurem Gelaber! Ihr könnt mir überhaupt nichts vorschreiben!« Ebenfalls zu schreien und zu toben führt höchstens zu einem verletzenden Kampf, bei dem niemand gewinnen kann und der in gegenseitiger Verachtung endet. Auch Vorwürfe sind wenig erfolgversprechend, dagegen zeigen sich die allermeisten Jugendlichen absolut immun.

Damit die Achtung in dieser turbulenten Phase nicht kompletten Schiffbruch erleidet, ist *Gelassenheit* ein ausgezeichnetes Rüstzeug für Eltern. »Ich habe mir immer wieder in Erinnerung gerufen, daß sie nicht eigentlich mich persönlich meinten, sondern meine Rolle als Mutter angriffen«, berichtet eine Mutter von drei erwachsenen Töchtern. »Das bewahrte mich – und sie! – davor, ihnen auch Sachen an den Kopf zu werfen, die sie nur schwer verdaut hätten.« Gelassen zu bleiben, das könnte sich in kritischen Situationen so auswirken:

- Dem Kind ruhig und unmißverständlich sagen, daß man sich durch sein Verhalten verletzt fühlt. Trotz aller Unverschämtheit wollen die wenigsten Jugendlichen den Kontakt mit ihren Eltern wirklich abbrechen. Und die ernsthafte Botschaft: »Ich fühle mich von dir gekränkt«, verstehen die meisten tatsächlich als Stoppschild. So eine Aussage läßt ihnen die Freiheit, selbst zu entscheiden, ob sie ihr Verhalten ändern wollen. Je weniger Zwang und Druck sie dahinter wittern, desto eher sind sie dazu bereit.
- Bei Konflikten nicht auf der elterlichen Machtposition beharren, sondern den Standpunkt des Kindes – so bizarr er auch

erscheinen mag – genauso abwägen wie den der Erwachsenen. Geht es bei solchen Familienkonflikten wirklich demokratisch und fair zu zwischen »Alt« und »Jung«, sind sie ein ideales Übungsfeld, auf dem Kinder lernen können, Ansichten anderer auch außerhalb der Familie zu respektieren.

- Spielregeln für das Zusammenleben aushandeln, ohne daß die eine Seite versucht, der anderen etwas aufzuzwingen, das sie nicht akzeptieren kann. Oft die beste Lösung: ein Kompromiß, bei dem beide Seiten zurückstecken und keiner das Gefühl hat, seine Interessen total aufgegeben zu haben.
- Wünsche und Vorstellungen des Kindes – Mode, Schule, Musik oder Freunde betreffend – nicht einfach autoritär wegwischen, sondern respektieren.

Es gibt auch noch eine Reihe von »flankierenden Maßnahmen«, die helfen können, die Achtung vor dem Untergang zu bewahren: Bei den meisten Jugendlichen gerät das Selbstwertgefühl während der Pubertät gründlich ins Wanken. Sie schwanken hin und her zwischen maßloser Selbstüberschätzung und abgrundtiefer Verunsicherung. Mal finden sie sich unwiderstehlich, nahezu allmächtig, dann wieder häßlich, hilflos und alles andere als liebenswert. Viele sacken in dieser Zeit auch noch in der Schule drastisch ab oder sehen keine Perspektiven für einen Berufsstart – sie erleben die Einbrüche doppelt vernichtend. Das Muster ist wieder das gleiche wie bei den jüngeren Kindern: Je geringer die Selbstachtung, desto größer das Bedürfnis, anderen Mißachtung zu zeigen. Gerade in dieser labilen Phase können Eltern einiges tun, um die Selbstachtung ihrer Kinder – und damit auch die Basis für die Achtung anderer – zu stützen. Etwa indem sie sich ironische oder abfällige Bemerkungen über Pickel, zu große Füße oder Speckröllchen verkneifen; sich nicht lustig machen über die heißen Ohren und den Riesenkummer der ersten Liebe; Experimente mit Frisuren, Outfits oder Sprache als Versuche, einen eigenen Stil zu finden, respektieren und die Intimsphäre des Kindes – Tagebücher, Briefe, Schubladen – nicht antasten. Indem sie trotz aller Fehlschläge Vertrauen in sein Können setzen, seine Kompetenzen anerkennen und seine Meinung wichtig nehmen: »Beim nächsten Mal klappt es besser mit der Englischprobe, ich bin ganz sicher!« »Sag mir doch, was ich anziehen soll, du hast so einen guten Blick dafür.« »Wenn ich dich nicht hätte, käme ich mit dem Computer nie klar!«

Nie vor- und nie nachher nehmen Kinder ihre Väter und Mütter so scharf unter die Lupe wie in der Pubertät. Diskrepanzen zwischen dem, was die Erwachsenen erwarten, und dem, was sie selbst tun, entgehen den kritischen Beobachtern garantiert nicht. Eltern, die von ihren Kindern Achtung verlangen, selbst aber herumbrüllen, eine begriffsstutzige Verkäuferin abkanzeln, die vergeßliche Großmutter blamieren oder respektlos mit- und übereinander reden, brauchen sich nicht zu wundern, wenn ihr Beispiel Schule macht. Es bleibt ihnen also nichts anderes übrig, als genau in den Spiegel zu schauen und – wenn nötig – mit der eigenen Kurskorrektur anzufangen. Zwar wirken Kinder in dieser Etappe nicht gerade empfänglich für vorgelebte Achtung, aber trotzdem: ein positives Muster wird sie mit Sicherheit dauerhafter prägen als alle Gardinenpredigten.

Auf dem Weg zum Erwachsensein reiben sich die Jugendlichen nicht nur an der elterlichen Autorität, sondern auch an anderen Erwachsenen – mit besonderer Hingabe an den Lehrern. Ihrem wackeligen Selbstwertgefühl bekommt es weit besser, die Schuld für jedes Versagen und jede Zurechtweisung diesen »trüben Tassen« anzuhängen, statt sie auf die eigene Kappe zu nehmen. Aus den gehässigen Beschreibungen, die nach Hause schwappen, können sich hellhörige Eltern ein ziemlich genaues Bild von dem Maß an Mißachtung machen, das in der Schule häufig den Ton angibt. Vielleicht haben sie selbst die Schule nie gemocht, oder es gibt triftige Gründe, sich über bestimmte Lehrer zu ärgern. Verständlich, daß sie dann gern mitmeckern und sich über den treffsicheren, ätzenden Spott ihrer Sprößlinge amüsieren. Ein Großteil der zunehmenden Gewalt an unseren Schulen geht aber – das betonen neuere Untersuchungen – auf das Konto wechselseitiger Mißachtung. Gerade deshalb ist es wichtig, daß Kinder lernen, Wut und Enttäuschung nicht durch Diffamierungen auszudrücken, sondern Ansätze für ihre Kritik zu finden, die dem anderen nicht jede Achtung absprechen. Für die Eltern heißt das: Die Kinder zum Reden bringen – ohne beleidigende Zutaten! –, ernsthaft zuhören und gemeinsam nach Erklärungen für die Konfliktsituationen suchen und nach Möglichkeiten, die Lage zu entschärfen.

Das ist oft leichter gesagt als getan, aber wenn man die gegenseitige Achtung als Leitlinie für sein Leben akzeptiert, kann man sie nicht nach Belieben ein- und ausschalten.

Achtung contra Freundschaft

Eine ganz alltägliche Situation: Claudia, 10, wird von ihrem Mitschüler Thomas zum Geburtstag eingeladen. Und weil sie nichts vorhat, sagt sie zu, obwohl sie Thomas nicht besonders mag. Dann taucht plötzlich Susi, ihre beste Freundin, mit einem anderen Angebot auf. Was jetzt? Soll sie zu Thomas gehen und Susi enttäuschen oder Susis Vorschlag akzeptieren und damit Thomas kränken?

Spontan würden sich die meisten Kinder bestimmt für das entscheiden, was ihnen mehr Spaß macht, in diesem Fall also sich auf Susis Seite schlagen und Thomas' Einladung einfach ignorieren: »Den finde ich sowieso nicht so nett!« Dabei siegte die Freundschaft, aber die Achtung vor Thomas ginge unter. Durch ihr Verhalten würde Claudia ihm zeigen, daß er nichts als ein Lückenbüßer war, weil sich gerade nichts Besseres bot.

Anders sieht die Sache aus, wenn Susis Mutter anruft und Claudia bittet zu kommen, weil Susis Hund überfahren wurde und sie nun dringend Claudias Trost braucht. Hält sich Claudia jetzt an ihre Zusage bei Thomas, achtet sie zwar seine Gefühle, aber die Freundschaft mit Susi bekommt einen Knacks.

Jüngere Kinder sind in solchen Fällen auf die Entscheidungshilfe der Eltern angewiesen: Im ersten Fall könnten sie das Kind auffordern, seine Zusage einzuhalten und ihm dabei erklären, daß niemand einen anderen nur als Mittel zum Zweck benutzen darf. Daß es also eine Einladung lieber nicht annehmen soll, wenn es bloß Lust auf Abwechslung hat, aber auf den Gastgeber keinen Wert legt. Zwingen sollten die Eltern das Kind allerdings nicht. Es wäre vermutlich ein höchst unerfreulicher Geburtstagsgast und würde schon aus Trotz die Argumente der Eltern nicht an sich herankommen lassen. Auch falls es sich jetzt weigert, tragen die gemeinsamen Überlegungen aber vielleicht beim nächsten Mal schon Früchte.

Wenn Eltern im zweiten Fall ihrem Kind raten, lieber die Freundin zu trösten anstatt zu der Geburtstagsfeier zu gehen, vermitteln sie ihm, daß es manchmal wichtiger sein kann, verläßliche, anteilnehmende Freundschaft zu zeigen, obwohl ein anderer sich dadurch zurückgesetzt fühlt.

Welchem Wert man in einer bestimmten Situation den Vorrang gibt, ist nicht nur eine Frage des Gefühls, sondern genauso der Überlegung und der Einsicht. Die Argumente bleiben die gleichen auch bei älteren Kindern, die schon mehr Übung in Eigenverantwortung haben und keine Regieanweisungen der Eltern mehr brauchen, aber wohl noch ihren Rat.

Bescheidenheit

Mit Bescheidenheit ist die Fähigkeit gemeint, sich zu begnügen – weder großspurig und angeberisch aufzutreten, noch möglichst viel haben zu wollen.

Bis in die Mitte unseres Jahrhunderts galt Bescheidenheit als eine wichtige Maxime des Bürgertums, aber sie verkam immer mehr zur reinen Pose. »Danke, ich hatte mein Vergnügen«, pflegte Tante Minchen zu sagen, wenn der Pudding die zweite Runde machte, damit alle sie für sittsam und bescheiden hielten. Daß diese Art von Bescheidenheit nur aufgesetzt war und nichts mit der inneren Einstellung zu tun hatte, entlarvten Spottverse à la »Bescheidenheit ist eine Zier, doch weiter kommt man ohne ihr.«

Als Pose, hinter der die Protz- und Habgier munter weitergedieh, hat sie ausgedient. Wenn die Bescheidenheit heute ein Comeback erlebt, dann in ihrem ursprünglichen Sinn.

Ein überpersönlicher Aspekt, den sie für frühere Generationen

nicht hatte, gibt der »neuen« Bescheidenheit besonderes Gewicht:
das Bewußtsein, daß die Ansprüche jedes einzelnen über die
zukünftige Bewohnbarkeit der Erde mitentscheiden.

Ob Schlüsselbund oder Penatendose, Kochtopf oder Papis Schuh
– es gibt einfach nichts, was kleine Kinder nicht befingern, befummeln und am liebsten auch abschlecken möchten. »Haben!
Haben!« ist fester Bestandteil ihres allerersten Wortschatzes.
Während sie sich aufmachen, die Welt zu erobern, wollen sie rundweg alles in ihren Besitz bringen. Bei den ersten gemeinsamen
Besorgungen thronen sie meistens oben im Einkaufswagen und
lassen sich, wenn sie nach bunten Dosen und Tüten grapschen,
noch relativ leicht ablenken. Aber zwischen zwei und drei Jahren
haben die Kleinen schon genaue Ziele im Visier und sind gewandt
genug, um loszurennen und sich zu schnappen, was ihnen ins
Auge sticht. Dann wird der Supermarkt oder das Kaufhaus zur
Krisenzone. »Wenn ich mit meinen dreijährigen Zwillingen in den
Supermarkt kam, zog die Kassiererin schon die Augenbrauen
hoch«, berichtet eine Mutter. »Bei jedem zweiten Mal gab's eine
Höllenszene. Wie die Wiesel sausten die beiden herum und
schleppten an, was ihnen gefiel. Hatte ich dann zigmal gesagt
›Nein, das brauchen wir nicht.‹ oder ›Das können wir nicht alles
bezahlen‹ und die Sachen zurückgelegt, war die Kassenregion ihre
allerletzte Hoffnung. ›Wenigstens einen Lutscher, Mami! Oder ein
Überraschungsei!‹ Gab ich dann immer noch nicht nach, ging das
Gewitter los: Sie brüllten wie am Spieß, schubsten mich oder
nannten mich ›dämliche Mami‹. Zu allem Überfluß mischten sich
oft auch noch fremde Leute ein und fanden, ich wäre viel zu
streng. Dann habe ich einfach auf Durchzug geschaltet und versucht, ruhig zu bleiben.« Für kleine Kinder ist es wirklich nicht
leicht zu begreifen, warum man die tollen Sachen, die da herumliegen, nicht einfach mitnehmen darf. Sie brauchen Begründungen
für das Nein, damit sie allmählich lernen können, es einzusehen.
Allerdings heißt das nicht, daß man sie in jeder kritischen Situation
»zutexten« sollte, denn darauf reagieren sie garantiert ziemlich
bald mit akuter Taubheit. Also lieber keine Überdosis von Erklärungen, sondern hin und wieder ruhig auch ein schlichtes Nein.
    Vom Geld haben die Knirpse eine höchst verschwommene Vorstellung: das sind bunte Bildchen und blanke Scheibchen, die man

in Läden hin- und herschiebt. Und wenn man keine mehr im Geldbeutel hat, geht man eben zur Bank und holt sich neue. Obwohl Kinder frühestens mit fünf oder sechs Jahren anfangen, etwas vom Wert und Sinn des Geldes zu begreifen, können Eltern schon eher mit ihnen darüber sprechen, daß es nicht unbegrenzt nachfließt und daß viele Dinge davon bezahlt werden müssen. Allerdings dürfen sie nicht erwarten, daß die Kleinen solche Erklärungen schon ganz erfassen.

Manche Erwachsene begründen ihr Nein damit, daß zu Hause ein ganze Dose voller Süßigkeiten steht und neue Gummibärchen deshalb wirklich nicht nötig sind. Oder sie zeigen ihnen, wie geschickt Kinder in Geschäften durch die vielen bunten Dinge in ihrer Augenhöhe geködert werden. »Sollen wir vielleicht so dumm sein und darauf hereinfallen?«

Ein Nein, das nicht konsequent ist, hat wenig Sinn, denn bei jedem Einkauf wird das Tauziehen von neuem losgehen. Aber deshalb muß es doch nicht »gnadenlos« sein. Die Kinder können den Standpunkt der Großen entschieden leichter akzeptieren, wenn ihre Interessen nicht völlig unter den Tisch fallen. »Ich habe eine Kompromißlösung gefunden, die die Situation entschärft hat«, erzählt die Zwillingsmutter. »Alle paar Tage setzten wir einen Kinderwunsch auf die Einkaufsliste, oder es wurde vorher ausgemacht, daß jeder sich eine einzige Sache aussuchen durfte. Dabei konnten sie gleich lernen zu wählen und nicht einfach nach allem zu greifen.« Manchmal tut's aber auch das Versprechen, nach dem Einkauf zu Hause ein Eis zu essen oder Waffeln zu backen.

Max und Lena, acht und zehn Jahre alt, hocken unterm Weihnachtsbaum, ohne einen Blick für Kerzenglanz, Tannenbaum und Glimmer, ohne einen Ton von »Alle Jahre wieder« auf den Lippen fetzen sie das wunderschöne Papier von ihren Geschenken, und statt sich zu freuen, scheinen sie nur abzuchecken, ob kein Punkt ihres ellenlangen Wunschzettels vergessen wurde. Und oft setzen sie noch eins drauf: »Der Gameboy vom Carli ist eigentlich toller, mit dem kann man…« »Ihr habt euch keine einzige Überraschung für mich ausgedacht!« Eine Szene, wie sie viele Eltern erleben und in der sie nicht selten ein sehr ungutes Gefühl überkommt: Irgend etwas muß falsch gelaufen sein, daß die Kinder in ihren Bergen von Besitztümern nicht glücklich sind, sondern immer mehr fordern – schlicht unersättlich. Soviel gute Absicht, soviel Aufwand an Zeit und Geld! Natürlich reagieren manche Eltern enttäuscht oder empört:«Was darf's denn noch sein, die Herrschaften? Vielleicht eine Mondfähre oder eine Tauchstation?» Waren sie in ihrer eigenen Kindheit nicht mit entschieden weniger zufrieden, ohne komplette Barbie-Ausstattung und 12-Gang-Fahrrad?

Es nützt nichts, den Kindern das vorzuhalten, denn für sie zählt nicht, was früher war. Sie orientieren sich an der Gegenwart, und das ist eine Welt, in der Geld und Besitz – nach dem Motto: »Haste was, dann biste was!« – mehr denn je die Hauptrolle spielen und Konsumieren zu den beliebtesten Themen zählt. Überall quellen ihnen in Überfülle verlockende Angebote entgegen: Süßigkeiten, Spielzeug, Kleider, Sportgeräte… Überall stoßen sie auf die Verheißungen der Werbung, daß sie glücklich, stark und unwiderstehlich wären, hätten sie nur diese Rollerblades, diese Jacke oder diesen Schokoriegel. Kein Wunder, daß immer neue Wünsche in ihnen wach werden.

Wenn Eltern sich ehrlich prüfen, müssen sie oft feststellen, daß sie die Weichen für die Unersättlichkeit ihrer Kinder selbst mit gestellt haben: Manche erfüllen ihnen – genauso wie sich selber – jeden Wunsch, mit dem Hintergedanken: »Wer weiß, wie lange der Wohlstand hält!« Andere wollen an den Kleinen wettmachen, was sie früher nicht bekamen.

Je mehr Geld zur Verfügung steht, desto eher haben die Erwachsenen das Gefühl, den Kindern etwas vorzuenthalten, wenn sie ihnen nicht alles geben, wonach sie verlangen. Tatsächlich tun sie ihnen mit ihrer schrankenlosen Großzügigkeit aber keinen Gefallen: Zwischen Bergen von Geschenken fühlt sich ein Kind oft völlig irritiert. Wo soll es mit seiner Freude anfangen? Womit soll es zuerst spielen? Was könnte das Schönste von allem sein? Und in seiner Hilflosigkeit wirft es die Angel schon wieder nach dem nächsten Wunschobjekt aus. Außerdem: in der Menge wertet ein Ding das andere ab. Über ein einzelnes tolles Auto oder eine einzige Puppe könnte man viel glücklicher sein als über ein halbes Dutzend.

Ein paar Klötzchen, Steinchen, eine Pfütze – mehr brauchen die meisten Kinder nicht, um eine Burg, einen Bauernhof oder einen Hafen zu bauen. Stellt man ihnen aber alles aufs Feinste vorgefertigt hin, verkümmert ihre Phantasie. Da verwandelt sich kein Ast mehr in ein Ritterschwert und kein umgekippter Stuhl in ein Rennauto, und sie langweilen sich schließlich ohne perfekte Ausstattung.

Viele Eltern überschütten ihre Kinder auch mit Geschenken, um ihr Gewissen zu beruhigen, weil sie keine Zeit haben, sich mit ihnen zu beschäftigen. Und die fordern immer mehr, wenn sie nie bekommen, was sie sich eigentlich wünschen: die Aufmerksamkeit der Großen. Ihre Unbescheidenheit ist also oft nichts anderes als eine verdeckte Bitte um Zuwendung. »So schlimm es klingt«, erzählt der Vater des fünfjährigen Lukas, »aber mein Sohn mußte seine Grapschhaltung erst auf die Spitze treiben. Alle paar Tage brachte ich ihm etwas mit, und während er es einheimste, ›bestellte‹ er schon das Nächste – bis ich das Signal dahinter endlich begriff. Jetzt haben wir mittwochs um sechs unseren festen Spiel - Termin. Den nehme ich genauso ernst wie einen beim Arzt. Zuerst wollte er immer noch weiter fordern, aber als wir dann anfingen, mit all den Schätzen zu spielen, die er schon hatte, legte sich das ziemlich bald.«

Schon Dreikäsehochs aus dem Kindergarten kennen sich mittlerweile mit Marken aus und melden gezielte Wünsche an. Zur vollen Entfaltung kommt das Markenbewußtsein aber erst im Schulalter. Was »in« ist und was »out« wird auf dem Pausenhof oder in der Clique entschieden. Wehe dem, der nicht das richtige Cap besitzt, die falschen Turnschuhe trägt, Jeans einer abgehalfterten Marke oder ein T-Shirt mit einem Label von gestern. Er zählt nicht in der Clique, wird von Freunden abgehängt und zum Außenseiter erklärt. Die Trends wechseln so schnell, daß selbst Marketingexperten schwindelig davon wird – erst recht Eltern, die das alles finanzieren sollen und mit dieser Konsumsucht vielleicht absolut nicht einverstanden sind. Der Druck der Gruppe stellt sie vor ein echtes Dilemma: Einerseits möchten sie, daß ihr Kind sich selbst gefällt, daß es dazugehört und glücklich ist, andererseits wollen sie es davor bewahren, nur von Äußerlichkeiten abhängig zu werden und von dem, was »alle« tun oder haben. Oft ist das Ganze auch schlicht eine Frage des Budgets. Für viele Eltern beginnt hier eine schwierige Gratwanderung. Nicht wenige legen sich sogar krumm, um ihrem Kind wenigstens eines der meist superteuren Stücke zu kaufen, damit es in der Clique mithalten kann. Manche setzen ein Limit für die begehrten Sachen fest und lassen die Kinder selbst entscheiden, ob alles in ein Paar Kultstiefel investiert wird oder lieber in eine billigere Version, so daß es auch noch für einen anderen Wunsch reicht.

Ein erster Schritt in Richtung Bescheidenheit könnte sein, daß Eltern mit den Kindern klipp und klar über ihre Einkommensverhältnisse reden. Ob sie es jüngeren anhand des berühmten Kuchenbeispiels vor Augen führen oder älteren durch eine Aufstellung von Summen – nur wenn Kinder sehen, wie selbst ein stattliches Gehalt durch Miete, Essen, Auto, Kleidung, Strom und Telefon blitzartig dahinschwindet, können sie die Dimension ihrer Ansprüche erkennen und vielleicht von selbst einsehen, daß nicht unbedingt die allerteuerste Designer-Jeans hermuß. Schickt man sie öfter zum Einkaufen, geht Kindern und Jugendlichen sehr schnell auf, wieviel Geld schon so alltägliche Dinge wie Milch, Brot und Gemüse verschlingen.

Der beste Lehrmeister auf dem Gebiet der Finanzen ist allerdings das Taschengeld. Je mehr freie Hand der Nachwuchs beim Umgang mit dem eigenen Baren hat, desto größer die Chance, etwas über Wert und Gegenwert, die Kunst des Einteilens und die Steuerung der Wünsche zu lernen. Deshalb empfiehlt sich hier für Eltern das Prinzip der Nicht-Einmischung. Das heißt: keine Anweisungen, was mit dem Geld zu geschehen hat; keine strengen Kontrollen, wohin es geflossen ist; keine Vorhaltungen, wenn es sinnlos verpulvert wurde und kein Nachschub bei allzu schneller Ebbe in der Kasse. Natürlich funktioniert dieses »Lernprogramm« nur, wenn die Kinder nicht mit derart viel Taschengeld ausgestattet werden, daß sie kaum einmal an ihre finanziellen Grenzen stoßen.

Über das eigene Geld lassen sich auch am ehesten Kompromisse finden, wenn es um die Anschaffung heißersehnter Edelklamotten oder anderer Traumobjekte geht. Die Eltern übernehmen den Grundstock im Rahmen des Normalen, und die Sprößlinge steuern an Taschengeld bei oder sparen zusammen, was bis zur Luxusklasse fehlt. Auf diese Weise können die Kinder die Trends zumindest teilweise mitmachen, gleichzeitig aber auch erfahren, daß nicht alles selbstverständlich und ohne Schwierigkeiten zu haben ist.

»Hängt denn dein ganzes Glück tatsächlich an dieser Jacke?« »Geld und Gut ist doch wirklich nicht alles im Leben!« Entsetzt über ihre Unbescheidenheit, traktieren Eltern die Kinder oft mit solchen Sprüchen – ohne zu merken, wie sehr sie selbst auf Status-symbole erpicht sind oder andere Leute nach Äußerlichkeiten taxieren. Kaufen sie wahllos, was ihnen gerade gefällt, protzen sie mit ihrem neuen Wagen oder jetten auf eine Südseeinsel, weil sämtliche Bekannten da schon waren, verfangen ihre Ermahnungen bei den Kindern garantiert nicht. Natürlich können sie argumentieren, daß sie sich schließlich alles hart erarbeitet haben und mit Recht ihren Wohlstand genießen. Trotzdem: um maßhalten zu lernen in einer verführerischen Konsumwelt, brauchen Kinder Eltern, die ihnen vorleben, daß man längst nicht alles haben muß, was man haben könnte, und daß es sich auch gut leben läßt, wenn manche Wünsche unerfüllt bleiben.

Einfach ist es sicher nicht, den Verlockungen und dem Gruppendruck zu widerstehen. Deshalb brauchen kleine und große Kinder neben dem Vorbild auch dringend elterliche Hilfestellung:

- Mit Kleinen spielen, bauen und bosseln. Ihre Kreativität anregen, so daß sie Spaß am eigenen Können entwickeln, selbst aktiv werden und damit weniger abhängig von durchgestyltem Spielzeug.
- Kinder und Jugendliche in ihrem Selbstbewußtsein unterstützen. Ihnen den Rücken stärken, ihre Fähigkeiten und Besonderheiten anerkennen, damit sie sich selbst nicht nur nach ihrer Aufmachung und ihrem Stellenwert in der Clique beurteilen. Je mehr innere Sicherheit sie gewinnen, desto weniger kann ihnen der Druck von außen anhaben.
- Mit ihnen über die Tricks der Werbung sprechen. Erklären, daß man auch mit den tollsten Turnschuhen nicht fliegen kann oder mit einem bestimmten Saft auf einer Märcheninsel landen. Und putzt »Meister Propper« die Küche vielleicht wirklich von allein blitzblank? Auch wenn es die Kleineren vielleicht noch nicht ganz begreifen, kann man ihnen schon sagen, daß sie mit den bunten Geschichten nur dazu gebracht werden sollen, sich das alles zu wünschen.
- Bei großen Kindern an ihr → Verantwortungsgefühl appellieren. Ihnen klarmachen, wie sie mit einer ungebremsten Konsumhaltung selbst dazu beitragen, daß Umweltschäden, Rohstoff- und Energiemangel die Grundlagen ihrer Zukunft zerstören. Und daß die Lebensqualität auf der Erde schon bald sehr eingeschränkt sein wird, wenn nicht jeder bei sich anfängt, seine Bedürfnisse zu begrenzen.

Besitz ist Macht. Egal, ob materielle Güter, besondere Eigenschaften oder Fähigkeiten – was immer einer hat, läßt sich verwenden, um andere zu beeindrucken. Das merken auch schon die Kleinen und hauen oft gewaltig auf den Putz: »Ätschbätsch! Mein Papi hat aber das allertollste Auto, das fährt mindestens 500!« »Du Schißhase! Ich spring' schon vom Dreier, und du traust dich nicht mal ohne Schwimmflügel ins Wasser!« Ältere gehen bei der Prahlerei meistens nicht mehr ganz so direkt und frontal vor, lassen die (falsche?) Rolex wie zufällig aus dem Ärmel blitzen, erwähnen beiläufig »unser Haus in Kitz«, oder erzählen mit gespielter Bescheidenheit, daß sie ohne die goldene Kreditkarte ihres »Alten« mit 16 nie im Leben in Paris einen Roller hätten mieten können.

Anregungen für effektvolle Möglichkeiten, sich in Szene zu setzen, finden die Jungen zur Genüge unter Erwachsenen, die keine Gelegenheit auslassen, »meinen Freund, den Generalkonsul« einzuflechten, ihre überaus wichtige Position oder ihre pausenlosen Reisen rund um die Welt. Manche Eltern bringen ihre Kinder auch selbst auf diese Schiene: »Wissen Sie, unsere Steffi ist ja so ungemein begabt«, erzählt ihre Mami unter anderen Müttern im Beisein der Tochter, »demnächst soll sie am Theater vortanzen. Nein, dieses Talent!« Oder Hansis Vater posaunt beim Familientreffen vor dessen Ohren herum, daß ohne seinen Sohn die ganze Schulstaffel sowieso einpacken könnte.

Kleine Kinder, große Kinder und auch Erwachsene – alle haben das gleiche Motiv, sich so aufzublasen: sie wollen anerkannt und beliebt sein, und es fehlt ihnen einfach das nötige Selbstvertrauen, um zu glauben, daß ihnen das auch ohne pfauenartiges Gepluster gelingen könnte. Was ihnen ihr Verhalten einbringt, ist aber kaum wirkliche Wertschätzung oder gar Freundschaft. Meistens sind Angeber von naiven Vasallen umgeben, die sich mitsonnen im Glanz der falschen Pracht, oder von ihresgleichen, unter denen sie dann immer nachlegen müssen mit dem »mehr« oder »besser« sein und nie – wie in einer echten Freundschaft – auch Ängste und Unsicherheiten eingestehen dürfen. Allen anderen wird ziemlich schnell klar, daß hier mit großen Tönen ein ebenso großes Minderwertigkeitsgefühl überspielt werden soll.

Nicht selten glauben Väter und Mütter, ihre Kinder zur Aufschneiderei anleiten zu müssen, damit sie fähig werden, sich in unserer Ellenbogengesellschaft durchzusetzen. Die Frage ist nur, ob diese Rechnung aufgeht. Was etwa, wenn Papis Geldquelle versandet, der »Konsul« vielleicht nicht mehr verfügbar ist oder herauskommt, daß ein »Supertalent« von nahem recht kümmerlich aussieht? Soll dann ein klägliches Etwas zurückbleiben, das ohne den Putz fremder oder falscher Federn nichts gilt? Ein besseres Rüstzeug für die Zukunft haben zweifellos Kinder, denen es gelingt, ein stabiles → Selbstvertrauen aufzubauen. Das fällt ihnen umso leichter, je mehr elterliche Bestätigung sie dabei bekommen.

Kleine Kinder, die sich erst einmal einen Platz in der Welt sichern müssen, protzen noch ganz unreflektiert herum. Aber wenn eines unentwegt faustdick aufträgt und mit Geschichten von der Art daherkommt, daß es dem Kaminkehrer die Leiter weggeschleppt habe, während er auf dem Dach herumkletterte, stellt sich die Frage, ob es sich so wichtig machen muß, weil es sich so unsicher fühlt. Der beste Schutzschild gegen unbescheidenes Auftreten entsteht, wenn Eltern der Eigenart und dem Können ihrer Kinder – ob groß oder klein – Beachtung schenken und Mut machen anstatt zu kritisieren. Wenn sie die Latte nicht zu hoch legen, damit die Sprößlinge sich nicht zum Prahlen gezwungen fühlen, vor lauter Sorge, sonst als Niete dazustehen. Und last not least sollten Erwachsene die eigene Haltung überprüfen. Aufschneidern ist ihre Haltung oft so in Fleisch und Blut übergegangen, daß sie sie selbst gar nicht mehr registrieren.

»Irgendwann fiel mir auf, daß mein sechzehnjähriger Sohn Riesentöne spuckte, und plötzlich merkte ich: Das ist ja mein O-Ton! Wie schrecklich anzuhören! Dabei sind wir beide eigentlich gut genug, um so etwas nicht zu brauchen. Jetzt haben wir uns auf das Losungswort ›großartig‹ geeinigt. Damit signalisieren wir uns gegenseitig: Denk nach, hast du das nötig?!«

Bescheidenheit contra Gerechtigkeit

Luisa, 14, probt mit einigen Mitschülern ein Theaterstück für das nächste Schulfest. Sie trägt dabei den Löwenanteil der Verantwortung: hat ein Märchen umgeschrieben, führt Regie und kümmert sich um die Kostüme und das Bühnenbild. Die Aufführung wird ein Riesenerfolg, und der Schulleiter lobt in seinem Schlußwort noch einmal ausdrücklich die tolle Leistung. Allerdings preist er dabei fast ausschließlich das Talent des Hauptdarstellers und tut so, als hätte Wohl und Wehe des Ganzen allein von ihm abgehangen. Natürlich ärgert sich Luisa über diese Ungerechtigkeit, und die anderen Mitspieler raten ihr, gemeinsam zum Direktor zu gehen und die Sache richtigzustellen. Wie soll sie sich verhalten? Auf einer gerechten Beurteilung bestehen oder bescheiden im Hintergrund bleiben? Für ihre Entscheidung ist in erster Linie Luisas persönliche Verfassung ausschlaggebend: Wenn sie spürt, daß der Ärger sich in ihr festfrißt und vielleicht in Wut auf den »Star« oder in ein frustriertes »Dann mache ich so was eben nicht wieder!« ausartet, sollte sie für die Gerechtigkeit eintreten. Hat sie aber ein so starkes Selbstwertgefühl, daß die falsche Einschätzung sie nicht wirklich trifft, kann Bescheidenheit ihr sogar noch einen Schritt weiter helfen, weil sie sie in der Überzeugung bestärkt, von der Meinung anderer nicht allzu abhängig zu sein. Es genügt ihr, selbst zu wissen, was sie geschafft hat, auch wenn es nicht an die große Glocke gehängt wird.

Dankbarkeit

»Dankbarkeit ist das Gedächtnis des Herzens.«
Jean Baptiste Massieu

»Wie heißt das Zauberwort?« »Bitte«, krähen die Kleinen, bekommen ihr Gummibärchen, Bilderbuch oder Butterbrot, und am Ende der Zauberformel muß natürlich das »Danke« stehen. In vielen Familien gehört dieses Spielchen zum Alltagsritual und hat sich ganz gut bewährt, um schon Knirpsen beizubringen, daß sie nicht einfach grapschen, schreien oder fordern können, wenn sie etwas möchten. Aber natürlich ist es nicht viel mehr als ein Dressurakt, so wie man kleine Hunde dazu bringt, Männchen zu machen und Pfötchen zu geben. Das zeigt sich meistens ziemlich bald, wenn die Kleinen ihren eigenen Kopf entdecken und aus Trotz oder um die Grenzen ihrer Möglichkeiten auszuloten (und natürlich auch die der elterlichen Geduld!) bei solchen Babyritualen nicht mehr mitmachen. Dann klappt es vielleicht gerade noch mit dem Bitten, schließlich bekommt man ja etwas dafür, aber das weggelassene »Danke« eignet sich hervorragend, um den Großen zu zeigen, wer hier die Lage beherrscht und daß beileibe nicht alles so laufen muß, wie sie es sich vorstellen. »He, wie wär's mit ›danke schön‹?« rufen dann die Eltern vielleicht noch hinterher, aber das läßt sich gut überhören, während man mit seiner Beute um die nächste Ecke saust.

Vor allem Großeltern und andere ältere Verwandte sind oft entsetzt und enttäuscht, wenn ihre liebevollen Geschenke bereitwilligst entgegengenommen und sofort ins Kinderzimmer abgeschleppt werden, ohne eine Andeutung von »danke«. »Wie sagt man?« bohren sie dann häufig und stoßen nicht selten auf taube Ohren, weil die Kleinen längst in der intensiven Beschäftigung mit ihrem neuen Spielzeug versunken sind. »Ich habe sechs Enkel«, erzählt eine Großmutter, »und weiß aus Erfahrung, daß sie nicht undankbar sind, bloß weil sie sich nicht immer an die konventionellen Formen halten. Ein artiges ›Danke‹ oder ein Pflicht-Küßchen ist mir sogar inzwischen nur halb so lieb wie ihre indirekte Art des Dankens. Wenn sie sich mit Begeisterung über ein

Geschenk hermachen, weiß ich doch, daß sie dabei ein genauso warmes Gefühl für mich haben, wie ich für sie, als ich es aussuchte. Und fast immer kommen sie irgendwann an und umarmen mich kurz oder sagen ›Mensch, Oma, das ist toll!‹ oder fordern mich zum Mitspielen auf. Man muß nur Antennen für diese Form des Dankens haben.«

Dank muß sich nicht unbedingt in einem braven Händedruck und lautem »Danke« äußern, sondern kann sich ebensogut in Gesten, Blicken oder Taten ausdrücken. Vor allem bei jüngeren Kindern, die die gesellschaftlichen Spielregeln noch nicht beherrschen und denen es gewöhnlich noch sehr fernliegt, die Empfindungen und Erwartungen der anderen in ihre Überlegungen miteinzubeziehen.

Wie gut ein »Danke« tut und wie gern man es hört, lernen sie nur über eigene Erfahrungen, und die Eltern können ihnen dabei entscheidend helfen. Die allermeisten kleinen Kinder machen ihren Eltern gern und oft Geschenke: sie bringen einen schönen Stein, eine Vogelfeder, ein selbstgemachtes Bild, die ersten Schreibversuche aus der Schule… Zur genauen Beobachtung der Reaktion bauen sie sich häufig unmittelbar vor den Großen auf. Und sie strahlen, wenn sie sehen, wie sich der Beschenkte freut. Und wenn die Eltern dann noch sagen: »Das gefällt mir, ich danke dir!«, heben sie fast ab vor Stolz und Zufriedenheit. Der beste Ansatz, um verstehen zu lernen, daß andere solche angenehmen Gefühle ebenfalls schätzen.

Auf der Skala der traditionellen Erziehungsregeln belegt die Dankbarkeit einen der obersten Plätze, und sie wird dabei in erster Linie als Pflicht verstanden: »Du mußt deinen Eltern dankbar sein, daß sie dich in die Welt gesetzt haben… dir zu essen geben…dich zur Schule gehen lassen!« »Vergiß nicht, daß du alles uns verdankst!« Noch immer gibt es viele Erwachsene, die kein Verständnis dafür haben, daß Kinder nicht immer und überall nach den Regeln der Konvention funktionieren und ihren Dank vielleicht auf unorthodoxe Art oder auch überhaupt nicht ausdrücken. Oft sind sie sehr hart in ihrer Kritik. Die Kinder seien undankbar, heißt es dann, und das habe man nun davon. Genau das ist die Frage: Was hat man davon, wenn man einem Kind etwas schenkt oder Gutes tut? Will man ihm wirklich eine Freude machen oder sich vielmehr in seinem Dank sonnen? Mit rigiden Vorhaltungen jedenfalls werden die strengen Richter den Kindern höchstens gründlich den Spaß verderben, den sie ihnen doch angeblich bereiten wollten, bestimmt aber lösen sie damit kein Gefühl der Dankbarkeit aus. »Ich war vier und mit meiner Mutter auf dem Christkindlmarkt«, erinnert sich Tobi, 18, » da kam der Nikolaus direkt auf uns zu. Er beugte sich zu mir herunter, sprach mit feierlicher Stimme auf mich ein und drückte mir eine bunte Tüte in die Hand. Ich war so erschlagen von seiner Pracht und Größe, daß ich mich nicht rühren konnte und kein Wort herausbrachte. Und da war's plötzlich aus mit seiner Heiligkeit. ›Hast du etwa nicht gelernt, danke zu sagen?‹ donnerte er los. Ich hab nur noch geheult und seine blöde Tüte wollte ich gar nicht mehr sehen.« Sie sind schrecklich, diese Situationen, in denen Erwachsene von Kindern Dank erwarten und unmißverständlich ihren Unmut äußern, falls der nicht kommt. Sei es, weil die Kleinen überwältigt sind von ihrer Freude, ängstlich vor einem Fremden, zu schüchtern oder unfähig sich auszudrücken… Dann ist die Solidarität und Schützenhilfe der Eltern gefragt. Jetzt für den Knirps mitzureden und in seinem Namen den Dank auszusprechen, hat nichts mit falscher Bevormundung oder Degradierung zu tun. Es ist eher ein Lehrstück, bei dem die Kinder erfahren können, wie sich Dank in Worte fassen läßt, und sie werden diese Form umso bereitwilliger für sich übernehmen, je deutlicher sie spüren, die Eltern stehen zu mir und haben Verständnis für meine Lage.

Und wenn die Eltern selbst nicht einverstanden sind mit der Reaktion ihres Kindes? Erfolgversprechender als Ermahnung und Demütigung vor anderen ist sicher ein ruhiges Gespräch unter vier Augen, bei dem man fragen und anhören kann, warum das »Danke« gerade jetzt quersaß.

Dankbarkeit steht aber nicht nur da zur Debatte, wo es um das Geben und Empfangen von Geschenken geht. Sie schließt noch einen weiteren Aspekt ein: die Fähigkeit, mit Dank die Hilfestellung oder Unterstützung durch andere anzunehmen. Für kleine Kinder eine ganz selbstverständliche, unreflektierte Sache. Ohne den Beistand der Eltern könnte ein Baby gar nicht überleben. Es nimmt ihn naiv und unbefangen entgegen und äußert seinen Dank – natürlich unbewußt – durch sein Lächeln, seine Zufriedenheit und

Anhänglichkeit. Auch einem dreijährigen Kerlchen wird es noch kaum in den Sinn kommen, »danke« zu sagen, wenn man es abgeschrubbt oder ihm die Nase geputzt hat.

Erst allmählich geht den Kleinen auf, daß Eltern nicht ausschließlich dazu da sind, sie zu umsorgen, daß Mutter und Vater eigene Wünsche und Interessen haben und daß alles, was sie für die Kinder tun, eine besondere Zuwendung bedeutet. Auch wenn sie so empfinden, heißt das nicht unbedingt, daß sich die Kinder deswegen von selbst für ein verbundenes Knie oder die Rettung aus einer Astgabel bedanken. Durch strenge Regieanweisungen: »Wie heißt das? Dafür sagt man gefälligst danke!« könnten sie zwar lernen, daß der Dank für solche Aktionen zum »guten Ton« gehört. Aber daran halten – erst recht aus Überzeugung und nicht bloß als leere Formel – werden sie sich nur, wenn die Eltern es auch tun: Im Umgang miteinander für eine Hilfestellung danken, anstatt sie kommentarlos als ganz normal zu verbuchen, und den Einsatz der Kinder ebenfalls dankend anerkennen.

Die meisten Kleinen helfen begeistert im Haushalt mit, wollen den Tisch decken, Töpfe auskratzen, fegen. Falls sich nicht gerade alles überschlägt, sollte man sie machen lassen, selbst auf die Gefahr hin, daß mal etwas schiefgeht. Das herzliche »Danke«, das sie dafür ernten, bringt sie mit Sicherheit eher dazu, diese Form des freundlichen Umgangs auch selbst anzuwenden, als tausend Ermahnungen.

Obwohl sie vielleicht längst ganz selbstverständlich ans Danken gewöhnt waren, haben viele größere Kinder und vor allem Jugendliche damit plötzlich erhebliche Probleme. Dank zu zeigen, setzt nämlich voraus, daß sie, die doch auf dem Trip zur Selbständigkeit sind, eigene Lücken zugeben und die Notwendigkeit gegenseitigen Beistands akzeptieren. Sie wollen unbedingt unabhängig sein, geraten aber doch immer wieder in Situationen, in denen sie Hilfe brauchen. Ob es sich darum handelt, das Fahrrad zu reparieren, einen schwierigen Aufsatz zu verfassen, einen Reißverschluß einzunähen oder mit verstauchtem Knöchel zum Arzt gebracht zu werden. Schlimm genug für jemanden, der am liebsten alles aus eigener Kraft meistern möchte. Dafür aber auch noch danken zu sollen, erscheint ihm als Gipfel der Demütigung. Viele Youngsters verschanzen sich deshalb hinter demonstrativer Schnoddrigkeit oder einem bärbeißigen »Das ist ja schließlich eure Pflicht!«

Mit Streiks und Drohungen: »Wenn du dich nicht bedankst, sieh das nächste Mal zu, wie du allein klarkommst!« können die Eltern ihre Sprößlinge eventuell umprogrammieren. Aber es kämen garantiert nur hohle, konventionelle Floskeln dabei heraus. Um zu begreifen, daß Danken keine lästige Pflichtübung ist, sondern Ausdruck menschlicher Solidarität, weil niemand nur auf sich gestellt leben kann, müssen sie nach der labilen Phase der Pubertät erst wieder festen Boden unter den Füßen haben. Und erst allmählich erkennen sie auch, wie positiv es sich auf das Zusammenleben auswirkt, weil einer dem anderen durch seinen Dank zu verstehen gibt: »Was du tust, ist gut und angenehm.« Wen freute das nicht? Und wer würde dadurch nicht animiert, sich weiter den Dank der anderen zu sichern? Je weniger Druck und Zwang sie spüren, desto leichter schaffen Kinder diesen Weg.

Für die »Durststrecke« wappnen sich die Eltern am besten mit → Gelassenheit, so wie die Mutter von Alexa: »In einem eiskalten Winter, als mit dem Fahrrad nichts mehr ging, habe ich meine Tochter samt einem ganzen Pulk von Freundinnen jeden Morgen in die Schule gefahren«, erzählt sie. »Alle so um die zwölf, dreizehn Jahre alt und mordsmäßig ›cool‹. Nicht einmal an einen Hauch von Dank war bei ihnen zu denken. Alle paar Tage stiegen sie sogar aus – selbstverständlich grußlos! – und ließen sämtliche Türen inclusive Kofferraum sperrangelweit offen. Manchmal hätte ich sie anbrüllen können, aber eigentlich habe ich mich mehr amüsiert. Dieser Transport war halt schon sehr kindergartenmäßig, da mußten sie mir einfach die kalte Schulter zeigen, um ihr Image zu retten. Mit meiner Tochter habe ich allerdings unter vier Augen geredet und ihr erklärt, daß ich so eine selbstverständliche Anspruchshaltung nicht sehr schätze. Wenigstens sie hat dann mal im Weggehen gewinkt und die Türen zugeknallt.«

Eltern würden den ausbleibenden Dank manchmal am liebsten mit gleicher Münze heimzahlen und ebenfalls keine Anerkennung zeigen, falls die Sprößlinge etwas Dankenswertes tun: »Vielleicht kapieren sie dann, wie sich das anfühlt!« Die Wahrscheinlichkeit, sie auf den richtigen Kurs zu bringen, ist aber zweifellos größer, wenn die Erwachsenen beharrlich weiter danken und weiter Vorbild bleiben, wie wurschtig und motzig die Kids sich auch geben mögen.

Jugendliche entwickeln oft erstaunliche Talente, häufig gerade auf

Gebieten, von denen die Eltern wenig Ahnung haben. Sie kennen sich aus mit Maschinen oder Computern, kriegen den Rasenmäher wieder flott oder sind sensationelle Tortenbäcker. Lassen Vater und Mutter sie mit ihren frisch erworbenen Kompetenzen zum Zuge kommen und danken ihnen für ihren Beitrag, gibt das ihrem meist schwächelnden Selbstvertrauen ungeheuren Auftrieb. Sie fühlen sich als gleichberechtigte Partner ernstgenommen und können von dieser Basis der Gegenseitigkeit aus selbst leichter Dank zeigen. Auf wohlgesetzte Worte kommt es dabei wieder mal gar nicht an. Ein freundschaftlicher Klaps auf die Schulter, ein anerkennender Pfiff durch die Zähne oder ein bewunderndes »Super!« drückt oft entschieden mehr aus.

Kritische Kids wundern sich nicht selten, warum Mutter und Vater auch dann danken, wenn es sich um ein Geschäft mit Fremden handelt. Im Bäckerladen etwa oder bei der Verkäuferin im Kaufhaus – wir haben das Brot und die Socken doch bezahlt! Wieso dem Paketboten danken oder der Platzanweiserin im Kino? Schließlich ist das deren Job, für den sie Lohn bekommen! Und erst recht dem Kellner, der ja eh schon Trinkgeld kassiert hat! Gute Gelegenheiten für Eltern, den Kindern immer wieder klarzumachen, daß Dank keine Art Zahlungsmittel ist. Man kann ihn nicht anfordern oder einklagen wie die Begleichung einer Rechnung. Und man muß ihn auch nicht weglassen, wenn man Scheine hingeblättert hat. Ob Geld im Spiel ist oder nicht, der andere tut etwas für uns, und mit dem Dank drücken wir aus, daß wir das anerkennen. Weil uns bewußt ist, daß wir alle auf gegenseitige Hilfe angewiesen sind.

Dankbarkeit contra Ehrlichkeit

Johanna, 9, hat zum Geburtstag ein sehr verlockend aussehendes Paket von ihrer Tante Ria bekommen. Umso größer die Enttäuschung beim Auspacken: Da kommt ein knallbunter Trainingsanzug zum Vorschein, der Johanna vielleicht in drei Jahren mal passen wird. Was hat Tante Ria sich dabei bloß gedacht? Sie weiß doch genau, daß ihre Nichte ein zartes Spiddelchen ist und dreimal in dieser Riesengröße versinkt! Und sie muß sich doch auch erinnern, daß Johanna grelle Farben überhaupt nicht mag! Was nun? Johanna möchte ihr natürlich schreiben und sich bedanken. Aber lügt sie ihr nicht dick etwas vor, wenn sie sagt, sie habe sich über das Geschenk gefreut? Obwohl sie in Wirklichkeit sehr traurig ist über diese völlig verkehrte Wahl? Johanna zerbricht sich lange den Kopf, überlegt gemeinsam mit ihrer Mutter und beschließt dann, der Tante nichts vorzumachen. Sie bedankt sich für die Glückwünsche und dafür, daß Tante Ria überhaupt an den Geburtstag gedacht hat. Weiter schreibt sie, daß sie den Trainigsanzug, der leider viel zu groß ist und sie mit seinen Farben ganz blaß macht, ihrer großen Schwester weitergeschenkt hat. Die liebe solche Farben und habe ihr dafür ihren ausgewachsenen Lieblingspullover überlassen. Und daß sie hofft, daß es so okay ist.

Ehrlichkeit

»Man soll die Wahrheit mehr als sich selbst lieben, aber seinen Nächsten mehr als die Wahrheit. «

Romain Rolland

»Du hast ja gelogen!« Für viele Eltern bricht die Welt zusammen, wenn sie ihr Kind zum ersten Mal bei einer Unwahrheit ertappen: Sie sind traurig, weil es vorbei ist mit der schrankenlosen Offenheit, die das Kind ihnen bislang entgegenbrachte, sie sind enttäuscht, weil ihre erzieherischen Bemühungen offenbar nicht fruchten, außerdem fürchten sie, daß damit der moralische Niedergang vorgezeichnet ist. Lügen erscheint den meisten Erwachsenen als eine der schlimmsten kindlichen Verfehlungen, und deshalb glauben sie, sofort streng durchgreifen zu müssen, sobald sie die ersten Flunkereien entdecken. Oft schon bei Kleinen im Vorschulalter, die mit den tollsten Geschichten aufwarten: daß sie auf den allerhöchsten Baum im Park geklettert oder auf einem Elefanten geritten sind, oder daß Poldi, der Nachbarsdackel, durchs Fenster sprang und das Durcheinander im Zimmer veranstaltete, auf keinen Fall aber sie selbst.

Kleine Kinder schwindeln zwar, daß sich die Balken biegen, um eigentliche Lügen handelt es sich dabei nach Ansicht von Kinderpsychologen jedoch nicht. In ihrer sogenannten »magischen« Welt gehen Realität und Phantasie nahtlos ineinander über. Das Christkind, Pippi Langstrumpf und Figuren der eigenen Einbildung gehören für sie genauso zur Wirklichkeit wie die Cornflakes am Morgen. Gerade weil die Kleinen selbst von der Wahrheit ihrer abenteuerlichen Berichte überzeugt sind, haben Zurechtweisungen oder Strafen wenig Sinn – sie würden höchstens die Kreativität der Kinder bremsen. Anstatt zu schimpfen, die Fakten streng geradezurücken oder ungewöhnliche Ideen zu verspotten, sollten sich Eltern lieber als aufmerksame Zuhörer über den Einfallsreichtum der Kinder freuen, dabei aber ruhig den Inhalt der wilden Geschichten in Frage stellen: »Toll, was du da erzählst, auch wenn's vielleicht nicht wirklich der riesigste Kletterbaum war.« Und allenfalls – bei der Dackel-Story etwa – Brücken bauen, damit kleinen Phantasten lernen können, selbst die Verantwortung für eventuelle »Missetaten« zu übernehmen: »Vielleicht hilfst du mir an Poldis Stelle ein bißchen beim Aufräumen, dann wäre alles schnell wieder in Ordnung.«

Erst im Alter von sechs bis sieben Jahren sind Kinder fähig, andere bewußt zu täuschen, sie mit Absicht zu belügen. Werden sie dabei erwischt, reagieren ihre Eltern meistens mit Drohungen und strengen Sanktionen, kommen aber viel zu selten auf den Gedanken, nach dem Grund für die Unehrlichkeit ihres Kindes zu fragen. Fachleute sind der Meinung, daß die Lügen der Kinder immer anzeigen, daß sie mit irgendeinem Problem nicht fertig werden. Es steckt also fast ausnahmslos ein triftiger Grund dahinter, und nur wenn die Eltern ihn kennen, können sie ihren Kindern helfen. Kinder lügen zum Beispiel

- weil sie Angst vor Strafen haben. Das ist das vermutlich häufigste Motiv für Schwindeleien. Irgendein Malheur ist ihnen pas-

siert, oder sie haben etwas getan, mit dem die Eltern nie einverstanden wären und retten sich in die Unehrlichkeit, um den zu
erwartenden Strafmaßnahmen zu entgehen. Pflegen die sehr
drastisch auszufallen, haben die Kinder umso mehr Veranlas-
sung, die Wahrheit zu vertuschen.

- weil sie sich schämen. Sie fühlen sich ertappt bei irgendeinem
  Bedürfnis – zu kuscheln etwa, am Daumen zu nuckeln oder am
  Schnuller, obwohl sie doch schon als »groß« gelten. Vielleicht ist
  es ihnen auch peinlich, wenn ihre Rivalität gegenüber den
  Geschwistern ans Licht kommen, und sie suchen Deckung hinter einer Notlüge.
- weil sie die Eltern nicht enttäuschen wollen. Wenn Kinder allzu
  hoch gesteckte elterliche Zielvorstellungen nicht erfüllen und
  weder mit den entsprechenden Schulnoten, sportlichen Leistungen oder charakterlichen Vorzügen glänzen können, versuchen
  sie durch Täuschungsmanöver, die Eltern zufriedenzustellen –
  flunkern sich um zum guten Schüler, zum Schnellsten über
  100 Meter oder zum Klassensprecher.
- weil sie loyal sein wollen. Einen Freund zu verraten, ist schon
  unter den Kleinen absolut tabu – da lügen sie lieber. Genauso
  empfinden Scheidungskinder: sie möchten beiden Elternteilen
  die Stange halten und schwindeln eher, als daß sie dem einen reinen Wein über den anderen einschenken oder zugeben, wie sehr
  sie selbst unter der Situation leiden.
- weil sie sich minderwertig fühlen. Kinder mit schwachem
  Selbstbewußtsein oder wenig Ansehen in der Gruppe
  schmücken sich mit erfundenen Besitztümern, Fähigkeiten oder
  tollen Freunden, um bei anderen mehr Anerkennung zu finden.
- weil sie ihr eigenes Revier verteidigen wollen. Mit Halbwahrhei-
  ten oder Lügen wehren sich besonders ältere Kinder gegen allzuviel Einmischung in ihre Angelegenheiten. Es gehört zum
  ganz normalen Abnabelungsprozeß, daß sie mit Beziehungen
  und Erfahrungen experimentieren, die den Eltern oft nicht passen, und lügen, um nicht ständig in Auseinandersetzungen zu
  geraten.

Es gibt aber noch einen ganz anderen wichtigen Grund, warum
Kinder lügen: weil die Eltern und alle rundherum es ihnen vormachen. Sie lügen aus Höflichkeit – »Ich finde, das etwas Rundere

steht Ihnen viel besser!« –, aus Bequemlichkeit – »Sag, ich bin nicht da!« –, aus Feigheit oder Scham, aus Rücksicht oder Prestigesucht, aus Mitleid, um einem Todkranken nicht die Hoffnung zu nehmen, oder um jemandem in einer Notlage beizustehen. Sie belügen das Finanzamt und den Hausbesitzer und schmücken Geschichten aus, die ohne eine Prise Lüge langweilig wären. Wieso sollten sich die Sprößlinge davon nicht zur Nachahmung animiert fühlen?

Eltern, die bei ihren Kindern Wert auf Ehrlichkeit legen, tun deshalb gut daran, erst einmal zu überprüfen, wie sie es selbst mit der Wahrheit halten. Vor allem aber sollten sie die Meßlatte nicht zu hoch anlegen und nicht auf unbedingter Aufrichtigkeit bestehen. Feststeht, daß jeder Mensch irgendwann lügt, und oft gibt es dafür sogar gute Gründe. Es kann viel menschenfreundlicher sein, einem anderen etwas vorzumachen als ihm ehrlich, aber gnadenlos an den Kopf zu werfen, was man über sein Aussehen, seinen Vorgarten oder sein Auto denkt. »Ich halte es nicht für notwendig, jede Flunkerei streng zu verfolgen, um die Kinder zur Ehrlichkeit zu erziehen«, meint ein dreifacher Vater. »Wichtiger scheint mir, sie davon zu überzeugen, daß unser Zusammenleben nur funktioniert, wenn wir Vertrauen zueinander haben und uns aufeinander verlassen können. Und das geht bloß, wenn wir möglichst bei der Wahrheit bleiben. Lügt jeder, wie es ihm gerade in den Sinn kommt, weiß keiner mehr, woran er mit dem anderen ist.« Diese Einsicht läßt sich natürlich nicht über einen Dressurakt erreichen, sondern allein dadurch, daß die Eltern ihren Kindern verständnisvoll beistehen und etwa

- mit gutem Beispiel vorangehen, die eigenen Schwindeleien bewußt kontrollieren und vor allem die Kinder selbst nicht anlügen. Dazu gehört auch, sich an Vereinbarungen zu halten und Fragen – soweit die Kleinen durch die Wahrheit nicht verstört oder erschreckt werden – ehrlich zu beantworten.

- den Kindern immer wieder erklären und beweisen(!), daß die Eltern auch dann zu ihnen stehen, wenn sie etwas Schlimmes angerichtet oder versagt haben. Und daß sie bereit sind, ihnen zu verzeihen und aus Schwierigkeiten herauszuhelfen, selbst wenn sie im Moment verletzt oder verärgert sind. Je weniger Angst Kinder haben müssen, bestraft oder bloßgestellt zu werden, desto leichter fällt es ihnen, mit der Wahrheit herauszurücken. Gestehen sie aber freiwillig eine »Untat« und bekommen trotzdem den Kopf gewaschen, werden sie sich hüten, beim nächsten Mal wieder so »dumm« zu sein.

- nicht um jeden Preis ein Geständnis herauspressen. Scharfe Verhöre führen meistens nur zu neuen Lügengespinsten. Sinnvoller ist es, auszudrücken wie traurig und enttäuscht man über den Vertrauensbruch ist.

- akzeptieren, daß besonders Kinder in der Pubertät nicht mehr über alles Rechenschaft ablegen wollen, was ihr Leben betrifft. Billigt man ihnen eine langsam wachsende Privatsphäre zu und setzt zunehmend Vertrauen in ihre Eigenverantwortung, sind sie nicht mehr auf dauernde Lügen angewiesen.

Die allermeisten kleinen Kinder kommen irgendwann mit etwas daher, das ihnen nicht gehört: Großvaters Kneifzange, Knallplättchen aus dem Schreibwarenladen oder Haarspangen einer Spielkameradin. Nach Ansicht von Kinderpsychologen wäre es allerdings völlig übertrieben, hier schon von Diebstahl zu sprechen. Mit dem Stehlen verhält es sich ähnlich wie mit dem Lügen: In ihren ersten Jahren können die Kinder noch nicht zwischen Wunsch und Wirklichkeit, zwischen »Mein« und »Dein« unterscheiden. Und aus ihrer Perspektive ist das auch wahrlich nicht leicht. Im Kindergarten darf man mit allem spielen, aber ein besonders geliebtes Lämmchen behalten darf man nicht. Selbstgefaltete Weihnachtssterne darf man mit nach Hause nehmen, aber nicht das Glitzerpapier, aus dem sie gemacht werden. Prospekte darf man im Buchladen einfach einstecken, aber nicht die anderen bunten Heftchen. In manchen Geschäften steht ein Korb mit Bonbons, die man essen darf, woanders ist das verboten. Auch die Bedeutung des Geldes ist den Kleinen oft noch nicht klar (→ Bescheidenheit), und wenn sie ein paar Münzen vom Küchentisch einstecken, dann nicht, um sich zu bereichern, sondern weil sie ihnen einfach gefallen und weil man sie eintauschen kann gegen andere interessante Sachen. Genausowenig verstehen Kinder, warum manche Dinge wertvoll sind und andere nicht.

Reagieren die Eltern auf solche Vorfälle mit Schimpfen und Strafen oder reden sogar von »Diebstahl«, gerät das Kind nur in noch größere Verwirrung. Als Resultat wird es höchstens seine nächste »Beute« verstecken, aber bestimmt nicht begreifen, was es falsch gemacht hat.

Wenn kleine Kinder Dinge haben, die ihnen allein gehören – eigene Spielsachen, Kleidungsstücke, Bilderbücher –, können sie am leichtesten verstehen, daß auch andere Eigentum besitzen und traurig sind, wenn es weg ist. »Unsere Anna hatte auch hin und wieder Kulis oder sonstwas von ihren großen Brüdern in der Tasche«, erzählt ihre Mutter. »Aber dann verschwand eines Tages ein heißgeliebtes, kostbares Flohmarkttäschchen aus ihrer Puppenstube – offensichtlich gemopst von der besten Kindergartenfreundin. Anna war völlig aufgelöst. ›Das kann sie doch nicht einfach tun!‹ sagte sie immer wieder. ›Ich würde das nie machen, nie.‹ Und soweit ich weiß, hat sie sich seitdem daran gehalten.«

Kleine Kinder können mit Moralpredigten überhaupt nichts anfangen. Aber sie können begreifen, daß es gut wäre, die stiebitzten Sachen zurückzugeben, weil andere sie vermissen und weil man schließlich selbst auch nicht möchte, daß einem etwas weggenommen wird. Dabei brauchen sie natürlich Hilfestellung von den Eltern: »Wir gehen zu Luisa und bringen ihr die Spangen zurück. Bestimmt versteht sie, daß du sie mal kurz genommen hast, weil sie so wunderschön sind.« In vielen Familien haben sich klare Spielregeln bewährt, die den Kindern helfen, nicht in die Fallstricke der komplizierten Besitzverhältnisse zu geraten:
- Nimm nie etwas von anderen mit, ohne zu fragen.
- Wenn du etwas findest, erkundige dich immer erst bei den Erwachsenen, ob du es behalten kannst.
- Geld ist kein Spielzeug, man darf es nicht nehmen, auch wenn es irgendwo im Haus herumliegt, weil es für Essen, Miete und dergleichen gebraucht wird.

Mit etwa vier Jahren sind sich Kinder gewöhnlich darüber im klaren, daß Stehlen nicht in Ordnung ist. Wenn sie trotzdem irgendwann einmal etwas mitgehen lassen, dann zuallererst, weil sie sich noch nicht genügend in der Hand haben, um der Versuchung widerstehen zu können. In den prallvollen Spielzeug- und Süßwarenabteilungen der Kaufhäuser werden Wünsche oft so dringlich, daß Gewissensbisse oder die Angst vor Entdeckung daneben belanglos erscheinen. Zu Hause erfinden die Kinder dann meistens phantasievolle Geschichten, um die Herkunft ihrer neuen Schätze zu erklären – sie haben angeblich alles geschenkt bekommen, gefunden oder getauscht.

Vor allem unter größeren Kindern gibt es aber noch andere Motive zu stehlen:

- Häufig gilt Klauen in ihrer Clique als schick oder sportlich oder wird als Mutprobe gewertet. Ob man dem Obsthändler eine Orange unter der Nase wegschnappt, so nebenbei an der Kasse eine Kaugummipackung verschwinden läßt oder Zigarettenautomaten knackt – je höher das Risiko, desto besser fürs Ansehen.
- Außenseiter – vor allem in der Schule – wollen den anderen ihren Spott oder ihre Mißachtung heimzahlen und rächen sich mit Diebstählen.
- Unbeliebte Kinder oder Jugendliche versuchen, sich mit gestohlenen und großzügig verteilten Sachen Anerkennung und Freundschaft zu erkaufen.
- Bei manchen hat die Dieberei Ersatzfunktion: Sie wollen sich für mangelnde Liebe und Zuwendung im Elternhaus entschädigen. Obwohl sie oft reichlich Taschengeld haben, brauchen sie gestohlene Dinge als Trostpflaster.

Wie beim Lügen ist auch beim Stehlen häufig eine seelische Notlage Ursache für das Verhalten der Kinder. Wenn sie nicht nur an den Symptomen herumdoktern wollen, müssen Eltern herausfinden, was dahinter steckt.

Vielen Eltern erscheint der Diebstahl ihres Kindes als Einstieg in eine kriminelle Karriere, die auf direktem Weg ins Kittchen führt. Experten halten diese Befürchtung für unbegründet. Wer mit zehn mal eine Fahrradklingel klaut, muß mit zwanzig noch lange kein Autoknacker sein. Trotzdem hat das Stehlen eine sehr viel ernstere Dimension als das Lügen. Das Kind gerät dabei in Konflikt mit dem Gesetz, und sollten Lehrer, Mitschüler oder Geschäftspersonal es erwischen, wird es fast zwangsläufig und erbarmungslos zum Dieb abgestempelt. Ein Dieb ist jemand, dem niemand etwas anvertraut, mit dem keiner etwas zu tun haben möchte und der immer zuerst verdächtigt wird, wenn irgendwo etwas fehlt. Mit diesem Etikett zu leben und vor allem es wieder loszuwerden, ist alles andere als leicht. Nicht weniger belastend sind eventuelle offizielle Folgen wie Hausverbot in Läden, Anzeige bei der Polizei und – ab 14 Jahren – vielleicht sogar eine Vorladung vors Jugendgericht. Den jungen Missetätern ist diese Tragweite ihrer Aktionen oft gar nicht bewußt. Je ruhiger und sachlicher die Eltern ihnen die möglichen Folgen vor Augen führen, desto besser der Effekt. Die Fakten sprechen schließlich für sich.

Sollte es wirklich soweit kommen, daß zum Beispiel ein Kaufhausdetektiv das Kind beim Stehlen erwischt und als Dieb an den Pranger stellt, braucht es nichts dringender als den Beistand der Eltern. Ruhe bewahren ist die oberste Devise in dieser Situation, trotz aller verständlichen Enttäuschung und Entrüstung nicht auch noch einstimmen in den Chor der Ankläger oder dem Übeltäter raten, gefälligst allein auszulöffeln, was er sich da eingebrockt hat. Wenn sie wollen, daß ihr Kind nicht nur bestraft wird, sondern die Chance hat, aus der Sache zu lernen, müssen die Eltern ihm vermitteln, daß sie seine Handlungsweise zwar nicht akzeptieren, es aber dennoch lieben und ihm weiter vertrauen. Konkret würde das bedeuten, den Missetäter auf vielleicht schwierigen Gängen zu begleiten und für ihn einzutreten. Glücklicherweise werden längst nicht alle Kinder so hart mit den Konsequenzen ihres Verhaltens konfrontiert. Bei vielen haben peinliche, demütigende Szenen zwar eine heilsame Wirkung, aber die Einstellung zur Ehrlichkeit bleibt trotzdem etwas, das zuerst und vor allem Eltern und Kindern angeht. Rigorose Strafmaßnahmen oder Schimpfkanonaden führen gewöhnlich nur zu Trotzreaktionen, Protesthandlungen und vielleicht raffinierteren Diebstählen. Bestimmt helfen sie Kindern nicht aus ihren Schwierigkeiten. Und wenn sie nur aus Angst aufhören zu stehlen, aber kein Gefühl für das Unrecht entwickeln, ist auch nicht viel erreicht. Empfehlenswerter ist eine weniger drakonische Gangart:

• Ohne die Geschichte zu dramatisieren, ruhig und bestimmt erklären, daß man Übergriffe auf fremdes Eigentum in keinem Fall durchgehen lassen kann.

• Keine abstrakten Moralpredigten halten, sondern lieber anschauliche Vergleiche bringen: »Stell dir vor, jemand ginge mit deinem Walkman auf und davon.«

• Gemeinsam überlegen, was mit der »Beute« geschehen soll und wie der Schaden wiedergutgemacht werden könnte.

- Wenn das Kind zu Hause gestohlenes Geld vom Taschengeld ersetzen soll, dann in kleinen Raten, damit die finanzielle Notlage es nicht zu neuen Übergriffen zwingt.
- Zurückbringen sollte das Kind Gestohlenes nur, wenn man das Geschäftspersonal gut kennt und auf dessen pädagogische Vernunft setzen kann. Sonst endet das Unternehmen vielleicht in einer schrecklichen Demütigung, die das Kind an der Zuneigung seiner Eltern zweifeln läßt.
- Strafen haben nur Sinn, wenn ein eindeutiger Bezug zu dem Diebstahl besteht. Hat das Kind etwa das Sparschwein geplündert, in dem 2-Mark-Stücke für gemeinsame Kinobesuche gesammelt werden, kann es beim nächsten Mal eben nicht mitgehen.
- Keine Fallen stellen. Das Kind nicht mit ständigem Mißtrauen oder dauernden Verdächtigungen verfolgen. Vertrauen ist die einzige Basis für einen neuen positiven Anfang.
- In aller Ruhe mit dem Kind reden, um zu ergründen, warum es vielleicht unbeliebt und ohne Freunde ist und wie man ihm weiterhelfen kann.
- Sich Zeit für das Kind lassen, an seinen Sorgen, Ideen und Wünschen Anteil nehmen, damit es sich verstanden und geborgen fühlt und seine Bedürfnisse nicht auf Um- oder Abwegen befriedigen muß. Und seine Ehrlichkeit, wenn keine Diebereien mehr vorkommen, nicht als selbstverständlich betrachten, sondern ausdrücklich anerkennen, damit es ermutigt wird, in dieser Richtung weiterzumachen.

Manche Kinder lügen ständig oder stehlen unentwegt, was ihnen in die Finger gerät. Hinter diesem Verhalten verbirgt sich in der Regel ein psychischer Konflikt, in den die Eltern oft selbst verwickelt sind und den sie deshalb häufig nicht ohne Hilfe von außen lösen können. Dann sollten sie professionellen Beistand in einer Erziehungsberatungsstelle oder Familientherapie suchen.

Ehrlichkeit contra Freundschaft

Stefan hat es mit Ach und Krach und viel Mühe bis kurz vors Schuljahrsende geschafft. Ob er versetzt wird, hängt von einer allerletzten Mathearbeit ab. Wenn er die verpatzt, fällt er durch und muß die Schule verlassen. Seine strengen, auf Leistung erpichten Eltern haben ihm für diesen Fall harte Konsequenzen angedroht.

Sein Freund Axel hilft ihm, einen ausgeklügelten Spickzettel zu verfassen, und damit gelingt es Stefan: er schreibt eine Drei, und ist gerettet. Aber der Lehrer wittert Unrat. Woher plötzlich die gute Note? Er stellt Axel zur Rede und fragt, ob Stefan gemogelt hat. Schweigen ist keine Lösung, daraus würde der Lehrer schließen, daß sein Verdacht begründet ist. Axel muß also Stellung beziehen: ehrlich antworten – mit schlimmen Folgen für den Freund – oder lügen. Was ist jetzt wichtiger, die Ehrlichkeit oder die Freundschaft? In diesem Fall wäre die Wahrheitsliebe sehr grausam und die Lüge sicher moralisch vertretbar.

Im Alltagsleben gibt es oft Situationen, in denen man die Unwahrheit sagt, obwohl man die Wahrheit eigentlich hochhält. Je offener Eltern dann mit ihren Kindern darüber reden – »Frau Kruse wäre sehr traurig gewesen, wenn ich ihr ehrlich gesagt hätte, daß wir ihren neuen Ehemann nicht so sympathisch finden.« –, desto eher können sie verstehen, daß lügen nicht unbedingt heißt, mit der Wahrheit leichtfertig umzugehen.

Freundschaft

»Wenn man einen Freund hat, braucht man sich vor nichts zu fürchten.«

Janosch

Ohne Pandi geht gar nichts. Von dem Moment an, als er auf ihrem Geburtstagstisch thronte, hat Tinka den schwarz- und inzwischen nicht mehr ganz weiß gescheckten Pandabären in ihr Herz geschlossen. Er teilt mit ihr das Kopfkissen und den Kindersitz im Auto, erträgt wie sie Halsumschläge und Wadenwickel, ist ihr Halt und Trost bei Arztbesuchen und Spielplatzstürzen. Es tut einfach gut, jemanden neben sich zu wissen, auf den man bauen kann, der immer da ist, wenn man ihn braucht. Offensichtlich liegt der Wunsch nach Freundschaft in der menschlichen Natur. Und die geduldigen Schmusetiere helfen kleinen Kindern, die Strecke zu überbrücken bis sie soweit sind, freundschaftliche Kontakte zu ihresgleichen knüpfen zu können. Aber auch dann ist es noch ein weiter Weg bis zu einer dauerhaften, verläßlichen Freundschaft.

Im Vorschulalter hat Freundschaft noch viel von einem Zweckverband: Zum Freund wird ein Kind erklärt, weil es um die Ecke wohnt und jederzeit zu erreichen ist, weil es einen tollen Traktor besitzt oder ein witziges Meerschweinchen oder besonders gut Mutter-und-Kind spielen kann. Gefühle sind dabei weniger entscheidend als momentane Interessen. Und deshalb vergeht die Freundschaft in dieser Phase gewöhnlich genauso schnell wie sie entstanden ist. Da muß nur ein anderer Spielgefährte mit einer besseren Idee aufkreuzen, und schon hat die kurzfristig dickste Freundschaft der Welt ausgedient.

Unter Schulkindern sieht die Sache bereits ganz anders aus: Haben die Kinder sich gegenseitig als Freunde akzeptiert, verstößt es gegen die Spielregeln, die Beziehung wegen einer spontanen Anwandlung aufzukündigen. In diesem Alter können sie schon nachempfinden, was in einem anderen vorgeht. Sie fangen an, auf die Gefühle des Freundes Rücksicht zu nehmen, wollen aber auch selbst in ihrer Zuneigung nicht verletzt werden.

Während der Grundschulzeit schon fangen Mädchen und Jungen an, sich nach Geschlechtern zu sortieren. Für die andere Seite haben sie meistens nur noch abfällige Bemerkungen übrig: »die albernen Zicken«, »die dämlichen Angeber«. Gemeinsame Unternehmungen, Unfug anstellen, zusammenhalten und sich gegenseitig Rückendeckung geben, wenn es zu Hause, in der Schule oder beim Spielen hart auf hart geht, das sind die Grundfesten der Freundschaft unter Jungen. Den Mädchen geht es nicht so sehr um gemeinsame Aktivitäten. Wichtiger ist hier, in wechselnden Zweierteams zusammenzuglucken, auf die Empfindungen des anderen einzugehen und ein offenes Ohr für vertrauliche Berichte zu haben.

Mit ungefähr zehn Jahren suchen sich die meisten Kinder innerhalb ihrer Gruppe eine »beste Freundin« oder einen »besten Freund«. Der oder dem kann man alles anvertrauen, was einen bewegt: Knatsch mit Eltern oder Lehrern, Ärger und Enttäuschung über andere Kinder… Aber hier kann man auch jede Tarnung fallen lassen und über eigene Schwächen und Ängste reden, ohne die Sorge, nicht verstanden zu werden.

Bis in die Pubertät hält sich dieses Grundmuster: Die meisten Kinder schließen sich in Cliquen zusammen und haben darin noch ihren ganz speziellen Freund. Nur nimmt die Beziehung zu Gleichaltrigen jetzt einen viel größeren Raum ein als in jüngeren Jahren. Maßstäbe und Verhaltensweisen, die in der Clique gelten, werden nicht selten einflußreicher als die des Elternhauses. Was die Freunde verbindet, sind nicht nur gemeinsame Unternehmungen und Vorlieben für bestimmte Sounds oder Sportarten, nicht nur der eigene Mode- und Sprachstil. Es ist vor allem das Gefühl, zusammenzugehören, geborgen zu sein und gemocht zu werden – gerade in Zeiten großer persönlicher Unsicherheit, während man mühsam versucht, sich von zu Hause loszustrampeln.

Je älter die Kinder werden, desto mehr verliert sich der Reiz der Clique. Allmählich legen sie immer größeren Wert auf intensive Beziehungen zu einzelnen Freunden. Der Austausch von Gedanken und Gefühlen, Vertrautheit und die Wertschätzung persönlicher Vorzüge – das alles bildet die Basis für tiefe Freundschaften, die oft ein Leben lang halten.

Wozu braucht man überhaupt Freunde? Für die Kinder ist das sonnenklar. Andrea, 5: »Weil ich sonst keinen hätte, der immer mit mir spielen will.« Mark, 10: »Wir helfen uns gegensitig aus der Patsche.« Christoph, 16: » Meinem Freund kann ich alle Probleme und Geheimnisse anvertrauen. Er nimmt mich, wie ich bin, und steht immer zu mir.«

Aber Kinder brauchen Freunde noch aus ganz anderen Gründen, die ihnen selbst nicht bewußt sind: Um herauszufinden, wer sie sind und wohin sie gehören, um zu lernen, sich von anderen abzugrenzen und doch in Gemeinschaft mit ihnen zu leben. Zu all dem benötigen Kinder Freunde so dringend wie die Luft zum Atmen. Freunde helfen ihnen, sich realistisch einzuschätzen – viel besser als liebende Eltern, die vielleicht sogar das Schlußlicht der Klasse noch als ihren kleinen Einstein betrachten, das jemals könnten. Unter Freunden üben sie den Umgang mit anderen Menschen ein: Wie man sich streitet und wieder verträgt, wie man sich durchsetzt, aber auch die Interessen und Gefühle der anderen achtet, wie man Vertrauen gewinnt und schenkt. Und auch der Schmerz gehört dazu: die Erfahrung, wieviel einem ein Mensch bedeuten kann, und wie weh es tut, ihn zu verlieren. Mit Freunden zusammen können Kinder in die Aufgaben und Fähigkeiten jeder Altersstufe hineinwachsen, und das Gemeinschaftsgefühl stärkt ihnen den Rücken für die nächste Etappe auf dem Weg in Richtung Groß-Werden.

Gerade weil Kinder noch so klein sind, wenn sie anfangen, ihre Fühler nach Freunden auszustrecken, glauben viele Eltern, sich kräftig einmischen zu müssen. Passen die »Auserkorenen« überhaupt zu ihnen? Ist es nicht noch viel zu früh für Kontakte außerhalb der Familie? Hinter solchen besorgten Fragen steckt meistens ein ganz anderes Problem: »Jasper war gerade drei, als er Heiner und Klausi auf dem Spielplatz entdeckte«, erzählt eine Mutter. »Sobald die beiden auftauchten, war ich erst einmal eine Weile Luft für ihn. Sie buddelten und tobten und alberten herum. Jasper war selig, nur ich konnte überhaupt nichts besonderes an den beiden finden. Ständig war ich versucht, ihm zu sagen, daß wir doch lieber zusammen unsere Burg weiterbauen sollten, oder ihn sonstwie zurückzuhalten. Es fiel mir einfach unendlich schwer, ein Stück von diesem knuddeligen kleinen Kerl an andere abzutreten – bis mir endlich dämmerte, daß ich schon jetzt meine erste Lektion in Sachen Loslassen zu lernen hatte.« Loslassen ist das Generalthema für Eltern, wenn es um die Freundschaften ihrer Kinder geht – bei den Kleinen und erst recht bei den Großen. Damit ist zu allererst gemeint: den Kindern Entscheidungsfreiheit bei der Wahl ihrer Freunde zugestehen; nicht aus Eifersucht oder aus übergroßer Angst vor fremden Einflüssen die Kontakte der Kinder einschränken oder unterbinden. Den meisten Eltern gelingt das leichter, wenn sie sich bewußt machen, wie wichtig Freunde für die Entwicklung ihrer Kinder sind, und wenn sie sich an eigene Freunde von früher erinnern. Wie ein Vater von zwei halberwachsenen Söhnen: »Mein Rettungsanker war Walter Middendorf. Immer wenn sie jemanden im Schlepptau hatten, dem ich absolut nichts abgewinnen konnte, schoß mir Walter durch den Kopf: zehn Jahre alt, mit Rotznase und speckigen Haaren und der Vorliebe, in unserem Eßzimmer tote Mäuse aus der Hosentasche zu ziehen. Meine Mutter fand ihn genauso gräßlich wie ich traumhaft. Ich bewunderte seine Unverfrorenheit und seine verrückten Ideen, aber so sein wie er wollte ich eigentlich nie. Weshalb sollte es bei meinen Jungens nicht auch so laufen?«

Loslassen heißt aber nicht, sich um die Beziehungen der Sprößlinge überhaupt nicht zu kümmern. Natürlich ist es wichtig zu wissen, mit wem sie ihre Zeit verbringen. Und immer wieder gibt es Situationen, in denen sie den Beistand der Eltern sehr gut gebrauchen können. Freunde zu finden und die Beziehungen zu ihnen zu pflegen, gehört schließlich auch zu den Dingen, die man erst einmal lernen muß.

Viele Kinder leben in solchen Wohnverhältnissen, daß es ihnen unmöglich ist, auf eigene Faust Freunde zu finden: kein anderes Kind im ganzen Haus, keine Wiese in der Nähe, vor der Tür dröhnender Verkehr. Sie sind auf die Starthilfe der Eltern angewiesen. Am einfachsten lassen sich Kontakte an quirligen Kindertreffpunkten schließen: auf Schlittenhängen, in Schwimmbädern, auf Spielplätzen, in Sandkisten im Park. Oder verschiedene Familien verabreden sich zu gemeinsamen Unternehmungen. Ob die Erwachsenen die dicksten Freunde sind, ist dabei weniger ausschlaggebend als die Tatsache, daß alle Kinder haben.

Eltern, die ihr Haus für die kleinen und größeren Freunde ihrer Kinder offen halten, schlagen zwei Fliegen mit einer Klappe: Sie machen ihren Kindern das Zusammensein mit Gleichaltrigen sehr viel leichter und bleiben gleichzeitig auf dem laufenden über ihre Beziehungen. Auch wenn es manchmal an den Nerven zerrt, sich wie im Kindergarten oder in einer Jugendherberge vorzukommen – der Einsatz lohnt sich schon allein deshalb, weil die Kinder die positive Grundeinstellung der Erwachsenen spüren und sich verstanden und geborgen fühlen.

Kinder leiden meistens schrecklich, wenn ein Freund sie schlecht behandelt oder mit ihnen in Streit gerät. In ihrer Enttäuschung fällt ihnen oft nur eine radikale Lösung ein: »Mit dem rede ich nie wieder ein Wort! Der ist nicht mehr mein Freund!« In solchen Situationen können Eltern ihnen vermitteln, daß eine gute Freundschaft auch Auseinandersetzungen aushält und oft sogar wächst, wenn die Talsohle überwunden ist. Weil man in dem anderen nicht mehr ein Idealbild sieht, sondern ihn mit seinen Schattenseiten annehmen kann. Weil man lernt, die Andersartigkeit des Freundes zu respektieren und keine vollkommene Übereinstimmung zu erwarten. Daß Freundschaft erst wirklich verläßlich ist, wenn sie sich auch in Krisenzeiten bewährt hat, können Kinder am leichtesten verstehen, wenn die Eltern ihnen von ihren eigenen Erfahrungen berichten: »Weißt du, mit meiner besten Freundin Anna hatte ich mal vier Wochen Funkstille…«

Kinder in der Pubertät bringen auch tolerante Eltern oft heftig ins Schleudern. Vielleicht tauchen in ihrem Umfeld plötzlich Freunde auf, die das Schlimmste befürchten lassen – und setzen auch noch die Maßstäbe: dürfen angeblich so lange unterwegs sein, wie sie wollen, oder sogar ganze Nächte wegbleiben, müssen nie sagen, wo und mit wem sie sich treffen… In vielen Familien werden die unerwünschten Freunde während dieser Phase zum heißen Streitthema. Was tun, wenn sich die Sorge breitmacht, daß Kinder unter negativen Einfluß geraten und sich in eine Richtung ziehen lassen, die den Eltern absolut nicht paßt? Die Kontakte zu verbieten, hat ganz sicher keinen Sinn – dann treffen sie sich eben heimlich. Auch mit deutlicher Kritik erreicht man nur das Gegenteil des gewünschten Effekts – die Kinder schlagen sich erst recht auf die Seite der Freunde, kapseln sich ab und werfen den Eltern Einmischung und Borniertheit vor: »Wieder so ein typisches Vorurteil! Ihr kennt sie doch gar nicht! In alles müßt ihr eure Nase stecken!«

Um gegensteuern zu können, ist es das Wichtigste, in Verbindung mit den Kindern zu bleiben: gesprächsbereit sein, ihre Gefühle respektieren, zuhören und hinsehen, um zu erfahren, was sie gerade an diesen Menschen finden, und die eigene Meinung nicht als vernichtendes Urteil vorbringen. Je weniger Druck die Kinder spüren, desto eher geben sie Protesthaltungen auf.

So schwer es auch fallen mag, besser als ihre Bewegungsfreiheit einzuengen ist es, Vertrauen zu behalten und den Freiraum der Kinder allmählich zu vergrößern. Das stärkt ihr Selbstvertrauen und ihre Eigenverantwortung, und beides hilft ihnen, gegen fremde Einflüsse besser gewappnet zu sein.

Manche Eltern legen großen Wert darauf, daß ihre Kinder möglichst viele Freundschaften schließen. In ihren Augen hebt das den sozialen Status. Meistens leidet allerdings die Qualität unter der Quantität, und anstelle enger persönlicher Beziehungen bleibt es bei oberflächlichen Kontakten. Nur wenige Freunde zu haben ist deshalb kein Grund zur Sorge. Lebhaften, offenen Kindern fällt es leichter, eine Menge Freunde zu finden, aber ernsthafte, schüchterne oder ruhige Naturen können mit einer Handvoll genauso glücklich sein.

Und was, wenn ein Kind gar keine Freunde gewinnt, von niemandem als Freund gewollt wird, obwohl es Gelegenheit dazu gäbe? Die Isolation macht schon jüngeren, vor allem aber älteren Kindern oft schwer zu schaffen. Freundschaft kann man nicht erzwingen, nicht erbetteln oder erkaufen. Für Eltern, die ihrem Kind aus der Einsamkeit helfen wollen, bleibt nur der Weg, im eigenen Familienkreis anzufangen.

Es gibt viele Gründe, warum Kinder ohne Freunde bleiben. Zu den wichtigsten zählen mangelnde soziale Fähigkeiten. Die Außenseiter sind oft ängstlich und unsicher im Umgang mit anderen und machen nirgends richtig mit, oder sie sind nur auf sich selbst fixiert und haben wenig Verständnis für die Gefühle und Standpunkte anderer. Je nachdem, wie der Fall liegt, können Eltern versuchen, das Selbstvertrauen des Kindes zu fördern: indem sie sich mit Kritik zurückhalten und statt dessen lieber seine Fähigkeiten und Vorzüge hervorheben, indem sie Anteilnahme zeigen und nach jedem Mißerfolg wieder neuen Mut machen. Oder sie helfen dem Kind, mehr Sensibilität für die Belange anderer zu entwickeln: Sie besprechen mit ihm, wie eine Sache aus dem Blickwinkel eines anderen Kindes aussehen könnte, und erklären ihm, warum es auf andere wenig anziehend wirkt, wenn jemand ausschließlich um sich selbst kreist und seiner Umgebung weder Mitgefühl noch Interesse oder Zuneigung entgegenbringt.

Vielleicht kommen die Eltern aber mit der Lösung des Problems nicht weiter oder sind selbst darin verwickelt. Dann sollten sie sich psychologisch beraten lassen, weil dem Kind sonst allzuviel an Lebensfreude und wichtigen Erfahrungen entginge.

Freundschaft contra Verantwortung

Markus, 14, kommt aus den Sommerferien zurück und trifft sich sofort mit seinem besten Freund Till. Der ist nicht weggefahren, hat dafür aber umso aufregendere vierzehn Tage verbracht. Unter dem Siegel der Verschwiegenheit – »Schwör mir, daß du niemandem was verrätst!« – erzählt er Markus, daß er einen Zugang zur Kanalisation entdeckt hat und nun jeden Nachmittag unter der Stadt auf Streifzug geht. Natürlich wissen beide, wie gefährlich das ist. Man kann sich hoffnungslos verirren, von Gasen betäubt oder von plötzlichen Wassereinbrüchen überrascht werden. Aus Tills Perspektive macht das die Sache aber nur noch spannender. Markus hat keine Lust auf so riskante Abenteuer.

Zwei Tage später ruft Tills Mutter bei Markus an. Sie macht sich Sorgen, weil Till täglich für ein paar Stunden unauffindbar ist, mit muffigen, verdreckten Kleidern heimkommt, aber um keinen Preis erzählen will, wo er gesteckt hat. Die Mutter fürchtet, daß etwas nicht in Ordnung sein könnte, und weil sie annimmt, daß Markus eingeweiht ist, bittet sie ihn, ihr zu sagen, was Till treibt.

Gibt Markus ihr Auskunft, verletzt er die Regeln der Freundschaft, bricht sogar seinen Freundesschwur. Tut er es nicht, handelt er veranwortungslos, weil ihm klar ist, daß Till Schlimmes zustoßen könnte, wenn man ihn nicht von seinen »Ausflügen« abbringt.

Unter Kindern gilt Freundschaft oft als so unantastbar, daß sie ihr alles andere unterordnen – ohne groß abzuwägen. In diesem Fall geht es aber vielleicht sogar um Tills Leben, und ihm selber wäre besser damit gedient, wenn Markus sich gegen die Freundschaftsregeln und für die Verantwortung entschiede.

Friedfertigkeit

Friedfertigkeit – das Wort klingt vielleicht altbacken, aber wie kein anderes bringt es die Sache auf den Punkt. Gemeint ist die Fähigkeit, friedlich, also ohne Aggression und Gewalt mit anderen zusammenzuleben. Wenn Kinder das in ihrem nahen, persönlichen Umfeld lernen, sind sie später umso eher bereit, auch im größeren sozialen Rahmen für den Frieden einzutreten.

Mit Feuereifer hat Julia gewühlt und gebuddelt und festgeklopft, und nun ist er endlich fertig – ihr Mäusetunnel mitten im Sandkasten. Begeistert krabbelt sie hin und her und läßt ihre schwarze Stoffmaus Sifka durch den Stollen schlüpfen. Aber urplötzlich ist es aus mit der Freude. Sven, 2, der eben noch mit einem anderen Knirps hingebungsvoll Lastwagen spielte und mit viel »Brummbrumm« und »Tütüt« um den Sandkasten kurvte, schert blitzartig aus, steuert pfeilgerade auf Julia zu, nimmt Schwung und kracht mit beiden Füßen in das kunstvolle Bauwerk. Verzweifeltes Geschrei! Die ganze Mühe umsonst – und außerdem ist Sifka verschüttet!

Svens Mutter, entsetzte Zeugin der Attacke, versteht die Welt nicht mehr. Wie kann ein so kleiner Kerl derart aggressiv sein? Warum tut er das? Während sie versucht, Julia zu trösten und Sifka zu retten, wird sie von dem schrecklichen Gefühl überschwemmt, bei aller Liebe etwas Gravierendes falsch gemacht zu haben.

Fünfzehnjähriger ersticht Zwölfjährigen im Streit mit einem Schraubenzieher; Neunjährige rotten sich zu einer Gang zusammen, Spezialtät: Handtaschenklau; Dreizehnjährige prügeln einen Gleichaltrigen, bis er seine Designer-Jacke herausrückt. Fast kein Tag vergeht ohne Horrormeldungen von solchem Kaliber, und immer neue Untersuchungen belegen den zunehmenden Hang von Kindern und Jugendlichen zu Aggression und Gewalt. Deshalb ist es für viele Eltern eines der wichtigsten Erziehungsziele, ihre Kinder zu friedfertigen Menschen zu erziehen. Aber wie fängt man das an?

»Als meine Kinder klein waren,« erinnert sich ein Vater von inzwischen erwachsenen Sprößlingen, »glaubten wir, wir müßten ihnen möglichst viel über die Bedeutung des Friedens für die Welt erzählen, sie mitnehmen zu Antikriegsdemonstrationen, keine Spielzeugwaffen zulassen und sie anhalten, immer lieb und freundlich zu sein. Wir wollten Aggression und Gewalt einfach ausblenden. Inzwischen weiß ich, daß das nicht geht.« Aggression ist nach Ansicht der Psychologen eine natürliche, gesunde Anlage des Menschen. Sie liefert die Antriebskraft, die er braucht, um für seine vitalen Interessen, seinen Willen und seine Rechte eintreten zu können. Erst wenn das auf Kosten anderer geht und zerstörerische, gewalttätige Formen annimmt, schlägt die Aggression ins Negative um. In Frieden mit anderen leben zu lernen, heißt also nicht, Aggressionen total zu verbannen und zu verteufeln, sondern mit ihnen umgehen, sie kontrollieren zu können.

Erwachsene halten sich meistens an die gesellschaftlichen Spielregeln und gehen nicht aufeinander los, wenn sie ihre Belange durchsetzen wollen. Bei Kindern sieht das ganz anders aus. Winzlinge unter drei Jahren verteidigen ihre Ansprüche mit vollem Körpereinsatz: schubsen einen anderen Knirps von der Wippe, um selbst darauf zu klettern, schlagen um sich, weil sie ein fremdes Eimerchen nicht hergeben möchten, beißen einem »Kollegen« in die Backe, um Kontakt mit ihm aufzunehmen. Eher zufällig stoßen die Kleinen auf diese Art der Selbstbehauptung. Während sie ihr Umfeld erkunden und ausprobieren, was wohl geschieht, wenn man hier rappelt, da hochkrabbelt und dort jemanden an den Haaren reißt, entdecken sie, daß mit Hauen, Beißen und Treten eine ganze Menge zu erreichen ist. Daß es weniger rabiate Methoden zur Durchsetzung eigener Interessen gibt, müssen sie erst lernen.

Kindergartenkinder können ihre Bedürfnisse meistens schon

verbal ausdrücken und sind nicht mehr auf körperliche Attacken angewiesen. Ob Ninja, X-Man oder wilde Raufereien – vor allem Jungen lieben bis zum Ende der Grundschulzeit aggressive Spiele, bei denen sie ihre Stärke testen und ihren Stellenwert in der Gruppe ausmachen können. Solche Spiele sind eher auf der Seite der »guten« Aggression zu verbuchen.

Aber es gibt Kinder, die auch dann noch häufig ausrasten und zuschlagen, wenn sie eigentlich fähig sein sollten, mit Worten für sich einzutreten. Nach Meinung von Fachleuten verbirgt sich dahinter fast immer Angst und Unsicherheit. Im Grunde wollen sie niemandem Böses, sondern nur etwas gegen ihre Angst tun. Haben sie jemandem ordentlich eins draufgegeben, fühlen sie sich wenigstens momentan stark. Und auf ihre Unsicherheit wirkt die allgemeine Aufmerksamkeit, die sie mit ihren Ausfällen erreichen, – selbst in Form von Kritik – wie Balsam. Eine Erfahrung , die oft dazu führt, daß sich ängstliche Kinder an aggressive Verhaltensweisen gewöhnen.

Unsicherheit, das Gefühl von Schwäche und Unterlegenheit, ist auch bei älteren Kindern das Grundmotiv für Aggressivität. Die Ursachen können ganz verschieden sein:

- Orientierungslosigkeit: Die Eltern behüten und dirigieren ihr Kind so sehr, daß es keine Chance hat, Selbständigkeit im Umgang mit anderen zu üben. Oder sie setzen überhaupt keine Grenzen, und das Kind lernt nicht, was unter anderen Menschen akzeptabel ist und was nicht.
- Eifersucht: Wenn Eltern ein Kind nicht auf die Ankunft eines Geschwisterchens vorbereiten und sich plötzlich intensiv um den Neuankömmling kümmern, fühlt es sich entthront und nicht mehr geliebt.
- Leistungsdruck: Schon an kleine Kinder werden oft so hohe Leistungsanforderungen in der Schule oder beim Sport gestellt, daß sie sich davon völlig überfordert und entmutigt fühlen. Sie trauen sich selbst nichts mehr zu. Ältere werden häufig von Zukunftsängsten geplagt, weil sie keine Perspektive für sich sehen.
- Soziale Engpässe: Kinder aus sozial schwachen Familien können oft bei Modetrends, Ferienreisen oder Discobesuchen nicht mithalten und werden zu Außenseitern gestempelt.
- Verwahrlosung: Kinder, die ständig sich selbst überlassen bleiben, nicht selten zum »Trost« mit viel Geld ausgestattet, leiden

unter der mangelnden Geborgenheit, sie lernen die Spielregeln des sozialen Miteinanders nicht kennen und entwickeln weder Rechts- noch Unrechtsbewußtsein.

- Familienverhältnisse: Kinder aus zerrütteten Familien, in denen unentwegt geschrien, getobt und geschlagen wird, halten diese aggressiven Umgangsformen oft für ganz normal, selbst wenn sie in Kindergarten oder Schule anderes miterleben.

Kinder, die ihre Unsicherheit bewußt oder unbewußt hinter Aggressivität verbergen, geraten oft in einen fatalen Strudel: Um in ihrer Gruppe Anerkennung zu finden, treten sie brutal und rücksichtslos auf, handeln sich dabei aber häufig nur einen so verheerenden Ruf ein, daß niemand mehr mit ihnen zu tun haben will. Und natürlich setzen sie dann immer wieder noch eins drauf... Um diesem Sog zu entrinnen oder – besser noch – sich gar nicht erst darin zu verfangen, brauchen Kinder den Beistand der Eltern.

Für die Friedfertigkeit von Kindern ist nichts so entscheidend wie das Modell von Mutter und Vater: Von ihrer Einstellung, ihren Reaktionen auf aggressive Ausfälle der Sprößlinge und ihrem Vorbild hängt es zuallererst ab, ob und wie Kinder ihre Aggressionen in den Griff bekommen. Das fängt schon bei den ganz Kleinen an, die ihre Möglichkeiten ausloten – wie Sven, der destruktive »Brummi« aus der Sandkiste. Wenn die Mutter jetzt ein Riesengeschrei anstimmt, merkt er, daß er eine Menge bewirkt hat und wird vermutlich bald wieder etwas Ähnliches unternehmen. Strafen hat auch keinen Sinn, denn so ein kleiner Mensch begreift noch nicht, was er da anrichtet. Deshalb besser nur knapp und entschieden sagen »Nein! Das darfst du nicht. Schau, wie traurig Julia jetzt ist.« Um dem eigenen Schock entgegenzuwirken, tut es Eltern gut, sich immer wieder klarzumachen, daß verträgliches soziales Verhalten für kleine Kinder eine große Anforderung bedeutet.

Besonders viel wird ihnen abverlangt, wenn plötzlich ein neues Baby auf der Bildfläche erscheint und Zeit und Aufmerksamkeit beansprucht, die der »Erstling« bislang ganz für sich hatte. Manche Kinder ziehen sich daraufhin ganz in sich selbst zurück, andere versuchen mit allen Mitteln, Beachtung zu erheischen, aber einige bringt die Eifersucht, das Gefühl des Abgehängtseins auch dazu, mit Bauklötzen, Schaufeln oder sogar Scheren auf den Konkurrenten loszugehen. Damit es gar nicht erst so weit kommt, beziehen Eltern das Kind am besten in die Vorbereitungen und Überlegungen zum Familienzuwachs mit ein: teilen mit ihm die Vorfreude – »Willst du mal fühlen, wie es strampelt?« –, besprechen mit ihm, wie das Baby heißen soll, und lassen es bei der Versorgung mitmachen – »Welches Jäckchen ziehen wir ihm heute an?« »Jetzt müssen wir es füttern.« Vor allem sollten sie die plötzlich »großen« Kleinen nicht überfordern. Von Zeitmaßen und Pflichten der Erwachsenen haben sie schließlich noch keine Vorstellung. »Patrick war 15 Monate alt, als Iris geboren wurde«, erzählt eine Mutter. »Er durfte meistens mit auf der Babykommode thronen, während ich sie wickelte, und war völlig begeistert von ihrem Geschrei und Gehampel. Wenn ich mich ihr mal ganz allein widmen mußte, habe ich's ihm vorher gemütlich gemacht – mit einem Bilderbuch und ein paar Gummibärchen oder Apfelstückchen. Er wußte genau, danach hatte ich wieder Zeit für ihn. ›Nur zehn Minuten‹, mit solchen Begriffen hätte er nichts anfangen können, aber so ging es ihm in diesen Mama-Pausen sehr gut.«

Wenn ein Kind aber tatsächlich aggressiv auf das neue Baby reagiert und versucht, ihm weh zu tun, sind Strafen das Ungeeignetste, was Eltern dazu einfallen kann. Schläge oder Schimpfen versteht es als Beweis für seinen Verdacht, nicht mehr geliebt zu werden. Aber sie bringen ihm trotzdem die ersehnte Aufmerksamkeit der Eltern – wenn auch in negativer Form –, und das verleitet dazu, es nochmal zu versuchen. Sinnvoller ist es deshalb, kurz und bündig zu erklären, daß man sein Verhalten nicht gut findet: »Laß das, du tust dem Baby weh.« Ohne langen Sermon und ohne der Sache weiter Beachtung zu schenken, aber natürlich auch nicht ohne aufzupassen, daß dem Baby nicht doch etwas passiert.

Falsch verstandene Liebe, Angst, von den Sprößlingen abgelehnt zu werden, Hilflosigkeit oder mangelndes Interesse – es gibt viele Gründe, warum manche Eltern ihren Kindern keine Grenzen setzen. Solange das nur für den häuslichen Bereich gilt, mag es noch ohne Probleme abgehen, aber sobald sie mit anderen Kindern oder fremden Erwachsenen zusammentreffen, kommt es unweigerlich zu Schwierigkeiten. Kinder, denen jeder Wunsch erfüllt wird, die sich nie gedulden, nie Rücksicht nehmen müssen, sind verunsichert und ärgerlich, wenn auch andere Bedürfnisse anmelden oder nicht nach ihrer Pfeife tanzen. Mit Aggressivität versuchen sie dann, ihren Willen durchzuboxen.

Wie soziales Miteinander funktioniert, wie man sich friedlich mit anderen arrangiert, lernen Kinder am ehesten über feste Regeln in der Familie. Gleichgültig, ob es sich um Wünsche, vereinbarte Zeiten oder Pflichten handelt, die Spielregeln führen nur zum Ziel, wenn sie nicht durch Schlagen, Toben oder verbale Aggressionen aufgeweicht werden können. Frustrationen auszuhalten fällt einem Kind weniger schwer, das gar nicht erst als »Prinzeßchen« aufgebaut wird, das immer die Verzierung von der Torte schlecken darf und dessen Geistesblitzen alles hingerissen lauscht.

Aber ebenso dringend wie Grenzen brauchen Kinder Freiräume. Sie müssen auf eigene Faust ausprobieren können, wie sich ihre Ansprüche durchsetzen lassen und wo sie auf die Toleranzschwelle der anderen stoßen, wie man kämpft und wo man einlenkt. Friedfertigkeit zu entwickeln gelingt nur durch so ein eigenständiges Training, nicht dadurch, daß überbesorgte oder autoritäre Eltern sich permanent einmischen und vorschreiben wollen, wo es langgeht.

Je jünger und je ungeübter die Kinder in akzeptablen Methoden der Auseinandersetzung sind, desto leichter fliegen bei so einem »Übungsprogramm« die Fetzen. Wenn es tatsächlich ausgerissene Haare und blutige Nasen zu geben droht, ist es allerdings notwendig, daß die Großen sich einschalten. Am besten aber nicht mit Schuldzuweisungen und Strafandrohungen, sondern mit Hilfestellung bei der Suche nach friedlichen Problemlösungen. »Wenn ihr beide im Tor stehen wollt, ist's ja wohl aus mit dem Fußballspielen. Vielleicht könnt ihr einen Groschen entscheiden lassen. Wer nimmt Kopf und wer nimmt Zahl?«

Streiten, ohne handgreiflich zu werden, Kontroversen ohne Gewaltanwendung lösen – wie das geht, lernen Kinder in erster Linie von den Eltern. Ob im Guten oder im Bösen, sie ahmen nach, was die Großen ihnen vorleben. Schlagen die Erwachsenen bei jeder Gelegenheit zu oder verletzen sich gegenseitig mit Worten, dürfen sie sich nicht wundern, daß die Kinder es ihnen gleichtun. Erst wenn Eltern selbst ihre Aggressionen unter Kontrolle haben, wenn sie streiten, ohne den anderen niederzumachen und seinen Standpunkt zu ignorieren, wenn sie fähig sind, Uneinigkeiten auf den Grund zu gehen und in gegenseitigem Respekt Kompromisse auszuhandeln, können sie das auch von ihren Sprößlingen erwarten.

Streiten lernen setzt voraus, daß man Konflikte überhaupt wahrnimmt. Vielen Eltern fällt das sehr schwer. Sie wünschen sich die Familie als Hort der Harmonie, als sicheren Hafen vor dem Streß und Unfrieden der übrigen Welt. Weil es aber so eine vollkommene Idylle in Wirklichkeit nicht gibt, müssen Wut und Gereiztheit, alle aggressiven Gefühle, die das perfekte Bild stören könnten, verdrängt werden. Oft mit dem Ergebnis, daß die Kinder unfähig werden, sich zu behaupten und Aggressionen herauszulassen, wo es angebracht wäre. Selbst den üblichen Alltagskonflikten sind sie dann später nicht gewachsen. Bei anderen stauen sich die unterdrückten aggressiven Impulse und entladen sich irgendwann aus nichtigem Anlaß in unerwarteten Gewaltausbrüchen.

Wenn sie das bedenken, fällt es Eltern vielleicht leichter, mit Krächen unter Geschwistern umzugehen – in vielen Familien ein besonders heikles Thema. Daß Kinder in der Nähe des Zusammenlebens aneinandergeraten, ist völlig normal, zerrt aber oft gewaltig an den Nerven der Erwachsenen. Oder es stimmt sie traurig, weil sie meinen, Geschwister müßten immer lieb und herzlich zueinander sein. Schubsen, Zwicken, Hauen, Rangeln – das alles gehört vor allem bei jüngeren Kindern dazu. Jedes will sich gegen die anderen durchsetzen und kann das vorläufig am besten mit Handgreiflichkeiten.

In ihrer Hilflosigkeit glauben Eltern oft, bei den Kinderkeilereien hart durchgreifen zu müssen. »Wenn du Hansi noch einmal haust, versohle ich dir den Hintern!« Natürlich leuchtet es den Kindern aber keineswegs ein, daß die Eltern schlagen dürfen, um zu erreichen, was sie wollen, sie selbst dagegen nicht. Und Strafpredigten? Sie stoppen vielleicht momentan die Raufereien, unterschwellig schwelt die Wut jedoch weiter und macht sich bei der nächsten Gelegenheit Luft. So hart es Eltern auch ankommen mag, es ist besser, nur dazwischenzufunken, wenn einer der Streithähne völlig ins Hintertreffen gerät, oder wenn alle sich derart verrannt haben, daß der Krach kein Ende nimmt. Und dann lieber nicht als Schiedsrichter, sondern als neutraler Schlichter auftreten – meistens hat ohnehin jeder sein Scherflein zum Hochkochen der Emotionen beigetragen.

In solchen Situationen können Eltern ihren Sprößlingen erklären, daß es hilfreich ist, einander zuzuhören, daß die Unversöhnlichkeit abnimmt, wenn man sich in die Lage des Gegners versetzt – »Wie würdest du es finden, wenn dein Lieblingsbuch mit Schokolade vollgeschmiert wäre?« Und daß niemandem ein Zacken aus der Krone bricht, wenn er den ersten Schritt zur Versöhnung tut, erfassen Kinder am besten durch das Beispiel der Erwachsenen. »Wenn es mich auf dem linken Fuß erwischt und mir wegen einer Lappalie der Kragen platzt, gehe ich anschließend hin und entschuldige mich bei den Kids«, sagt eine Mutter. »Sie sollen ruhig wissen, daß Eltern nicht fehlerlos sind und das auch zugeben können. Es kostet sie natürlich sehr viel Überwindung, aber trotzdem kommen sie inzwischen auch schon mal an und sagen: ›Tut mir leid, es war nicht so gemeint‹.«

Als eine Ursache von Aggressivität wird häufig der Einfluß der Medien genannt. Ob Brutalität und Gewalt auf dem Bildschirm, der Kinoleinwand oder in Comics tatsächlich aggressiv machen, ist unter Forschern sehr umstritten. Fest steht allerdings, daß eine unterschwellige Gewaltbereitschaft durch solche Bilder verstärkt wird und daß der ständige Anblick von Brutaloszenen die Kinder abstumpft. Wüste Prügelüberfälle auf einen Mitschüler etwa lassen sie dann möglicherweise völlig ungerührt. Jüngere Kinder bis zu zehn Jahren halten die Bildschirmszenen meistens für Realität. Auf Gewalt und Horror reagieren viele mit Angst, oder sie glauben, Gewalttätigkeit sei ein taugliches Mittel, sich mit anderen auseinanderzusetzen.

Weil das Fernsehen immer wieder als Auslöser von Aggressionen an den Pranger gestellt wird, liegt der Gedanke nahe, es ganz aus der Familie zu verbannen. Solche Askese führt allerdings meistens dazu, daß die Kinder sich woanders schadlos halten und das Fernsehen nur umso attraktiver finden. Eltern, die Fernsehen und Videos nicht komplett verbieten, behalten dagegen den Überblick und können dem Nachwuchs helfen, bewußt und vernünftig mit diesen Medien umzugehen. Ansätze dazu könnten so aussehen: Den Fernseher nicht stundenlang als Babysitter mißbrauchen und die Kinder nicht wahllos alles anschauen lassen; gemeinsam einen Fernsehplan aufstellen, an den sich alle halten; kleine Kinder nicht allein flimmern lassen und auch bei größeren bereit sein, über das

Gesehene zu reden, damit sich keine Ängste festsetzen und Eindrücke besser verarbeitet werden können. Voraussetzung ist natürlich, daß die Erwachsenen nicht selbst stundenlang kritiklos und gelangweilt durch die Programme zappen.

Viele ältere Kinder sind – meistens vorübergehend – fasziniert vom Nervenkitzel blutrünstiger Horrorvideos und gewalttätiger Computerspiele. So abstoßend Eltern das auch finden mögen, sinnvoller als sich angeekelt abzuwenden oder es mit – fast immer nutzlosen – Verboten zu versuchen, ist es, wenn sie genau hinsehen, ihre Ablehnung mit Argumenten begründen und den Standpunkt der Kinder anhören. Gerade in diesem Bereich sollten sie die Kommunikation nicht abreißen lassen.

Über die Auswirkungen brutaler Szenarien auf das Verhalten von Kindern gibt es unter Experten sehr verschiedene Ansichten. Einig sind sie sich aber in der Meinung, daß vor allem Kinder mit wenig Selbstvertrauen, Kinder aus schwierigen sozialen Verhältnissen, aus Familien, in denen aggressive Umgangsformen herrschen, zur Nachahmung neigen. Je sicherer Kinder in sich ruhen, je mehr Halt und Geborgenheit sie bei ihren Eltern finden, desto weniger anfällig sind sie für die Faszination der Gewalt. Darum ist es so wichtig, daß Eltern ihren Sprößlingen auf dem schwierigen Weg zur Friedfertigkeit immer wieder den Rücken stärken, die guten Seiten betonen und unterstützen und aggressive Ausrutscher nicht überbewerten. Nur wenn Kinder fühlen, daß sie trotz ihrer Fehler akzeptiert werden, bringen sie den Mut auf, es noch einmal und besser zu versuchen.

Eltern und Lehrer erleben immer wieder, daß Kinder im Gespräch äußerst vernünftig reden, Gewalt und Aggression ablehnen und für ein friedliches Miteinander plädieren. Und im nächsten Moment rennen sie los und boxen einen »Kollegen« in den Bauch – »Weil er so dämlich gegrinst hat!« oder aus ähnlich überzeugenden Gründen. Was ist das? Spielen sie Theater oder sind alle Erklärungen und guten Vorbilder für die Katz? »Nein«, meint eine erfahrene Lehrerin, »es ist halt ein weiter Weg vom Kopf bis in den Bauch. Aber Sie wissen ja: steter Tropfen…«

Friedfertigkeit contra Verantwortung

Simon, 14, war als kleines Kind sehr jähzornig. Er flippte sofort aus, wenn ihm jemand in die Quere kam, schrie herum und versuchte, sich mit Zähnen und Klauen durchzusetzen. Weil es aber in seiner Familie absolut nicht üblich ist, Konflikte mit Schlägen und Gezeter auszutragen, hat er allmählich gelernt, die Fäuste in den Taschen zu behalten und sich auf friedliche Weise mit anderen auseinanderzusetzen.

Eines Nachmittags beobachtet er auf dem Heimweg vom Sport, wie zwei schulbekannte Raufbolde einen Jungen aus der Nachbarschaft im Schwitzkasten haben und fürchterlich verdreschen. Auf den ersten Blick ist ihm klar, daß bei denen mit Beschwichtigungsversuchen nichts auszurichten ist. Eigentlich hat er mit der Sache nichts zu tun, er könnte weiterradeln und sich nicht darum kümmern. Aber kann er das verantworten? Es ist unschwer zu erkennen, daß die Geschichte für den Nachbarsjungen ohne Beistand übel ausginge. Simon weiß, daß er mit seinen kräftigen Fäusten eine Menge ausrichten könnte, und daß er sich schuldig fühlen würde, wenn die beiden ihr »Opfer« total zusammenschlügen. Deshalb schmeißt er sich ohne langes Fackeln dazwischen und versucht, die zwei Rowdys mit gezielten Boxhieben zu verscheuchen.

Friedfertigkeit bedeutet nicht Gewaltlosigkeit um jeden Preis. Sie läßt sich durchaus damit vereinbaren, daß man tätliche Angriffe auch mit den Fäusten abwehrt, wenn einem keine andere Wahl bleibt.

Gehorsam und Ungehorsam

»Wenn ein Mensch nur gehorchen und nicht auch den Gehorsam verweigern kann, ist er ein Sklave; wenn er nur ungehorsam sein und nicht auch gehorchen kann, ist er ein Rebell und kein Revolutionär.«

Erich Fromm

»Das wird gemacht, weil ich es sage! Und keine Widerrede!« Bestimmt träumen viele Väter und Mütter manchmal davon, mit einem Paukenschlag unbedingten Gehorsam einzufordern – so wie es frühere Elterngenerationen unter Berufung auf ihre »gottgegebene« Autorität taten. Vielleicht wäre dann endlich Schluß mit dem ewigen Gefeilsche um Schlafenszeiten und Hausaufgaben und dem seit Wochen vor sich hinrostenden platten Fahrrad neben der Haustür.

Mag sein, daß die Situation im Moment tatsächlich leichter würde. Was langfristig dabei herauskäme, erscheint allerdings weniger verlockend: Kindern, die gelernt haben, aufs Wort zu parieren, fällt es oft sehr schwer, mit ihrem Leben zurechtzukommen, selbständig zu denken und zu handeln und sich nicht auch da willenlos zu fügen, wo Widerstand notwendig wäre. Unfreie Geister, potentielle Untertanen heranzuzüchten, ist bestimmt nicht das, was verantwortungsbewußten, vernünftigen Eltern heute vorschwebt.

Hat also der Gehorsam ausgedient? Nein, meinen Erziehungsfachleute und Kinderpsychologen, es ist sogar wichtig, daß Kinder gehorchen können – nur nicht in dem früher üblichen Sinn. Gehorchen muß nämlich nicht bedeuten, sich bedingungslos einem fremden Willen zu unterwerfen. Es kann auch heißen, Regeln und Grenzen zu akzeptieren, die zum eigenen Schutz und für das Zusammenleben mit anderen unerläßlich sind. Kleine Kinder haben einen unbändigen Entdeckungsdrang, aber keine Ahnung von Gefahren. Das könnte übel ausgehen, gäbe es nicht – an Balkonbrüstungen zum Beispiel – eindeutige Stop-Regeln. Und die Knirpse sind, wie der Rest der Menschheit auch, zuallererst einmal Egoisten, die ihre Bedürfnisse hemmungslos auf Kosten anderer ausleben würden, gäbe es keine klaren Grenzen: Bis hierher und nicht weiter!

Auch gehorchen muß man lernen. Aber wie? Noch immer taucht bei dieser Frage in vielen Köpfen sofort der Gedanke an Strafen und Schlagen auf. Ein Klaps auf die Hand und schon läßt das Kind die Finger von der Fernbedienung. Ist das nicht einleuchtend? Gerade bei Kleinen unter drei Jahren rutscht Eltern besonders oft die Hand aus – meistens ein Zeichen der schieren Hilflosigkeit. »Was soll ich denn tun?« fragt die Mutter eines lebhaften Zweijährigen. »Er ist den ganzen Tag auf Achse, um alles zu untersuchen. Kaum drehe ich mich um, versucht er, aufs Fensterbrett zu klettern, fummelt an der Stereoanlage herum, stapelt Gläser zu schiefen Türmen oder schnappt sich das schärfste Messer. Meine unentwegten ›Neins‹ und ›Halts‹ und ›Stops‹ kratzen ihn überhaupt nicht. Irgendwann reicht es mir, und er kriegt eins drauf.« Bei manchen Kindern funktioniert diese Methode zweifellos, aber andere, ungebärdigere lassen sich dadurch nicht bremsen, und dann schaukelt sich das Ganze hoch in einem Wechselspiel von immer schärferen Strafen und immer stärkerem Widerstand. Es gibt aber noch weitere negative Auswirkungen: Ein kleines Kind kann den Grund für die Klapse nicht verstehen und glaubt vielleicht, von den Eltern nicht mehr geliebt zu werden – das schadet der Beziehung zwischen Groß und Klein. Wenn es nur aus Angst vor Strafe gehorcht, lernt das Kind nichts dabei und probiert das Verbotene in einem unbeobachteten Moment natürlich wieder aus. Wird ihm sein ganzes Umfeld mit tausend Verboten vernagelt, muß es das sogar tun, weil es sonst keine Chance hätte, Erfahrungen zu sammeln und den Umgang mit der Welt einzuüben.

Wollen Eltern erreichen, daß ihr Kind nicht nur aus Furcht vor Strafen spurt, sondern daß es allmählich begreift, warum es dieses tun und jenes lassen soll, empfiehlt sich ein anderer Weg. Einer, der mit Sicherheit anstrengender ist, der sich aber auf die Dauer umso mehr auszahlt, weil das Kind dabei ein eigenes moralisches Empfinden entwickeln kann und lernt, nicht auf fremde Befehle, sondern nach den Anweisungen seines Gewissens zu handeln. Kategorisches Neinsagen gehört natürlich auch hier dazu – schließlich kann man die Kleinen nicht ausprobieren lassen, was passiert, wenn man aus dem Fenster springt oder blindlings über die Straße rennt. Aber das allein reicht nicht. »Ich sage immer wieder nach-

drücklich ›Nein‹, wenn Timmi am Balkongeländer turnen will
oder gefährliche Unternehmungen in der Küche startet«, berichtet
die Mutter eines eineinhalbjährigen Forschers. »So ein eindeutiges
›Nein‹ versteht sogar Bimbo, unser Setter. Aber Timmi ist ja
schließlich kein Hund, bei dem Dressur genügt. Und deshalb male
ich ihm jedesmal wieder aus, daß es schrecklich weh tun wird,
wenn er vom Balkon fällt, sich mit dem Tomatenmesser schneidet
oder an der Herdplatte verbrennt. Klar geht das zunächst noch
über seinen Horizont, aber was weiß ich, wann er plötzlich
anfängt zu begreifen. Er wird doch jeden Tag ein bißchen gewitz-
ter.« Solche Erklärungen prägen sich umso besser ein, wenn man
sie – da, wo es möglich ist – mit ein paar vorsichtigen Experimenten unterstützt: zum Beispiel die Hand des Kindes in die Nähe
einer wärmer werdenden Herdplatte oder einer Kerzenflamme
führt, damit es spürt, was mit »heiß« gemeint ist. Oder ein Finger-
chen sachte über eine Glaskante streichen läßt, um zu erfahren,
was »scharf« bedeutet. Um die fatalen oder ärgerlichen Folgen des
natürlichen Forscherdranges einzuschränken, haben sich außerdem ein paar Schachzüge bewährt: Statt zu schimpfen oder ständig
wieder »Nein« zu schreien, das Kind ablenken. Es auffordern,
beim Staubsaugen, Bettenbeziehen oder Quarkrühren zu helfen –
lauter hochinteressante Tätigkeiten, die sich mit ein bißchen
»Brummbrumm«, Kissenboxen oder Schleckerei hervorragend
aufpeppen lassen. Das kostet zwar etwas mehr Zeit, bekommt aber
den Nerven und vor allem der Beziehung zwischen Eltern und
Kind entschieden besser als Haue, Geheul und anschließender
Katzenjammer. Oder man dirigiert die Neugier um auf weniger
gefährliche und empfindliche Objekte. Die Messerlade und das
Tellerregal sind tabu, dafür darf der Winzling mit Quirlen, Schnee-
besen und Töpfen hantieren; ein Uralt-Radio oder eine ausgemu-
sterte Schreibmaschine machen sich weit weniger aus der unsanf-
ten Behandlung als Stereoanlage und Computer, wirken dafür aber
viel anregender. Und nicht zu vergessen: das Loben. Nach Ansicht
von Fachleuten läßt sich damit wesentlich mehr ausrichten als mit
Strafen. Erntet ein Kind Lob, Zärtlichkeit und Anerkennung,
wenn es etwas Unerwünschtes nicht tut, wird es dadurch ermuntert, sich weiter so zu verhalten.

Selbstverständlich führt auch der sanfte Weg nicht immer und
schon gar nicht sofort zum Ziel. Aber die Kleinen spüren dabei,

daß die Erwachsenen ihnen nicht einfach etwas verbieten, um ihre Macht zu demonstrieren, und daß trotz aller Einschränkungen auch ihre kindlichen Bedürfnisse respektiert werden. Die beste Voraussetzung, um zu einem Gehorsam zu finden, der nicht auf Angst gründet, sondern darauf, daß die Kinder den Eltern vertrauen, sich geliebt und geborgen fühlen und dieses gute Verhältnis nicht zerstören wollen.

Obwohl Kinder in ihren ersten drei Lebensjahren zunehmend bessere Antennen für das entwickeln, was sie tun oder lassen sollen, sind sie noch viel zu impulsiv, um sich immer danach richten zu können – vor allem, wenn kein »Kontrolleur« in der Nähe ist. Plötzlich erscheint das zur Tabuzone erklärte Bücherregal doch wieder tausendmal interessanter als der freigegebene Zeitungskorb. Und dann kommt noch der Trotz dazu. Schon mit eineinhalb Jahren schreien manche Kleinen auf einmal selbst »Nein, nein!« Mit Vehemenz widersetzen sie sich den elterlichen Anordnungen und versuchen, probeweise selbst die Macht zu übernehmen. Die Aufforderung, einen begehrten Lutscher im Supermarkt wieder ins Fach zu legen oder sich auf den Heimweg vom Spielplatz zu machen, reicht häufig schon aus, damit sie sich brüllend am Boden wälzen.

In so einem Trotzanfall kann man die Kinder weder durch gute Worte und Zärtlichkeit, oft auch nicht durch Ablenkungsversuche und schon gar nicht durch Strafen erreichen. Sie blenden sich in diesem Sturm regelrecht aus. Tatsächlich scheint es nur eine Möglichkeit zu geben, mit dem Getobe umzugehen: sich nicht provozieren lassen, Ruhe bewahren, ohne großes Tamtam abwarten, bis es vorüber ist – und nicht nachgeben, weil das Kind sonst den Eindruck gewinnt, mit genügend Raserei lasse sich alles durchdrücken. Vielen Eltern hilft allein schon das Wissen, daß die Kinder sie mit dem trotzigen Widerstand nicht terrorisieren wollen, daß sie einfach davon überrollt werden, wenn etwas ganz anders läuft als nach ihren Vorstellungen. Und der größte Trost: mit drei Jahren ist diese Streßphase gewöhnlich überstanden.

Dann wird der Umgang mit den Sprößlingen überhaupt einfacher. Jetzt sind es nicht mehr allein momentane Anwandlungen, von denen sich die Kinder leiten lassen, sondern immer mehr ihr eigener Wille und Vernunftgründe. Sie können allmählich Argumenten folgen, die Spielregeln des Zusammenlebens verstehen und sich auch immer besser nach ihnen richten. Ob sie es tun, ist allerdings eine andere Sache. Schließlich sind Kinder keine kleinen Automaten, die prompt alles ausführen, was sie können, und auch keine gesetzten Erwachsenen. Sie sind ungestüm und unternehmungslustig und probieren natürlich ständig wieder aus, ob sich die Leinen lockern lassen.

Aber was, wenn Kinder, ob kleiner oder größer, keiner Anweisung folgen, jede Vereinbarung brechen? Ständig zu spät kommen, immer wieder den Fernseher anwerfen, sich dauernd vor den Hausaufgaben drücken? Sinnvoller als Ohrfeigen auszuteilen und auf Biegen und Brechen Gehorsam erzwingen zu wollen, ist es, erst einmal nachzuforschen, warum sie sich so benehmen. Am besten fangen die Erwachsenen damit bei sich selber an: nehmen ihr eigenes Verhalten unter die Lupe, überprüfen, ob nicht da die Gründe liegen könnten, und überlegen, was sich dagegen tun ließe. Solche Gründe und Gegenstrategien können zum Beispiel sein:

- Ein Übermaß an Ge- und Verboten. Fühlt sich ein Kind von zu vielen Regieanweisungen eingekreist und von jedem Schritt in Richtung Selbständigkeit abgehalten, schaltet es auf Durchzug und gehorcht überhaupt nicht mehr. Erfolgversprechender: Nur wenige Regeln aufstellen, die sich auf das Notwendige beschränken.

- Inkonsequenz. Lassen sich die Erwachsenen bei ihren Anordnungen von der Tagesform leiten und verbieten aus schlechter Laune oder im Streß etwas, das sie kurze Zeit später wieder erlauben, wartet das Kind den Stimmungsumschwung ab und pfeift auf die Gebote. Genauso ist es, wenn zwar für den Fall des Ungehorsams mit Folgen gedroht wird, dann aber regelmäßig nichts passiert. Deshalb lieber Regeln, die ständig gelten, als heute »hü« und morgen »hott«. Und anstelle spontaner Drohungen erst einmal überlegen, ob die Strafen sinnvoll und durchführbar sind.

- Nachgiebigkeit. Spürt ein Kind, daß es nur lange genug quengeln, betteln oder bocken muß, um seinen Willen durchzusetzen, weicht es damit schließlich jede Anordnung auf. Besser: erst nachdenken, ob ein Befehl oder ein Verbot vernünftig und realisierbar ist, dann aber freundlich und bestimmt dabei bleiben.

- Mangelnde Zuwendung. Haben Eltern kaum Zeit und Interesse für das Kind, zwingt es sie durch permanenten Ungehorsam, sich mit ihm zu beschäftigen. Weniger stressig wird es, wenn die Eltern dem Kind freiwillig Aufmerksamkeit schenken, gemeinsame Aktivitäten entdecken, zuhören, Anteil nehmen. Je besser das Einvernehmen zwischen Groß und Klein, desto leichter fällt es den Kindern, sich an die familiären Vereinbarungen zu halten.

- Verwöhnen. Lassen Erwachsene einem Kind immer und überall seinen Willen, stellt es oft unentwegt Dinge an, die für seine Umgebung eine Zumutung sind. Es provoziert so mit allen Mitteln den Widerstand der Eltern. Um sich bei ihnen geborgen und sicher zu fühlen, brauchen Kinder Eltern, denen sie nicht beliebig auf der Nase herumtanzen können, Eltern mit eindeutigen Standpunkten. Ein klares Netz von Normen hilft ihnen herauszufinden, wie weit sie mit ihren Eigeninteressen gehen können und wann sie die Interessen anderer durchkreuzen.

Was sonst noch nützen kann:
- Lieber mit Lob und Anerkennung nachhelfen als mit Strafen. Gelobt zu werden, wenn etwas in Ordnung war, tut gut und ermutigt viel besser, so weiterzumachen, als das unangenehme Gegenteil. Zu so einer positiven Motivation gehört auch, einem Kind immer wieder neu Vertrauen zu zeigen und ihm nicht ewig nachzutragen, was irgendwann danebenging.
- Wenn schon Strafen, dann solche, die für den Missetäter als logische Konsequenz seines Verhaltens zu erkennen sind. Wer etwa nach der Schule ständig stundenlang herumbummelt, kann nicht erwarten, dann noch ein warmes Mittagessen zu bekommen.
- Ge- und Verbote zumindest einmal begründen, damit das Kind den Sinn dahinter verstehen kann.
- Die Situation der Kinder berücksichtigen. Wer mitten in eine intensive Beschäftigung mit der Aufforderung platzt, jetzt sofort Kartoffeln zu kaufen, muß sich über Protest und Ablehnung nicht wundern.
- Vorwarnen. Zum Beispiel ankündigen, daß in 10 Minuten gegessen oder heimgegangen wird, damit das Kind Zeit hat, sich aus seiner Spielsituation zu lösen.

Regeln und Grenzen sind notwendig, damit Kinder zwischen Recht und Unrecht unterscheiden lernen und sich zu zivilisierten Mitgliedern der menschlichen Gesellschaft entwickeln können.

Diese Einübung von moralischer und sozialer Eigenverantwortung erscheint ihnen umso weniger als Zwang, je mehr Mitsprache sie bei der Aufstellung der familieninternen Spielregeln haben. Verzichten die Eltern auf autoritäres Gebaren und zeigen sich bereit zu Kompromissen und Flexibilität, fühlen sich die Sprößlinge nicht untergepflügt, sondern ernstgenommen und halten sich bereitwilliger an die Vereinbarungen.

Aber wie man es auch immer anstellt, alle Kinder verstoßen irgendwann gegen die Abmachungen, sind »ungehorsam«. Sehr häufig signalisieren sie damit: Es wird mir zu eng hier, ich brauche mehr Spielraum. Mit Schimpfen und Sanktionen werden Eltern in solchen Fällen wenig erreichen – schon gar nicht bei Jugendlichen, die um jeden Zentimeter Unabhängigkeit kämpfen. »Warum darf ich nicht bis 11 wegbleiben?« »Warum kann ich nicht bei meinem Freund übernachten?« Besser als eiserne Prinzipienreiterei hat es sich bewährt, die Grenzen nicht stur einzuhalten, sondern sie dem Alter und der Entwicklung des Kindes entsprechend immer wieder neu auszuhandeln. Oft eine hitzige Sache, aber sie lohnt sich, weil man nicht einfach im Krach auseinanderdriftet. Und weil bei so einer Familienkonferenz jeder gezwungen ist, seinen eigenen Motiven auf den Grund zu gehen und dadurch etwas mehr über sich selbst erfährt. Ein simples »Ich will es so!« oder »Ich mache, was mir paßt!« gilt hier nicht. Sicher gibt es nicht für jeden Standpunkt stichhaltige Argumente, schließlich geht es nicht nur um Fakten, sondern auch um Gefühle – aber gerade daran läßt sich Konfliktfähigkeit üben.

Vor allem Jugendliche brauchen eine Menge Vorschußvertrauen und wachsende Freiräume, um sich aus der elterlichen Obhut lösen zu können. Und sie brauchen die Gewißheit, nicht gleich in Grund und Boden verdammt zu werden, wenn sie bei der Suche nach eigenen Richtlinien mal über die Stränge schlagen oder auf einen Irrweg geraten. »Ich habe mich oft maßlos über Andi geärgert, als er 15 war und ständig etwas nicht einhielt, was wir vereinbart hatten«, erinnert sich eine Mutter. »Mal kam er viel zu spät nach Hause, mal roch er ganz eindeutig nach Zigaretten, mal hing er die ganze Nacht vor dem Fernseher, wenn ich nicht da war. Als ich mir eines Tages ausmalen wollte, wie schön es wäre, wenn er nicht soviel Trouble machte, wurde mir ganz anders. So ein braves Bübchen, das immer nur tut, was Mami sagt, das nie etwas ausprobiert und nichts riskiert, wünschte ich mir eigentlich auch nicht. Statt ein Donnerwetter loszulassen, habe ich ihm dann nur immer wieder zu verstehen gegeben, daß ich zwar Verständnis für seine Experimente hatte, aber darauf vertraute, daß er die Grundfesten unserer Spielregeln im Auge behielt. Wirklich mißbraucht hat er dieses Vertrauen nie.«

Für Eltern, die ihren Kindern helfen wollen, selbständige, eigenverantwortliche Menschen zu werden, kann Gehorsam kein Selbstzweck sein. Er ist nur ein Wert auf Zeit – nicht mehr als ein Rankgerüst, bis die Kinder gelernt haben, was im zwischenmenschlichen Umgang und für ihre eigene Überzeugung entscheidend ist. Danach wird die Fähigkeit zum *Ungehorsam* wichtiger. Das bedeutet: Nein sagen zu können, wenn irgendeine Autorität oder mächtige Institution etwas anordnet, das mit der eigenen Einstellung nicht zu vereinbaren ist, oder wenn erwartet wird, daß sie etwas tun, weil »alle« es so machen, oder etwas Böses, Zerstörerisches, das anderen Menschen schadet oder sie verletzt.

Leichter gesagt als getan, zweifellos. Für diese Art von Ungehorsam braucht es einen unabhängigen Verstand, Urteilsvermögen und oft auch eine Menge → Zivilcourage. Und dazu kann man Kinder nicht so einfach erziehen wie zum Bitte- und Dankesagen. Aber man kann zumindest die Weichen so stellen, daß es ihnen weniger schwer fällt, fremdem Druck ihren eigenen Willen und ihre eigene Einsicht entgegenzusetzen.

Ein spezieller Programmpunkt à la »Wie erziehe ich mein Kind zum Ungehorsam?« ist dafür gar nicht notwendig. Ganz einfach deshalb, weil Eltern, die ihren Kindern ohne Zwang und Gewalt Gehorsam beibringen, damit auch automatisch die Fähigkeit zum Ungehorsam fördern:

- Begründen die Erwachsenen ihre Anweisungen, können die Kinder nachvollziehen, warum etwas so und nicht anders sein soll. Sie lernen, der Vernunft zu gehorchen und nicht blinder Willkür.
- Legen die Eltern die Spielregeln für das Familienleben gemeinsam mit den Kindern fest und suchen in Konfliktsituationen mit ihnen gemeinsam nach Lösungen, können die Kinder Urteilsvermögen entwickeln.
- Lassen die Großen zu, daß auch schon Kleine ihre Ansicht vorbringen und – wenn es vernünftig erscheint – ihren Willen

durchsetzen, impfen sie ihnen keine Angst vor der Autorität ein, sondern im Gegenteil die Zuversicht, selbst etwas bewirken zu können.

Und wieder einmal spielt das Vorbild der Eltern eine ganz entscheidende Rolle, schon in unscheinbaren Alltagsszenen: Wenn sie etwa aus lauter Angst aufzufallen in den Chor der Hasser einstimmen, die einem Hausgenossen grundlos anhängen, den Zigarettenautomaten geknackt zu haben, oder sich schon in geduckter Haltung dem unfairen Mathelehrer stellen, um seine Drohungen anschließend an den Sprößling weiterzuleiten, folgern die Kinder daraus, daß es ratsamer ist, den Kopf einzuziehen als irgendwo Widerspruch einzulegen.

Jüngere Kinder sind mit dem positiven Ungehorsam meistens noch überfordert, aber manchmal packen sie es doch schon, wie eine Mutter berichtet: »Thilo spielt in einer Fußballmannschaft von lauter Stöpseln zwischen 6 und 9 Jahren. Natürlich ist längst nicht jeder davon ein Maradona. Vor zwei Wochen forderte der Trainer sie auf, alle auf denjenigen zu zeigen, der noch kein einziges Tor geschossen hat. ›Fast hätte ich mitgemacht‹, erzählte Thilo, ›weil wir ja immer tun müssen, was er sagt. Aber dann dachte ich mir, wie unfair das ist und wie gemein. Und ich hab mich neben Ben gestellt und die anderen angeschrieen, sie sollen aufhören.‹ Der Trainer war natürlich sauer auf ihn«, schließt die Mutter, »und ich ganz schön stolz.«

Gehorsam contra Selbständigkeit

Janni, 14, verbringt ein Wochenende mit Freunden auf einer Berghütte. Eigentlich wollen sie am Sonntagabend zurückfahren, aber dann finden es alle so lustig und gemütlich, und am nächsten Tag ist außerdem schulfrei – also beschließen sie, länger zu bleiben. Janni ist als einzige nicht damit einverstanden. In ihrer Familie gilt als unumstößliche Regel, daß keiner einfach wegbleibt, ohne Bescheid zu geben. Die anderen finden ihre Einwände albern: »Ein paar Stunden Schlaflosigkeit werden deine Leute schon noch verkraften!« Aber Janni sieht das anders. Sie hat ein gutes Verhältnis zu ihren Eltern und möchte das nicht aufs Spiel setzen. Das nächste Telefon ist in einer Bergstation, eine gute Kraxelstunde von der Hütte entfernt, und keiner der Freunde kann sich aufraffen, Janni zu begleiten. Vor allem, weil es schon dunkel wird.

Was soll sie tun? Sich allein auf den gefährlichen Weg machen, um die Familienregel einzuhalten oder eine eigene Entscheidung treffen? Ihre Eltern haben für alle Anordnungen vernünftige Gründe. In diesem Fall spräche aber die Vernunft ganz eindeutig gegen das Risiko. Janni weiß, daß die Eltern keinen blinden Gehorsam verlangen, sondern vernünftiges Überlegen und Urteilsfähigkeit von ihr erwarten. Deshalb entscheidet sie sich in dieser Situation gegen den Gehorsam und für einen selbständigen Entschluß.

Gelassenheit

»Unter Gelassenheit verstehen wir die Haltung dessen, der das, was er nicht ändern kann, als sinnvolle Grenze seines Handelns in sein Wollen aufnimmt, der die Grenze akzeptiert. Das scheint trivial zu sein. Was wir nicht ändern können, geschieht ja ohnehin, ob wir es akzeptieren oder nicht. Richtig. Und eben deshalb sollen wir uns mit ihm anfreunden, weil wir anders nicht mit uns selbst befreundet sein können. Denn auch unser eigenes Dasein und So-Sein ist Schicksal. Wer das Schicksal nicht akzeptiert, kann sich selbst nicht akzeptieren. Ohne Freundschaft mit uns selbst aber kann es kein gutes Leben geben.«

Robert Spaemann

»Nehmen Sie's gelassen«, sagt der Arzt und schmunzelt. Der hat gut reden! Noch nie war eine Ferienreise so bis aufs I-Tüpfelchen vorbereitet: die Wunschpension am Meer gebucht, Hamster und Topfblumen beim Nachbarn untergebracht, die Fahrkarten griffbereit genauso wie die Kleider für den Abfahrtsmorgen, die Koffer fertig zum Zuklappen. – Und dann kurz vor der Dämmerung ein schriller Schrei aus dem Kinderzimmer: »Ich hab' so komische Stippchen!« Der erste Schock im Lampenschein: Eine Allergie? Sieht so eine Allergie aus? Mit Pünktchen von Kopf bis Fuß? Oder sind es vielleicht…? O je! – In drei Stunden geht der Zug, genügend Zeit für einen schnellen Check in der Kinderklinik. Bestimmt ist es ganz harmlos! Hat er Erdbeeren gegessen? Von denen bekam Oma Herta doch auch immer Ausschlag! Die werden eine Salbe drauftun, und alles ist okay. – Von wegen! Ein Tiefschlag schon an der Pforte: »Ha!« ruft die Schwester fröhlich, »da kommt unsere Nummer 30 mit Windpocken!« Was nun? Kann er trotzdem fahren? Zu ansteckend, meint der Arzt. Und aufschieben? Bei der üblichen Inkubationszeit wird es Nina nach Niklas in spätestens 14 Tagen erwischen – zum Ende der Ferien. Also: Aus Äpfel Amen. Die ganze ausgefeilte Planerei umsonst. Soll man da etwa nicht wie Rumpelstilzchen im Quadrat springen?! Und dieser Mensch spricht von Gelassenheit!

Gelassenheit ist ziemlich aus der Mode gekommen. Sie geriet

umso mehr ins Abseits, je weiter der naturwissenschaftliche und technologische Fortschritt die Grenzen des Machbaren hinausschob und je stärker sich die Überzeugung durchsetzte, alles fest im Griff zu haben. Das Bedürfnis, sich selbst und anderen zu beweisen, daß nichts aus dem Ruder läuft, setzt viele gewaltig unter Druck: Streß, Hektik und verborgene Ängste bestimmen den Alltag. In einer so auf Aktivität und Leistung ausgerichteten Lebensführung scheint Gelassenheit wahrlich nichts verloren zu haben. Aber das Gegenteil ist der Fall.

Immer wieder wird der Machbarkeitswahn von der Realität scharf ausgebremst. Die Natur – und sei es nur in Form von Windpocken –, andere Menschen oder Ereignisse, die wir als Schicksal bezeichnen, durchkreuzen die perfektesten Pläne. Die meisten reagieren darauf mit Wut und Ärger oder mit wildem Aufbegehren: »Warum gerade ich?«, »Warum ausgerechnet jetzt?«, aber das Rad zurückdrehen können sie auch mit dem tollsten Theater nicht. Überaktivität, Anspannung und das Unterdrücken von Ängsten führen längst nicht immer zum gewünschten Ziel, sondern viel öfter zu psychosomatischen Folgeschäden – Schlafstörungen, Dauererschöpfung oder Depressionen.

Gelassenheit wäre zu all dem der ideale Gegenpol. Wer gelassen ist, tut zwar, was in seinen Kräften steht, aber ohne den Anspruch, alle Umstände, Dinge und Menschen nach seinen Vorstellungen manipulieren zu können. Mit Fatalismus oder Leistung auf Sparflamme hat das nichts zu tun. Er will nur einfach nichts erzwingen, er läßt zu, daß die Wirklichkeit seinem Willen Schranken setzt und kann deshalb selbst dann innere Ruhe bewahren, wenn er mit seinen Plänen scheitert. Er muß auch nicht unentwegt fieberhaft wirbeln, sondern ist fähig, ohne Hektik abzuwägen, in welcher Situation und zu welchem Zeitpunkt wieviel Einsatz richtig wäre.

Wahre Gelassenheit, sagt man, führe zur Weisheit. Aber bis dahin ist es ein weiter Weg. Und inzwischen kann sie auf viel bescheidenerer Stufe ganz schlicht den Alltag erleichtern. Weil sie hilft, sich nicht ständig über Bedingungen und Menschen aufzuregen – sie einfach sein zu lassen. Weil sie außerdem davor bewahrt, im Fall eines Fehlschlags in Zorn und Verbitterung hängenzubleiben. Sie bietet statt dessen die Chance, auch unter den von außen gesetzten Bedingungen zufrieden zu sein. So wie die Windpockenfamilie. Bei der hakte sich nämlich das Stichwort des Arztes fest und brachte einen Umschwung in Gang, so daß die Ferien nicht in zorniger Verstimmung untergingen, sondern als gemütliche Quarantäne-Spieltage trotzdem – wenn auch ganz anders als vorgesehen – schön wurden. Übrigens bekam Nina am vorletzten Tag der Ferien wirklich noch Windpocken – genau zwei Stück.

Wenn schon Erwachsene oft Schwierigkeiten mit der Gelassenheit haben, wie sieht es dann erst bei Kindern aus? Ist das Wort nicht überhaupt viel zu groß im Zusammenhang mit Kindern, so als würde man Klein Karlchen mit Papas Gartenstiefeln zum Hürdenlauf schicken? Gelassenheit setzt Reife voraus, ein In-sich-Ruhen, von dem Kinder noch weit entfernt sind. Und sie bedeutet, Grenzen der eigenen Möglichkeiten anzuerkennen, während Kinder doch fest daran glauben, die ganze Welt erobern zu können. Kinder, heißt es deshalb, seien zu Gelassenheit noch gar nicht fähig. Mag sein. Aber man kann sie ihnen immerhin schon nahebringen – als eine Art Investition in die Zukunft, wie eine Aussteuer- oder Ausbildungsversicherung. Wenn Kinder in ihrem Umfeld Gelassenheit miterleben und wenn man mit ihnen darüber spricht, wächst in ihnen das Gespür für diese Haltung, und sie werden sie umso eher für ihr eigenes Leben übernehmen.

Hautnah erleben Kinder Gelassenheit bei Eltern, die sie nicht ständig aufgeregt hierhin und dorthin dirigieren, die sich aus dem Konkurrenzkampf um Saubersein, Schwimmenkönnen und Schulnoten heraushalten und statt dessen den Dingen Zeit lassen, sich zu entwickeln. Damit ist kein Laisser-faire gemeint, sondern die Bereitschaft, die Eigenart der Kinder anzunehmen, ohne ihnen dauernd eigene Vorstellungen aufzuzwingen. »Mein Vater war ein bekannter Sportler«, erinnert sich ein erwachsener Sohn, »und natürlich wünschte er sich, daß ich ihm nachschlüge. Er unterstützte mich bei meinen vielen verschiedenen Versuchen mit Fußball, Tennis und wer weiß was sonst. Aber ohne Erfolg. Es lag mir einfach nicht und machte mir auch keinen Spaß. Trotzdem putzte er mich nie herunter oder setzte mich unter Druck. Er gab mir das Gefühl, daß ich schon herausfinden würde, was zu mir paßte – das war schließlich die Tischlerei – und ließ mich selbst entscheiden. Diese Gelassenheit hat mir unendlich gut getan, deswegen versuche ich es mit meinen Kindern genauso zu halten.«

Alle Kinder erleben irgendwann Situationen, in denen sie mit

ihren Plänen und Wünschen oder ihrem Willen nicht durch-
kommen: Lisa möchte sich unbedingt mit Julia anfreunden und
setzt alles daran, aber Julia läßt sich nicht erweichen. Simon und
Max bereiten eine Cowboy-Nacht im Garten vor, mit Zelt und
Lagerfeuer, und am angesetzten Abend regnet es junge Hunde.
Katrin will beim nächsten Hockeyturnier endlich zeigen, daß sie
doch die bessere Torfrau ist und verknackst sich am Tag davor
beim Hochsprung in der Schule den Fuß. Es ist ganz normal,
daß solche Härten – je nach Alter und Temperament der Kinder –
Tränen und Trauer, Wutanfälle oder Aggressionen nach sich
ziehen. Jetzt mit dem Spruch zu kommen: »Bleib doch gelassen, Kind!«, wäre völlig absurd. Gelassenheit läßt sich nicht ver-
ordnen oder einfordern. Nur indirekt können Eltern ihre Sprößlinge in diese Richtung dirigieren. Sich zuallererst einmal nicht
anstecken lassen von der Aufregung, nicht mitschimpfen und
-jammern über Julias Gemeinheit, das fiese Wetter und die blöde
Turnlehrerin. Lieber Verständnis zeigen, aber ruhig bleiben und
mit Alternativen oder Ablenkung über den Tiefpunkt hinweghelfen: »Willst du nicht mal Anna anrufen? Die fragt immer wieder
nach dir und malt genauso gern wie du.« »Baut euch doch eine
Höhle unterm Küchentisch, da drinnen gibt's dann eine echte
Cowboy-Suppe mit Bohnen und Speck!« »Ich fahre dich hin,
damit du deine Leute anfeuern kannst, und hinterher schauen wir
uns einen spannenden Film im Fernsehen an.« Je mehr Gelassenheit – nicht zu verwechseln mit Gleichgültigkeit! – die Eltern zeigen, desto leichter fällt es den Kindern, ihr Mißgeschick auch
selbst zu verkraften.

Außerdem sind derartige Situationen, nachdem sich der erste
emotionale Sturm gelegt hat, ein guter Einstieg, um mit ihnen darüber zu reden, daß jeder Mensch nur ein kleiner Teil in einem
großen Ganzen ist und deshalb kein Anrecht darauf hat, alles nach
seinem Willen bestimmen zu können. Wetter, Grippe oder Warte-
schlangen sind nun mal lauter Dinge, die sich nicht beeinflussen
lassen, möglicherweise einen Strich durch die schönste Rechnung
machen. Und man kann den Sprößlingen zu erklären versuchen,
daß niederschmetternde Ereignisse, die nicht zu ändern sind,
erträglicher werden, wenn man sich nicht auch noch mit aller
Macht dagegen aufbäumt.

Natürlich darf man keine prompten Auswirkungen auf das Verhalten der Kinder erwarten. Solche Erklärungen sind vorläufig nur Samenkörner, die vielleicht eines Tages aufgehen.

Schon eher im Bereich der kindlichen Möglichkeiten scheint die Fähigkeit zu liegen, andere Menschen in ihrer Art in Ruhe zu lassen – wie eine Großmutter berichtet: »Ich bin sehr viel mit den Kindern meiner Tochter und deren Freunden zusammen. Ich weiß, daß die Mutter ihnen immer wieder sagt: ›Laßt euch nicht in alles reinziehen, mischt euch nicht überall ein!‹ Bei Steffen, einem meiner Enkel, hat das offensichtlich gefruchtet. Oft, wenn die anderen balgen oder herumalbern, bleibt er völlig ungerührt bei seinem Stiefel, malt oder baut oder was auch immer. Er funkt nicht dazwischen und gibt auch keine Kommentare ab, sondern grinst mich höchstens mal verschwörerisch an. Ganz schön gelassen, dieses neunjährige Kerlchen.«

»Bleib cool, Mann!« – vielleicht zielt dieser Slogan der Jugendlichen wirklich in Richtung Gelassenheit. Aber bei den meisten fehlt dazu noch eine Menge. Auf dem Wegstück zwischen Kindheit und Erwachsensein sind sie so empfindlich wie sonst nie in ihrem Leben und leiden deshalb mehr als andere, wenn etwas schiefgeht. Sie schwanken hin und her zwischen Allmachtsgefühlen, mit denen es sich schwer vereinbaren läßt, nicht in allen Fällen Herr der Lage zu sein, und Phasen abgrundtiefer Unsicherheit, in denen sie von jedem Gegenwind umgepustet werden. Um sich von den inneren Turbulenzen nichts anmerken zu lassen, verschanzen sich viele hinter ihrer *coolness*. Vom Gleichmut der Gelassenheit kann dabei keine Rede sein. Bei anderen gehört die Null-Bock-Show und das »Ihr könnt mich alle mal« zum Imponiergehabe. Mit Gelassenheit hat auch diese *coole* Pose nichts zu tun. Weil der Gelassene keineswegs alles an sich vorbeirauschen läßt, sondern sich sehr wohl engagiert – nur eben ohne den Anspruch, immer und überall der große Macher zu sein.

Ihnen klarzumachen, daß eigentliche Stärke auf innerer Ausgeglichenheit beruht und nicht auf einer nach außen zur Schau gestellten Fassade, ist sicher nicht einfach. Oft fassen Jugendliche es als Mäkelei und Meckerei auf, wenn man mit ihnen darüber reden will. Größere Erfolgschancen haben Eltern, die nicht nur erklären, sondern vorleben, was gemeint ist: Die zum Beispiel nicht genervt auf alle kleinen Zwischenfälle des Alltags reagieren, Meinungen und Eigenheiten anderer Menschen gelten lassen und auch dann nicht völlig aus den Fugen geraten, wenn ein herber Schlag sie trifft – etwas so Unschönes wie ein Motorschaden auf der Ferienreise, eine Kellerüberschwemmung oder ein Karriereknick.

Und was können Eltern tun, die selbst nicht bewandert sind in Sachen Gelassenheit? »Mit den Kindern trainieren«, meint eine Mutter. »Ich stieß erst auf den Wert der Gelassenheit, als ich die beiden schon hatte. Und ich übe sie mit ihnen zusammen, genauso wie Schlittschuhlaufen. Das konnte ich nämlich vorher auch nicht. Auf diesem Terrain bringt mir mein Alter wenigstens erhebliche Vorteile ein, auf dem Eis ist es leider umgekehrt.«

Gelassenheit contra Verantwortung

Kindern fehlt es noch an Reife und Urteilsvermögen, um in eigener Regie mit der Gelassenheit umgehen zu können. Sie brauchen die Hilfe der Eltern, wenn sie lernen sollen, auf diesem schwierigen Gelände Tritt zu fassen und allmählich zwischen Gelassenheit und Resignation, Passivität oder Gleichgültigkeit zu unterscheiden. Wenn Erwachsene einem Kind etwa nahelegen, sich nicht in alles einzumischen, wäre es sinnvoll, ihm gleichzeitig zu erklären, daß es manchmal wichtig sein kann, sich nicht herauszuhalten.

Jonas, 10, beobachtet auf dem Schulweg, wie zwei etwas unheimlich aussehende junge Männer auf einen kleinen Jungen einreden und ihn offensichtlich zum Mitgehen bewegen wollen. »Laß andere Leute in Ruhe«, haben ihm die Eltern gesagt, »du mußt nicht überall mitmischen.« Daraus könnte Jonas schließen, daß er auch in diesem verdächtigen Fall nichts unternehmen sollte. Das wäre aber keine Gelassenheit, sondern mangelndes Verantwortungsgefühl. Haben die Erwachsenen ihm aber klargemacht, daß mit »in Ruhe lassen« und »nicht einmischen« gemeint ist, andere nicht mit Besserwisserei, Bevormundung und Kritik nach eigenen Vorstellungen hinbiegen zu wollen, kann er den Unterschied besser erkennen. Er weiß sofort: Hier geht's nicht um Gelassenheit, sondern um Verantwortung und holt Hilfe. – Und wenn sich dann herausstellen sollte, daß einer der jungen Männer der Vater des Kleinen ist und ihn nur zum Heimgehen veranlassen will, macht das auch nichts.

Gerechtigkeit

»Die Gerechtigkeit ist wie das Licht: Man weiß nicht, was es ist, aber man merkt, wenn es fehlt.«

Verfasser unbekannt

Drei Stupsnasen schieben sich über die Tischkante, und Argusaugen kontrollieren den Pegelstand der Orangensaftgläser. Wehe, sie erspähen nur den geringsten Unterschied! Dann hagelt es lautstarke Proteste: »Der hat mehr als ich!« »Ich will auch so viel!« »Das ist ungerecht!« Gerechtigkeit – aus der Sicht von Vierjährigen bedeutet das: das Gleiche für alle. In dieser Gleichheitsmoral schwingt zwar noch eine Menge mit vom schieren Egoismus ihrer allerersten Jahre – nach dem Motto: »Wenn ich schon nicht alles haben kann, dann zumindest nicht weniger als ihr!« Aber die Kinder verstehen jetzt immerhin, daß auch andere Rechte und Ansprüche haben, die man nicht einfach übergehen kann, ohne Störfälle und Streitereien auszulösen. Die meisten wissen in diesem Alter schon, daß es zu den sozialen Spielregeln gehört, die Interessen der anderen zu beachten, zu teilen und sich an Vereinbarungen zu halten. Womit allerdings nicht gesagt ist, daß sie auch immer entsprechend handeln!

Kleine Kinder nehmen es überaus genau mit der Gerechtigkeit: alles, was irgendwie abweicht vom Maß der unbedingten Gleichheit, empfinden sie als ungerecht – egal, ob es sich um Gummibärchen, Schlafenszeiten, Zuwendung oder Strafen handelt.

»Jedem das Gleiche« – auch viele Erwachsene verstehen das unter Gerechtigkeit. Und im Prinzip liegen sie auch nicht falsch damit: Alle Menschen haben die gleichen Grundrechte, vor dem Gesetz sind alle gleich, und allen stehen die gleichen Chancen zu. Nur verkehrt sich die Gerechtigkeit, wenn sie sich allein am Maßstab der absoluten Gleichheit orientiert, leicht in Ungerechtigkeit. Oder ist es etwa gerecht, einem Schwachen gleich viel aufzubürden wie einem Starken, oder einem Faulpelz gleich viel Anerkennung zu spenden wie einem Fleißigen? Wenn also auch grundsätzlich alle gleich behandelt werden sollten, ist es doch nötig, im Einzelfall gezielt hinzusehen und zu unterscheiden. Das macht den Umgang mit der Gerechtigkeit oft ziemlich kompliziert.

Gerechtigkeit ist eine Richtlinie des friedlichen Zusammenlebens, sie sorgt für soziale Balance im Staat, in Gruppen, Nachbarschaften und Schulen, zuallererst aber in der Familie. Die Art, wie Kinder hier Gerechtigkeit erleben, gibt ihrem eigenen Gerechtigkeitssinn oft die entscheidende Prägung.

Fast alle Eltern wollen ihre Kinder gleich behandeln, damit keines sich zurückgesetzt fühlt. Aber jenseits der Verteilung von Schokoriegeln oder Taschengeld ist das Gleichheitsprinzip kaum durchzuhalten und auch wenig tauglich, um jedem einzelnen gerecht zu werden. Dazu sind sowohl die elterlichen Gefühle als auch die kindlichen Bedürfnisse zu wechselhaft und unterschiedlich.

So sehr man es sich auch wünschen mag, die Vorstellung, alle Kinder immer gleichermaßen liebhaben zu können, bleibt eine Utopie. Vielleicht macht ein Kind gerade eine besonders alberne Phase durch und zerrt heftig an den Nerven seiner Eltern, eines wartet ständig mit neuen Problemen auf, oder es entpuppt sich als Abklatsch von Tante Luise, die man noch nie leiden mochte. Möglicherweise steht eines auch immer im Schatten des »Lieblingskindes«. Denn das Gegenstück gibt's natürlich auch: den Sprößling, der dem Herzen von Vater oder Mutter kurzfristig oder auf Dauer besonders nahe steht, wie der andere fern.

Kinder haben sehr feine Antennen dafür, ob eines bevorzugt oder benachteiligt wird. Schon aus dem Ton der Stimme, der Art der Zuwendung, der Weise, wie eines immer erwähnt oder »ausgelassen« wird, ziehen sie ihre Schlüsse – während den Eltern selbst ihre Haltung vielleicht gar nicht bewußt ist. Oft liegt hier die

Quelle lebenslanger Feindseligkeiten unter Geschwistern. Und die Erfahrung, prinzipiell als »Aschenputtel« oder »Prinz« gehandelt zu werden, verstellt vielen auf lange Sicht den Blick für Gerechtigkeit: »Aschenputtel« wittert auch später schnell überall Benachteiligung und kann die rechtmäßigen Ansprüche anderer nur schwer anerkennen. Der »Prinz« fordert möglicherweise ständig Sonderrechte ein, ohne die Interessen seines Umfeldes zu berücksichtigen.

Gefühle lassen sich nicht erzwingen. Wenn Väter oder Mütter tatsächlich für ein Kind weniger empfinden, können sie sich auch mit den besten Vorsätzen nicht einfach umpolen. Aber sie können versuchen, die Unterschiedlichkeit ihrer Zuneigung – vorausgesetzt natürlich, sie gestehen sie sich ein! – nicht durch permanente Benachteiligung zu betonen. Anders als Gefühl ist Gerechtigkeit eine Sache des Kopfes und läßt sich sehr wohl steuern. Zum Beispiel indem man auf die Eigenart des Kindes eingeht, es nicht ständig mit dem »Goldstück« an seiner Seite vergleicht, sondern statt dessen auf seine individuellen Vorzüge achtet, bewußt an seinen Interessen teilnimmt und seine Leistungen und Stärken anerkennt, obwohl sie vielleicht objektiv gesehen nicht glänzend sind. Oft schleicht sich bei so einem Gerechtigkeitstraining unbemerkt auch ein wärmeres Gefühl mit ein.

Aber selbst da, wo vom Maß der Zuneigung her einer gleichen Behandlung aller Kinder nichts im Wege steht, ist damit allein noch nicht für Gerechtigkeit gesorgt. Schon Kinder im Grundschulalter, eigentlich noch fanatische Verfechter des Gleichheitsprinzips, entdecken in manchen Situationen, daß ihre Vorstellung von Gerechtigkeit die Sache wohl doch nicht ganz trifft. Wenn ein Mitschüler bei der Vorbereitung einer Bastelausstellung nur herumschlampt, dann aber das dicke Lob mit absahnt, finden sie das absolut nicht in Ordnung. Für sich selbst bestehen die meisten allerdings weiter auf der unbedingten Gleichheit: »Unser Tino ist neun«, erzählt eine Mutter, »und völlig darauf fixiert, alles genauso zu haben wie sein fünf Jahre älterer Bruder. Weil wir mit Jakob an dessen Geburtstag in einem schicken Restaurant waren, wollte Tino seinen um jeden Preis auch so feiern. Wir haben ihm zwar noch einen Freund zur Gesellschaft mitgenommen, aber trotzdem hat er sich gräßlich gelangweilt.« Manchmal sind solche Desaster ganz nützlich, um Kindern begreiflich zu machen, daß es bei der

Gerechtigkeit nicht immer darum geht, jedem das Gleiche zu geben, sondern vielmehr das, was ihm angemessen ist – in Tinos Fall wäre das etwa ein Zirkusbesuch gewesen, wie seine Mutter ihm vorgeschlagen hatte.

Erst allmählich lernen Kinder, auch unterschiedliche Handlungen als gerecht einzustufen. Und Eltern, die ihr Verhalten erklären und begründen, können ihnen dabei entscheidend helfen. »Bei uns gab es dauernd Streit wegen der Malereien«, erinnert sich ein Vater. »Wir hatten da einen kleinen ›Picasso‹, der mühelos die tollsten Bilder produzierte, und dann das Bienchen, seine Schwester, die sich redlich abplagte und trotzdem nie solch ein Kunstwerk zustande brachte. Regelmäßig war er stocksauer, wenn wir auch sie lobten und uns über ihre Bilder freuten. Wir haben immer wieder mit ihm darüber geredet, wieviel Anstrengung und guten Willen sie investiert hatte und daß allein dafür schon Anerkennung gerechtfertigt war – ganz unabhängig vom Ergebnis. Richtig verstanden hat er uns wohl erst, als er sich mit Mathe, ihrem Starfach, ziemlich erfolglos herumschlug und seine hart erkämpften Vierer genauso gepriesen wurden wie ihre Einser.« Eine Mutter berichtet: »Unser Bastian hatte mit zehn Jahren mal eine besonders schwierige Phase. Sein bester Freund war weggezogen, die Schule machte ihm Probleme, und beim Fußball hockte er meistens auf der Reservebank. Er wirkte wie ein geknicktes Hälmchen, und deshalb versuchte ich, ihn durch extra viel Zuwendung wieder aufzurichten. Die anderen zwei meinten, daß ich ihn vorzöge, wenn ich abends länger an seinem Bett saß, ihm bei den Hausaufgaben öfters über die Schulter schaute oder ihn mal allein auf einen Stadtbummel mitnahm. Es hat mich einiges an Geduld und Erklärungen gekostet, aber sie haben schließlich doch begriffen, daß er diese spezielle Aufmerksamkeit bekam, weil er sie dringend brauchte und daß ich jeden von ihnen genauso ›vorziehen‹ würde, wenn er in einer vergleichbaren Lage wäre.«

Neben der Familie gibt es für Kinder ein zweites wichtiges Trainigsfeld in Sachen Gerechtigkeit: die Gruppe der Gleichaltrigen. Weil sie begeisterte Anhänger von Regeln sind, gehört es bei fast all ihren Spielen dazu, sich an bestimmte Abmachungen zu halten. Solche Spielregeln müssen von allen respektiert werden. Auch hier heißt der oberste Grundsatz zunächst: »Jedem das Gleiche«, und erst allmählich erkennen die Kinder, daß es manchmal gute Gründe gibt, um Situationen unterschiedlich zu bewerten oder Regeln anders auszulegen. Zehnjährige können sehr ernsthaft darüber diskutieren, ob es fair oder unfair ist, einem Kleineren beim Wettlauf einen Vorsprung zu geben. Aber es fällt ihnen oft noch schwer, die Konflikte, die sich aus den unterschiedlichen Meinungen ergeben, zu lösen, weil sie noch nicht fähig sind, einen übergeordneten Standpunkt einzunehmen.

Auch Streitigkeiten sind ein wichtiges soziales Training, deshalb sollten Kinder ihre Probleme möglichst unter sich aushandeln. Wenn ein Erwachsener eingreift, dann am besten nur in der Funktion eines Beraters, der zuhört, sich die Regeln erklären läßt, Argumente und Gegenargumente abwägt, auch eigene Vorschläge macht und versucht, *mit* den Zerstrittenen, aber nicht für sie einen Ausweg zu finden. Kluge Eltern nutzen solche Gelegenheiten, um den Kindern nahezubringen, wie hart Gerechtigkeit sein kann, wenn Regeln so streng gesehen werden, daß kein Raum für Mitgefühl und Nachsicht bleibt. Wenn man zum Beispiel jemanden für immer vom Spiel ausschließt, weil er einmal geschummelt hat, oder ein Kind nie mitmachen läßt, weil es das Spiel »sowieso nicht begreift«.

Mit Beginn der Pubertät setzt nicht nur ein dramatischer Umbau des Körpers ein, auch das Denkvermögen ändert sich entscheidend. Die Heranwachsenden entwickeln eine differenziertere Sicht der Dinge, sie werden fähig, logische und abstrakte Überlegungen anzustellen und Probleme aus unterschiedlichen Perspektiven zu betrachten. Unter einer gerechten Behandlung stellen sie sich jetzt vor, daß man auf ihre ganz persönlichen Bedürfnisse, ihre seelische Verfassung, ihre Stärken und Schwächen eingeht. Als Konsequenz daraus sehen sie auch ein, daß es allen anderen ebenfalls zusteht, in dieser Weise individuell behandelt zu werden.

Natürlich kann es dabei zu Kollisionen kommen. Bei unterschiedlichen Sichtweisen herauszufinden, was denn nun als richtig oder falsch, gut oder böse, verständlich oder verwerflich gelten soll, fällt wahrlich nicht leicht. Auf so schwierigem Terrain ist es für die Jugendlichen besonders wichtig, Orientierungshilfe von den Eltern zu bekommen, von Eltern, die sich selbst bemühen, gerecht zu urteilen und zu handeln. Wie der Vater, der beim Krach mit dem Nachbarn nicht alle Schuld dem Gegner zuschiebt, sondern eingesteht, auch zu dem Unfrieden beigetragen zu haben. Oder wie die Mutter, die anstatt sich zu drücken, einer Freundin tatkräftig beim Umzug hilft, von der sie kürzlich während einer Krankheit liebevoll versorgt wurde.

Mindestens so entscheidend wie das Vorbild ist es, über Gerechtigkeit zu sprechen – nicht in hochfliegenden Theorien, sondern ganz praxisnah. Eltern sollten hinhören und sich auf die Sorgen und Fragen einlassen, mit denen viele Jugendliche ankommen. Trotz aller gegenteiligen Thesen und trotz aller Aufmüpfigkeit betrachten die meisten Heranwachsenden Mutter und Vater nämlich auch während der Pubertät als gute Freunde und Ratgeber. Je besser das Verhältnis, desto größer die Chance, ihnen bei der Unterscheidung zwischen gerecht und ungerecht zu helfen und bei der Entscheidung, was wem zukommt. Mit Hinweisen auf die Situation der Gegenpartei etwa oder mit Vorschlägen wie: »Versuch es doch mal so zu sehen«, oder auch mit Argumenten. »Britta ist siebzehn«, erzählt ihre Mutter. »Seit der Grundschule hat sie eine allerbeste Freundin, Heidi. Heidi war schon immer viel kontaktfreudiger als Britta. In letzter Zeit läßt sie sich nicht mehr total vereinnahmen, sondern trifft sich auch mit anderen Leuten. Ein Riesenproblem für Britta. Sie findet das unfair. Ich dagegen meine, daß jeder die Freiheit haben muß, selbst über sich zu verfügen, und das sage ich auch. Niemand kann einen anderen als Eigentum betrachten. Wir diskutieren viel über diesen Punkt, und allmählich sieht Britta ein, daß ihr Besitzanspruch aus Heidis Perspektive unfair erscheinen muß.«

Es kann schwer und schmerzlich sein zu entdecken, wie oft es auch beim besten Willen keine Lösung gibt, die allen Beteiligten gerecht erscheint. Schon in ganz alltäglichen Situationen: Wie sollen sich vier Freunde ohne Ungerechtigkeit auf einen Termin für ihre Radtour einigen, wenn an einem Sonntag einer nicht kann, ein anderer am zweiten verhindert ist und ein weiterer freier Tag für alle nicht in Frage kommt? Wohin soll eine Familie in Ferien fahren, mit einem Kind, das unbedingt ans Meeer und einem anderen, das partout in die Berge möchte? Kindern und Jugendlichen gelingt es leichter, die unvermeidlichen Ungerechtigkeiten des Lebens zu verkraften, wenn sie bei ihren Eltern sicheren Halt und Geborgenheit finden, wenn Vater und Mutter Verständnis zeigen und trösten, und auch selbst nicht durch jede unfaire Behandlung aus dem Lot geraten. Mit dieser Rückendeckung können erlittene Ungerechtigkeiten sogar dazu beitragen, die Kinder für zukünftige Gegenwinde besser zu wappnen.

Zu den an die Pubertät gekoppelten neuen intellektuellen Möglichkeiten gehört auch, daß das Denken der Heranwachsenden sich nicht mehr auf ihr konkretes Umfeld beschränkt. Sie werden fähig, größere Bezugsnetze und Ordnungssysteme zu erfassen und kritisch zu durchleuchten. Vielen geht jetzt auf, wie weit die hehren Ideale der Sonntagsredner, unter denen die Gerechtigkeit immer ganz oben rangiert, entfernt sind von dem, was die Wirklichkeit prägt: Armut, Krieg, Gewalt, Flüchtlingselend. Manche fühlen sich irritiert und verunsichert durch diese Diskrepanz, andere leiden darunter so sehr, daß sie sich in Resignation flüchten oder in irgendwelche Ersatzreligionen, die mit einem schlichten, geordneten Weltbild locken und mit Patentrezepten für alle Mißstände.

Solche Gefühle und Reaktionen aufzufangen, ist für Eltern sicher nicht leicht. Aber sie können es zumindest versuchen: Indem sie die Jugendlichen mit ihren Problemen nicht allein lassen, sondern zuhören, gesprächsbereit sind, den »Weltschmerz« nicht einfach wegwischen. Und indem sie den Kindern vermitteln, daß Gerechtigkeit nichts ist, das man der hohen Politik überlassen kann, nichts, das sich woanders abspielt, sondern daß sie immer da anfängt, wo man selbst gerade steht. Da, wo der einzelne Abmachungen, Ordnungen und Gesetze nicht leichtfertig mißachtet, die berechtigten Ansprüche seiner Mitmenschen respektiert, ausgleicht, was er anderen schuldet. Nur auf diese Weise läßt sich das Gefühl der Sinnlosigkeit und des Ausgeliefertseins ersetzen durch das Bewußtsein, auch als kleines Rädchen am großen Ganzen mitdrehen zu können.

In vielen Familien entstehen Konflikte, weil Kinder es ungerecht finden, zu einer bestimmten Zeit ins Bett oder heimkommen zu müssen, während Geschwister noch auf- oder ausbleiben dürfen, oder weil ihnen die Aufteilung von Taschengeld oder Pflichten unfair erscheint. Sie um des lieben Friedens willen alle über einen Kamm zu scheren, würde sicher keinen zufriedenstellen. Sinnvoller ist es, in sogenannten Familienkonferenzen die Streitobjekte auszuhandeln. Wenn es dabei demokratisch zugeht und jeder – egal, ob groß oder klein, alt oder jung – seinen Standpunkt vertreten kann, angehört und ernstgenommen wird, sind diese Verhandlungen selbst schon eine hervorragende Einübung von Gerechtigkeit: Kleine können hier lernen, allmählich ihre unflexiblen Gerechtigkeitsvorstellungen hinter sich zu lassen. Für Größere heißt es, die individuellen Maßstäbe, die sie für sich selbst beanspruchen, auch für andere gelten zu lassen. Und von den Eltern wird verlangt, sich nicht auf ihre Machtposition zu berufen und einfach Entscheidungen zu treffen, sondern mit den Kindern gemeinsam nach Kompromissen zu suchen, mit denen alle leben können. Solche Verhandlungen sind vor allem deshalb so gut, weil es nicht nur darum geht, über Gerechtigkeit zu reden, sondern auch darum, sich in der Praxis an die Abmachungen zu halten. Als ein besonderes Gebot der Fairneß sollte dabei nie aus den Augen verloren werden, wie leicht man die Kleinen überfordert. Von ihrem Entwicklungsstand her können sie oft die Ansichten der Größeren noch nicht verstehen. Sie brauchen immer wieder Begründungen und Hinweise auf die unterschiedlichen Bedürfnisse jedes einzelnen, um den Sinn in Vereinbarungen zu erkennen, die aus ihrer Perspektive schlicht ungerecht erscheinen.

Strafe ist ein Extrakapitel, wenn es um Gerechtigkeit geht. Fast durch die Bank empfinden alle Kinder Strafen als ungerecht, und häufig liegen sie nicht falsch damit. Oft ist das Strafmaß im Verhältnis zu dem, was ein Missetäter ausgefressen hat, viel zu hoch, und er spürt genau, daß die Erwachsenen nur ihren geballten Frust und Ärger an ihm abreagieren. Oder es gibt überhaupt keinen Zusammenhang zwischen einer Untat und der verhängten Strafe, etwa zwischen Bummelei und dem bei Eltern so beliebten Fernsehverbot. In vielen Fällen steckt auch die reine elterliche Machtlust hinter den Sanktionen, nach dem Motto: »Jetzt reicht's mir, Bürschchen, wir wollen doch mal sehen, wer hier der Herr im Haus ist!« Den Gipfel erreicht die Ungerechtigkeit aus kindlicher Perspektive, wenn es Strafen setzt für etwas, das man gar nicht getan hat und Vater oder Mutter sich mit dem Argument aus der Schlinge zu ziehen versuchen: »Dann kriegst du eben dein Fett für die Male, wo ich dich nicht erwischt habe!« Ganz unabhängig davon, wie es im Einzelfall aussieht, erscheinen Strafmaßnahmen Kindern schon allein deswegen ungerecht, weil sie selbst nie strafen dürfen. Oder hat man je von einem Vater gehört, dem seine Sprößlinge die »Sportschau« verboten, weil er vergessen hatte, auf dem Heimweg Wurst zu kaufen? Die Gleichwertigkeit in der Familie ist gestört, und um sie wieder herzustellen, sinnen viele Kinder auf Rache. Dafür gibt's dann einen neuen, schärferen »Denkzettel«, der wiederum Vergeltung fordert. Und so kommt der schönste Machtkampf in Gang.

Strafen wie Fernsehverbot, Hausarrest, Taschengeldentzug und ganz besonders Schläge sind – darin stimmen die meisten Fachleute überein – als Erziehungsmittel nicht tauglich, weil sie höchstens dazu führen, daß ein Kind aus Angst und Schrecken funktioniert, aber niemanden dazu bringen, seine Fehler einzusehen. Und im Hinblick auf Gerechtigkeit haben sie eine geradezu verheerende Wirkung: Kinder lernen dadurch, daß das Recht in der Hand des Stärkeren liegt und werden sich bei passender Gelegenheit selbst entsprechend verhalten.

Aber natürlich wäre es auch nicht im Sinne der Gerechtigkeit, jede Regelverletzung durchgehen zu lassen. Was also tun? Gibt es überhaupt »Maßnahmen«, die den Übeltätern nicht ungerecht erscheinen und trotzdem Erfolg versprechen? Am ehesten solche, meinen Kinderpsychologen, bei denen die Erwachsenen nicht ihre physische Überlegenheit ausspielen, die Kinder nicht gedemütigt werden und der Zusammenhang mit ihrem »Vergehen« klar erkennbar ist.

Für Zurechtweisungen hätte dann zum Beispiel die Parole zu gelten: »Die Tat vom Täter trennen«, das bedeutet, dem »Sünder« unmißverständlich zu erklären, daß man seine Handlungsweise nicht gut findet, ihn aber nicht insgesamt für schlecht hält. So können Kinder ihr Vertrauen und ihre Selbstachtung bewahren und am besten Mut fassen für einen Schwenk zum Besseren. Bei dauernden Verstößen gegen die familiären Spielregeln hieße es, das Kind die Konsequenzen seines Verhaltens erfahren zu lassen: Wer ständig die Essenszeiten mißachtet, bekommt eben nichts mehr. Wer auf jede → Ordnung pfeift, muß sehen, wie er mit den Anschlußproblemen, verschlampten Büchern oder Sportsachen etwa, zurechtkommt. Wenn Eltern diese Methode ruhig und gelassen anwenden, ohne das Kind durch abfällige Bemerkungen zu deckeln, versteht es sie nicht als unfairen Übergriff der Großen, sondern als logische Folge seines Tuns, die es sich selbst zuzuschreiben hat. Außerdem ist Wiedergutmachung eine sehr brauchbare Idee. Wer für eine zerdepperte Scheibe nicht mit Hausarrest büßen, statt dessen aber mit Taschengeldraten zur Reparatur beitragen muß, kann sich schwerlich ungerecht behandelt vorkommen. Und wer für einen »Stinkefinger« keine Ohrfeige kassiert, sondern angehalten wird, sich zu entschuldigen, kann dabei lernen, daß Gerechtigkeit keine Sache des Faustrechts ist, nach dem Prinzip »Aug' um Auge, Zahn um Zahn«, daß es vielmehr darum geht, die gegenseitige Achtung wiederherzustellen.

Sich zu entschuldigen, ist gar nicht so leicht. Und am Anfang sind Kinder dabei dringend auf den Beistand und das Vorbild ihrer Eltern angewiesen. An der Hand von Vater oder Mutter fällt es einem kleinen Frechdachs weniger schwer, die Nachbarin für eine rausgestreckte Zunge um Entschuldigung zu bitten. Noch positiver als diese Starthilfe wirkt es sich allerdings aus, wenn die Erwachsenen selbst Fehler eingestehen und um Entschuldigung bitten können – auch den Kindern gegenüber. Die Kinder fühlen sich dadurch als gleichwertige Partner akzeptiert, und das spornt sie an, sich entsprechend zu verhalten.

Die Entschuldigung braucht, damit alles wieder ins Lot kommt, als Gegenstück das Verzeihen. Und da hapert es bei vielen Eltern: »Du willst dich entschuldigen?« heißt es oft. »Dann beweise mir erst mal, daß du es ernst meinst!« Hier kommt etwas ins Spiel, ohne das die Gerechtigkeit unmenschlich zu werden droht oder sich sogar in gnadenlosen Fanatismus verwandelt: Großmut oder auch die gute, alte Barmherzigkeit. Soll sie nicht als eisernes Prinzip gelten, gehört zur Gerechtigkeit auch, großmütig zu sein, ein Herz zu haben für den reuigen Sünder. Ihn nicht festzunageln auf sein Vergehen, ihm immer wieder Vorschußvertrauen zu geben, auch mal ein Auge zuzudrücken und einen Teil der Schuld zu erlassen. Kinder, die Gerechtigkeit so erfahren, werden in ihr auch im späteren Leben nicht nur eine strenge moralische Forderung sehen, sondern eine hilfreiche Leitlinie, um mit sich und anderen ins reine zu kommen.

Gerechtigkeit contra Mitgefühl

Nico, 15, hat keinerlei Probleme mit der Schule, dafür fällt das Lernen seinem Banknachbarn Uli umso schwerer. Auch wenn er sich redlich abmüht, hagelt es meistens schlechte Noten und dazu noch abfällige Bemerkungen von einigen Lehrern und Mitschülern.

Während einer Lateinarbeit bemerkt Nico, daß Uli ein Mini-Wörterbuch im Ärmel hat, bei dem er sich immer wieder Rat holt. Ein paar Tage später wird die Arbeit zurückgegeben, und Uli kommt ganz groß raus. »Da hast du wohl wirklich mal gründlich gebüffelt«, lobt ihn der Lehrer, »und sogar deinen Nachbarn Nico weit überflügelt. Ausgerechnet bei dieser schweren Arbeit. Super, mach weiter so!« Uli sitzt stolzgeschwellt da und strahlt. Endlich ist er mal nicht das Schlußlicht der Klasse. Und Nico? Uli zu verraten, käme für ihn niemals in Frage, aber andererseits wurmt ihn die ungerechtfertigte Lobrede schon, vor allem, weil sie auf seine Kosten ging. Eigentlich juckt es ihn nicht wenig, Uli auf den Kopf zuzusagen, daß er über seine Schummel-Aktion genauestens im Bilde ist. Und daß es überhaupt keinen Grund gibt, so selbstzufrieden dazusitzen. Aber dann malt er sich aus, was es für den Banknachbarn bedeutet, auch einmal gelobt und anerkannt zu werden – egal, auf welche Weise er dazu gekommen ist. Und er stellt sich vor, wie peinlich und demütigend so eine Bloßstellung für ihn sein müßte. Weil er Uli mag und auch kein Streber ist, der unbedingt immer auf dem ersten Rang glänzen will, steckt er die ungerechte Einstufung weg und gönnt Uli seinen Triumph.

Hilfsbereitschaft

»Wenn jeder dem anderen helfen wollte, wäre allen geholfen.«
Marie von Ebner-Eschenbach

»Hast du den Schwamm noch, oder ist er wieder runtergefallen?«
Mit brandroten Backen und erwartungsvollen Augen steht Julia
sprungbereit da. Zehnmal ist sie jetzt schon aus der Wohnungstür
gesaust, die Treppe hinunter und in den Vorgarten, um den
Schwamm aufzusammeln, der ihrer Mutter oben beim Fensterput-
zen »aus Versehen« dauernd abstürzt. Eine überaus wichtige
Tätigkeit, das entnimmt sie auch den dankbaren mütterlichen
Stoßseufzern: »Nicht auszudenken, wenn ich dich nicht hätte!«

In ihren ersten Jahren sind die allermeisten Kinder mit Feuereifer dabei, wenn es irgendwo etwas zu helfen gibt: Emsig schleppen sie Teller an, um den Tisch zu decken, machen sich mit dem
Trockentuch über Töpfe und Kellen her, schwingen im Herbst-
laub den viel zu großen Besen und lieben Waschbeckenputzaktio-
nen mit ordentlich Schaum und Wasser. Tatsächlich können Winzlinge von zwei bis drei Jahren schon eine ganze Menge, und ihre
Begeisterung ist umso größer, je weniger die Erwachsenen sie mit
Warnrufen traktieren oder sich über gelegentliche Pannen aufre-
gen. Auch wenn es sich zunächst mehr um ein Spiel handelt, um
den Wunsch, die Großen zu imitieren – der Grundstein für die
Hilfsbereitschaft wäre immerhin schon da.

Bloß legt sich die naive Freude am Mithelfen leider ziemlich
bald. Statt dessen macht sich unter Schulkindern gewöhnlich das
Gesetz der Trägheit breit – und zwar nachdrücklich und dauerhaft! Ob sechs, zehn oder fünfzehn Jahre alt, alle verfügen über
einen schier unerschöpflichen Vorrat an Ausreden, Tricks und
Umnebelungstaktiken, wenn es darum geht, sich vor dem Aufräumen, Einkaufen oder Rasenmähen zu drücken. Ein paar Spitzenreiter darunter: akute Schwächeanfälle, Berge von Hausaufgaben,
»Immer-Ich«-Palaver, unaufschiebbare Klogänge, offenkundige
Ungeschicklichkeit.

Woher dieser drastische Umschwung? Zuallererst sicher daher,
daß den Kindern mit sechs Jahren der herbe Unterschied zwi-

schen Arbeit und Spiel längst aufgegangen ist. Sie haben schlicht keine Lust mehr, bei den anfallenden häuslichen Tätigkeiten mitzumachen. Oft tragen die Eltern aber auch selbst ihr Scherflein dazu bei: Einige mäkeln grundsätzlich an allem herum, was die Kinder tun, andere verfolgen die Hilfskräfte unentwegt mit der Sorge, daß etwas kaputtgehen könnte, oder sie unterschätzen die Fähigkeiten der Kleinen: »Laß mich das machen, das kannst du noch nicht.« Natürlich nehmen sie ihnen damit den Wind aus den Segeln.

Sei es, weil sie den ständigen Krach und Druck vermeiden wollen, weil sie glauben, sowieso alles schneller und besser selbst erledigen zu können, oder den Kindern einfach nur eine unbekümmerte Kindheit bescheren möchten – manche Eltern verschonen ihren Nachwuchs von sämtlichen Hilfsdiensten im Haushalt. Abgesehen davon, daß es auf die Dauer wohl jeden verdrießt, allein den Putzfleck der Familie zu geben – gewöhnlich trifft es die Mutter –, tun sie aber auch den Kindern damit keinen Gefallen. Mithilfe im Haushalt ist nach einhelliger Meinung von Fachleuten ein wichtiges soziales Training – und zwar für Jungen nicht weniger als für Mädchen! Wie sonst sollen Kinder lernen, daß niemand das Recht hat, es sich auf Kosten anderer gutgehen zu lassen, und daß ein demokratisches Zusammenleben nur funktioniert, wenn jeder bereit ist, dem anderen zu helfen? Erklärungen dieser Art leuchten den meisten Kindern zwar ein, aber daraus folgt nicht zwangsläufig der tatsächliche Einsatz an Spülmaschine oder Mülleimer. Fast immer ist noch einiges mehr an Motivation nötig, um ihre Hilfsbereitschaft in Gang zu bringen:

- Auch Kleine bei richtigen, nützlichen Arbeiten mitmachen lassen und sie nicht nur auf Spielwerkzeug oder Puppenherd umdirigieren. Dann können sie erkennen, daß ihr Einsatz wirklich wichtig ist.
- Kinder nicht bloß mit unbeliebten, niedrigen Handlangerdiensten – wie Flaschen- oder Müllwegbringen – beauftragen. Dabei vergeht jedem der Spaß am Mitarbeiten.
- Keine zu hohen Ansprüche stellen. Kinder im Grundschulalter sind meistens noch viel zu verspielt und haben zu wenig Verständnis für die Alltagsroutine, um feste Aufgaben übernehmen zu können. Überforderung führt schnell zum Protest. Deshalb lieber je nach Arbeitsanfall zur Mithilfe auffordern.

- Langmut zeigen, wenn ein ungeübter Helfer vielleicht den falschen Käse kauft, die Küche beim Backen mit Teig beschmiert oder eine Waschmaschinenladung mit einem verkehrt sortierten T-Shirt grün einfärbt. Und nicht immer und überall den eigenen Grad an Gründlichkeit und Perfektion als Meßlatte anlegen.
- Kompromisse suchen. Wenn es sich machen läßt, den Zeitpunkt und die Art der Tätigkeit aushandeln. Socken kann man genausogut abends zusammenrollen wie nachmittags, während Freunde mit dem Fußball warten. Und warum soll nicht jemand, der Abtrocknen von Herzen haßt, statt dessen Schuhe putzen? Meistens ist er dabei auch noch viel erfolgreicher. Fühlen Kinder sich mit ihrem Standpunkt ernstgenommen, gibt es weniger Widerstand, dafür aber oft sehr brauchbare, praktische Verbesserungsvorschläge.
- Als Vorbild fungieren. Eltern, die selbst nicht über jeden Handgriff stöhnen, den sie für die anderen erledigen, regen ihre Kinder am ehesten an, sich auch so zu verhalten. Bei Jungen schlägt vor allem das väterliche Muster durch. Ein Pascha, der keinen Finger im Haushalt rührt, wird mit größter Wahrscheinlichkeit einen ebensolchen Sprößling erleben – und umgekehrt: packt ein Vater ganz selbstverständlich zu Hause mit an, hat auch der Sohn kaum Scheu vor Staubsauger und Spülbecken.

Und was ist mit Lohn? Geld, Schleckereien oder Kino, wie in vielen Familien üblich? Dabei kann ein Kind zwar einen ausgeprägten Geschäftssinn entwickeln – manch eines ist überhaupt nicht mehr gratis in Trab zu setzen –, aber bestimmt keine Hilfsbereitschaft. Wenn es für jede Arbeit eine Belohnung bekommt, tut es letztlich immer nur etwas für sich selbst und lernt nicht, andere aus Gründen der Fairneß und der Gegenseitigkeit zu unterstützen. Allerdings spricht nichts dagegen, gelegentliche Großeinsätze etwa bei einer riesigen Schneeschaufelei oder beim Kellerausmisten mit einer Extraration Taschengeld oder auf andere Weise zu versüßen.

Wie geschickt und einfühlsam man es auch anfängt, immer wieder kommt es vor, daß Kinder keine Spur von Hilfsbereitschaft zeigen, sich hinter ihren berühmten Ausflüchten verschanzen, um ja nicht einkaufen oder das Waschbecken putzen zu müssen. Die Faulheit – auch Erwachsene wissen das nur zu gut! – liegt halt ständig auf der Lauer. Unter Pubertierenden scheint sie für eine Weile sogar zum obersten Stilprinzip zu werden. »Ihre Pomadigkeit ist zum Aus-der-Haut-fahren!« konstatiert eine Mutter stellvertretend für viele. Die meisten würden sich am liebsten aus allen häuslichen Verpflichtungen ausblenden. Der ganze Kram nervt sie, ist »ätzend«, »madig«, total unter ihrer Würde und beschneidet ihre Freiheit. Es gilt als Signal der Unabhängigkeit, zumindest in der Familie möglichst wenig für die anderen, dafür aber umso mehr für sich selbst zu tun. Nach klassischem Muster wird das verbrämt mit ewiger Müdigkeit, Überbeschäftigung, dringendem Bedürfnis nach einer Pause oder dem Vertrösten auf später – und dabei bleibt's dann. Außerdem fallen ihnen noch jede Menge Argumente ein wie: »Ich kenne keinen einzigen, der zu Hause Wäsche wäscht!« oder »Du hättest dir eben keine Kinder anschaffen sollen, wenn dir das zuviel Arbeit macht!«

Die Hilfsbereitschaft ist eines von den Themen, um die sich die heftigsten Machtkämpfe entspinnen. Was also läßt sich tun? »Ich versuche ihnen immer wieder zu vermitteln, daß sich in einer Gemeinschaft wie der Familie jeder engagieren muß, damit niemand zum Sklaven der anderen wird«, erzählt ein Vater von zwei Heranwachsenden. »Sie können doch nicht erwarten, jetzt, wo sie mindestens so groß und kräftig sind wie wir und ihre Freiräume ständig erweitern wollen, noch so verhätschelt zu werden wie in Babyzeiten. Allmählich begreifen sie, glaube ich, daß wir sie nicht ausnutzen, sondern ihrer neuen Rolle entsprechend behandeln.« In vielen Familien haben sich regelmäßige Round-table-Gespräche bewährt, bei denen gemeinsam festgelegt wird, wer für welche Aufgaben zuständig ist. Obwohl auch die demokratische Einteilung von Pflichten widerstrebende Helfer sicher nicht in begeisterte verwandeln kann, macht sie doch zumindest den ewigen Debatten, Streitereien und Klageliedern über die Faulheit aller anderen ein Ende.

Wie hilfsbereit die Jugendlichen sein können, und wie leicht sie auf diese Art zu ködern sind, erkennen die meisten Eltern erst, wenn sie nicht nur die immer gleichen Hilfs- und Botendienste von ihnen verlangen, sondern die neuerworbenen Fähigkeiten ihrer Kinder anzapfen. Es geht sehr schnell in diesem Lebensabschnitt, daß die Jungen die Alten auf allen möglichen Gebieten überflügeln. Bei komplizierten Berechnungen, Sprachen, handwerklichen oder technischen Fertigkeiten zum Beispiel hängen viele die Erwachsenen locker ab. Und sie helfen stolz und überaus willig, sobald dieses Können gefragt ist. »Mein störrischer Jan, zur Mitarbeit sonst nur schwer zu bewegen, ist bei jedem Computer-Problem sofort zur Stelle«, erzählt die Mutter eines 17jährigen. »Schon öfter hat er mich aus der Klemme gerettet. Neuerdings entpuppt er sich auch noch als fabelhafter Spaghetti-Koch und kreiert die tollsten Sößchen. Natürlich stören mich da seine herumfliegenden Klamotten nicht mehr so sehr oder seine Versuche, sich ums Einkaufen zu drücken. Ich sehe ja, daß er im Grunde bereit ist, zu helfen und sich für andere einzusetzen.«

Eltern fällt es oft schwer, die Position der unangefochtenen Überlegenheit und Stärke aufzugeben, die sie bislang innehatten. Aber ob sie es wollen oder nicht, in diesem Alter zerbröckelt ohnehin der unkritische Kinderglaube an die Allmacht von Vater und Mutter. Sehr genau registrieren die Sprößlinge plötzlich auch deren Schwächen und Unfähigkeiten. Warum also nicht eingestehen, was offensichtlich ist und, statt weiterhin auf elterliche Dominanz zu pochen, lieber dem Sachverstand der Heranwachsenden eine Chance einräumen? Das bekommt ihrem →Selbstvertrauen ebensogut wie ihrer Hilfsbereitschaft. Und es bringt sie dem Ziel ein gutes Stück näher: dem gegenseitigen freiwilligen Beistand unter Erwachsenen, bei dem nicht mehr der eine Teil bittet, fordert oder anordnet und der andere – oft zähneknirschend – pariert.

Natürlich gibt es auch sehr hartnäckige Fälle, Kinder und Heranwachsende, die sich darauf versteifen, nicht zuständig zu sein und die Hausarbeit zur Erwachsensache oder besser noch zum »Weiberkram« erklären. Was dann? Schimpfen? Erwiesenermaßen werden die Missetäter durch das »ewige Gemecker«, Sprüche wie: »Du bist ein elender Drückeberger! Alles läßt du mich allein machen!« oft noch bockbeiniger. Mehr Erfolg verspricht die Methode, den Faulpelz nicht insgesamt zu verdonnern, sondern ihm nur unmißverständlich klarzumachen, warum man seine Haltung nicht tolerieren kann: »Ich möchte genau wie du mal Freizeit und Ruhe haben, ich finde es unfair, daß du mich nicht unterstützt.« Das Gefühl, von den Erwachsenen trotz der Kritik akzeptiert zu werden, bringt ihn mit größerer Wahrscheinlichkeit dazu, etwas für diese Beziehung zu tun, als Vorwürfe und Ansprüche.

124

Und was ist mit Strafen? Irgendwelche Sanktionen, die mit dem »Vergehen« in überhaupt keinem Zusammenhang stehen, haben – wie die Schimpfkanonaden auch – gewöhnlich nur einen negativen Effekt. Lassen Eltern die Arbeitsverweigerer dagegen die Folgen ihres Handelns fühlen, gibt das den meisten doch zu denken: »Der versprochene Lammbraten? Wieso? Wenn du keine Lust hattest, Bohnen zu kaufen?« »Die Jeans gekürzt? Dazu reichte die Zeit nicht, weil du nicht beim Straßefegen helfen wolltest.«

Ein Trostversuch für Eltern mit erzfauler Brut: statt ständig vor Wut zu schäumen, lieber hin und wieder mal einen Blick zurückwerfen auf die eigene frühere Kunstfertigkeit im Wegtauchen und Abwimmeln. Sind aus ehemaligen Drückebergern nicht doch noch ganz einsatzbereite Menschen geworden?

Die Familie ist zwar das erste und grundlegende Übungsfeld für die Hilfsbereitschaft, aber nicht ihr einziger Rahmen. Überall, wo Menschen zusammentreffen und zusammenleben – auf dem Sportplatz oder in der Schule, in der Nachbarschaft oder im Kaufhaus – spielt sie eine wichtige Rolle. Weil die Gemeinsamkeit mit anderen umso besser klappt, wenn jeder nicht nur auf sich selbst achtet, sondern für andere mitsorgt.

Wieso denn auch noch Wildfremden helfen? Was geht es mich an, wenn die Mutter da drüben mit ihrem Zwillingswagen an der steilen Treppe scheitert? Ein Standpunkt, den viele Zeitgenossen teilen. Ganz anders sieht die Sache allerdings aus, sobald sie selbst mit einer Panne im Regen stehen und niemand daran denkt, Hand anzulegen oder einen Hilfsdienst zu alarmieren.

Hilfsbereitschaft ist die unausgesprochene Übereinkunft, in Not und Schwierigkeiten füreinander einzuspringen. Dahinter steht das Wissen um die Verletzlichkeit und Schwäche des einzelnen, seine Unfähigkeit, alle Lebenslagen allein zu bewältigen. Keiner ist so stark und souverän, daß er niemals auf die Hilfe seiner Mitmenschen angewiesen wäre. Zum Glück geht es in den wenigsten Fällen um so dramatische Aktionen wie jemanden aus dem Fluß zu ziehen oder die Feuerwehr zu rufen, weil der Dachstuhl des Nachbarn brennt. Viel öfter kann sich die Hilfsbereitschaft in kleinen Dingen des Alltags bewähren. Da ist sie vielleicht nicht immer dringend nötig – natürlich schafft es der Mann mit den sieben Paketen auf dem Arm irgendwann auch aus eigener Kraft, durch die Schwingtür in die Post zu kommen –, sie wirkt eher wie ein angenehmes soziales Netz, das die Schwachstellen des einzelnen abfedert. Sie macht das Leben einfach leichter. Vorausgesetzt, es klinken sich nicht allzu viele aus diesem Netzwerk aus.

Kindern, und gerade den kleinen, ist die Erfahrung, Hilfe von anderen zu brauchen, sehr vertraut. Es gibt einiges, was sie nicht allein können: Schuhe zubinden, Geschichten lesen, Lift fahren. Oder sie sind krank, haben sich verletzt und sind darauf angewiesen, daß jemand sie pflegt und versorgt. Nur kommen sie dadurch nicht unbedingt auf die Idee, daß es anderen genauso gehen könnte. Erst mit zunehmendem Alter werden sie fähig, sich in die Lage ihrer Mitmenschen zu versetzen und deren Bedürfnisse zu erkennen. Aber natürlich kann man die Kleinen schon vorher auf Situationen aufmerksam machen, in denen jemand Hilfe braucht und ihr Gespür dafür anregen. Kinder begreifen ziemlich schnell, was gemeint ist, wenn man dabei von ihren eigenen Empfindungen ausgeht: »Stell dir vor, du müßtest so schwere Taschen schleppen wie die alte Dame da vorn – komm, wir helfen ihr.« »Wäre es nicht scheußlich, wenn du mit einem aufgeschlagenen Knie nach Haus laufen müßtest? Wir packen Peter aufs Fahrrad und bringen ihn heim.«

Es gibt tausend Gelegenheiten für kleine und größere Kinder, anderen Menschen beizustehen: jemandem die Tür aufhalten, etwas aufheben, einen ganz Eiligen an der Kasse vorlassen, für eine Oma ohne Lesebrille im Laden die Preisschildchen entziffern, Nachbars Katze und Blumen hüten, einem kranken Mitschüler die Hausaufgaben erklären… Ob sie nicht nur einen Blick dafür entwickeln, sondern auch wirklich zur Tat schreiten, wird – wie so oft – vom Verhalten der Eltern vorprogrammiert. Ist den Erwachsenen selbst jede Hilfestellung zu lästig, zu unbequem oder zu zeitraubend, lernen auch die Kinder das gezielte Wegsehen und Sich-Verbarrikadieren hinter Sprüchen wie: »Ist es vielleicht mein Problem, wenn dem die Dosen runterfallen?« Eltern kommen deshalb nicht umhin, sich erst einmal selbst unter die Lupe zu nehmen, ehe sie von ihrem Nachwuchs Hilfsbereitschaft erwarten können.

Hilfsbereitschaft zählt nicht gerade zu den Vorzügen, die sich an Kindern in der Pubertät entdecken lassen – im außerhäuslichen Bereich so wenig wie daheim. Jetzt ist schrankenlose Egozentrik angesagt, Provokation und demonstrative Wurschtigkeit – schwer zu vereinbaren mit einem fürsorglichen Blick auf die Mitmenschen. Oft sind aber nur die Erwachsenen von diesem Defizit betroffen. In ihren Gruppen und Cliquen setzen sich die Jugendlichen häufig umso intensiver mit Rat und Tat füreinander ein. Kein Grund also zu der Sorge, daß es ein für allemal vorbei sei mit dem Engagement für andere. »Ich hatte das Kapitel Hilfsbereitschaft schon fast abgeschrieben«, erzählt ein Vater. »Ich dachte, unser ganzes Gerede und Gemache wäre umsonst gewesen. Dann verunglückte ein Freund aus der Clique meines Sohnes, und diese 16jährigen warfen sich plötzlich ins Zeug, um ihm wieder aufzuhelfen, wie ich es nie für möglich gehalten hätte. Besuchten ihn täglich, brachten ihm Lesestoff und Musik, hielten ihn schulisch auf dem laufenden und übten Stehen und Gehen mit ihm. Ich weiß jetzt, wie sozial sie sich verhalten können – wenn ihnen auch sonst nicht viel davon anzumerken ist.« Sobald sie reif genug sind, um sich nicht mehr mit aller Macht von den Erwachsenen abgrenzen zu müssen, nehmen die Jugendlichen gewöhnlich auch diese zeitweiligen »Gegner« wieder in ihr menschenfreundliches Netzwerk auf.

Hilfsbereitschaft contra Verantwortung

Florian, 12, hat den Auftrag, den Nachmittag über auf Max, seinen kranken jüngeren Bruder zu achten, weil die Mutter etwas Dringendes erledigen muß. Max liegt mit hohem Fieber, Husten und Kopfschmerzen im Bett. Man kann ihn nicht allein lassen, weil er immer wieder etwas zu trinken, frische Wadenwickeln, Hustensaft oder nur Trost braucht. Gegen vier Uhr klingelt es Sturm an der Haustür. Florian sieht aus dem Fenster und entdeckt unten, vier Stockwerke tiefer, seinen Freund Thomas in höchsten Nöten: eine Schnur hat sich in seiner Fahrradkette verfangen, er schafft die Reparatur nicht allein und setzt auf Florians bewährtes technisches Geschick. Ganz dringend! Denn er muß zum Nachhilfeunterricht und hat den Eltern versprochen, keine einzige Stunde zu versäumen. Mit dem kaputten Rad kann er aber nicht hinkommen, und für den Bus ist es zu spät.

Was nun? Soll Florian Thomas aus der Notlage helfen und dafür
Max oben in der Wohnung sich selbst überlassen oder – wie versprochen – bei dem Kranken bleiben und dem Freund die Hilfe
verweigern? Normalerweise kann Thomas immer auf seinen Beistand bauen, aber in dieser Situation muß Florian abwägen, was
Vorrang hat. Und er entscheidet sich – selbst auf die Gefahr hin,
daß der Freund wütend auf ihn ist – für die Verantwortung dem
kranken Bruder gegenüber, auf die auch die Mutter vertraut. Weil
ihm diese Verpflichtung wichtiger erscheint.

Höflichkeit

*»Höflichkeit ist wie ein Luftkissen. Es mag wohl nichts drin sein,
aber sie mildert die Stöße des Lebens.«*

Arthur Schopenhauer

Katrin, 4, hockt im vollgesteckten Bus auf den Knien ihrer Mutter
und studiert aufmerksam die Gesichter rundherum. Ihr Blick
bleibt – die Mutter bemerkt es mit Entsetzen! – auf der Nase eines
Mannes schräg gegenüber hängen, auf der eine riesige, haarige
Warze prangt. Und schon erhebt sich ihre helle, durchdringende
Stimme: »Mami! Mami, was hat der Mann da denn für einen
dicken Knubbel auf der Nase?« Irgendwo prustet jemand los, aus
einer Ecke tönt es: »So ein ungezogenes Ding!« Mit einem ent-
schuldigenden Lächeln in Richtung des »Opfers« versucht die
Mutter die Situation zu entschärfen und Katrin abzulenken:
»Komm, laß das. Sieh doch mal das Brauereipferd da drüben!«
Eine von den Szenen, die später zu Highlights unter den Famili-
enanekdoten werden, im Moment aber schrecklich sind.

Von den konventionellen Regeln der Höflichkeit haben kleine
Kinder überhaupt keinen Begriff. Warum man »bitte« und »danke« sagen, grüßen und nicht einfach mit dem herausplatzen soll,

was man gerade denkt oder empfindet – das alles ist ihnen zunächst ein Rätsel.

In früheren Generationen wurden die Kleinen mit Zwang und Strafen dazu gebracht, sich den gesellschaftlichen Formen anzupassen: Kerzengerade und ruhig am Tisch sitzen – sonst ab in die Küche oder auf die Treppe! Hände aus den Taschen und Mütze vom Kopf beim Guten-Tag-Sagen. Reden nur, wenn man gefragt wird – sonst setzt es was! Besonders ältere Zeitgenossen halten oft noch an den althergebrachten Höflichkeitsritualen fest und versuchen, sie den Kindern aufzudrücken. So wie die Großmutter des dreijährigen Olli: »Ja, wo ist denn das schöne Händchen?« Bei jedem Besuch besteht sie unerbittlich darauf, die »richtige«, die rechte Hand gereicht zu bekommen. Aber der Knirps denkt nicht daran. Mal streckt er die rechte Hand aus, mal die linke und manchmal auch gar keine – sondern lächelt nur. Seine Mutter findet das ganz in Ordnung: »Er läuft so offen und freundlich auf alle zu, um sie zu begrüßen. Ich nehme ihm doch bloß seine Unbefangenheit, wenn ich ihn dauernd zurechtweise. Ist denn die Geste nicht viel wichtiger als die Form? Und irgendwann wird er schon lernen, es so zu machen wie die Großen.« Viele heutige Eltern, die häufig selbst noch nach Anstandsregeln à la Knigge oder Pappritz getrimmt und mit der ständigen Mahnung: »Was sollen denn die Leute denken!« auf Kurs gebracht wurden, halten nichts vom Zwang zu konventionellen Ritualen. Aber das bedeutet durchaus nicht, daß sie keinen Wert auf Höflichkeit legen. Höflichkeit erschöpft sich nämlich keineswegs in den erstarrten Formen und Floskeln, durch die sie in den Ruf geriet, ein Fossil aus bieder-bürgerlichen Zeiten zu sein. Höflichkeit meint im Grunde nichts anderes, als seinen Mitmenschen mit Respekt zu begegnen. Ein »Bitte« oder »Danke« drückt aus, daß man den anderen achtet und anerkennt, was er für einen tut; ein Gruß, ein freundliches Lächeln oder Rücksichtnahme zeigt, daß man die Gegenwart des anderen und seine Bedürfnisse wahrnimmt und respektiert. Und diese Haltung wünscht sich auch die gegenwärtige Elterngeneration von ihren Kindern – läßt den Kleinen dabei allerdings viel mehr Spielraum als früher üblich. »Ich muß zugeben, es war ein bißchen gewöhnungsbedürftig«, erzählt der ältere Nachbar einer kinderreichen Familie, »die Kinder von nebenan sagen nie, wie es sich gehört, ›Guten Tag, Herr Obermeier‹, wenn ich sie irgendwo treffe. Sie rufen einfach ›Hallo!‹ oder winken auch nur aus dem Fenster oder vom Fahrrad. Mittlerweile erscheint mir diese Art des Grüßens viel liebenswerter als die konventionelle Form. Weil nicht Zwang und Dressur dahinterstecken, wie bei uns damals, sondern weil sie es freiwillig tun.«

Lange bevor Kinder etwas vom Sinn der Höflichkeit verstehen, machen sie schon ihre Erfahrungen damit und passen ihr Verhalten den Umgangsformen an, die sie in ihrem Umfeld beobachten und an sich selbst erleben. Eltern können ihre Sprößlinge noch so oft auffordern, »bitte« und »danke« zu sagen – wenn in der Familie statt eines »Bitte« vielleicht nur ein »Schieb mal rüber« gemuffelt und auf das »Danke« gleich ganz verzichtet wird, wenn man sich gegenseitig ins Wort fällt oder anrempelt, ist klar, daß die Kinder dieses Benehmen für normal und angebracht halten und es nachahmen.

Kinder brauchen Lehrmeister – und das sind in erster Linie die Eltern –, um ein zivilisiertes Verhalten lernen zu können. Solche, die ihnen nicht allein mit Erklärungen, sondern vor allem praktisch, in konkreten Situationen zeigen, wie man höflich miteinander umgeht. »Ich habe meine Tochter immer miteinbezogen, wenn ich Leute auf der Straße begrüßte«, erinnert sich eine Mutter. »Entweder habe ich sie vorgestellt, erzählt, daß sie gerade mit mir beim Einkaufen oder auf dem Spielplatz war, oder berichtet, daß sie seit fünf Tagen in den Kindergarten ging. So hatte Lilli keine Gelegenheit ›abzutauchen‹, und die Erwachsenen wandten sich ihr genauso zu wie mir und halfen ihr dadurch, ihre Schüchternheit zu überwinden.« Wenn Eltern ihre Kinder erzählen und ausreden lassen, wenn sie selber in Läden, Lokalen oder Bahnabteilen grüßen, wenn für sie das »Bitte« und »Danke« in Verhandlungen mit anderen Menschen selbstverständlich ist, wenn sie anderen die Tür aufhalten, anstatt sie ihnen vor die Nase zu schmettern, übernehmen die Kinder fast immer diese Gesten und Zeichen der Höflichkeit – auch ohne Zwang. Und es macht gar nichts, wenn es manchmal etwas länger dauert. Je weniger Druck auf Kleinkinder ausgeübt wird, desto eher sind sie dann im Schulalter bereit zu akzeptieren, daß auch ein paar Regeln zum Spiel gehören. Eigentlich tut es zwar niemandem weh, wenn man ihn begrüßt mit den Händen in den Taschen oder in einen Sessel geflätzt, aber das »richtige« Ritual wirkt neben dem Gruß als verstärkendes Signal: Ich achte dich und stelle mich auf deine Gegenwart ein.

Kleine Kinder sind scharfe Beobachter, wißbegierig und spontan. Kein Wunder also, daß sie sofort und direkt nachfragen, wenn ihnen etwas Merkwürdiges ins Auge sticht – so wie die Warze auf der Nase von Katrins Gegenüber. Ob jemand keine Haare oder einen Blutschwamm hat, nach Zwiebeln riecht, hinkt oder stottert, sie nennen solche Extras häufig unverblümt und auch noch laut beim Namen. Eine schroffe Reaktion wie Schimpfen oder ein Klaps wirkt zwar im Moment vielleicht abschreckend, kann sie aber im Grunde nur verwirren. Schließlich kriegt doch jeder mit, was los ist, warum soll man darüber nicht reden dürfen? Auf der Stelle zu einer Erklärung anzusetzen, macht die Situation gewöhnlich nur noch peinlicher. Die beste Lösung in solchen Fällen: den neugierigen Frager abzulenken und später in aller Ruhe zu erklären, daß es andere Menschen verletzt, wenn man ungeschminkt alles herausläßt, was einem an ihnen auf- oder mißfällt. Natürlich gibt es Kinder, die trotz aller Tricks und Manöver nicht lockerlassen und auf ihrer Frage beharren. Dann braucht es eine Menge Fingerspitzengefühl, um ihnen so knapp und sachlich wie möglich zu sagen, daß der Mann keine Haare hat, weil er vielleicht ein Medikament nehmen mußte, das sie ausfallen ließ, oder daß die Frau einen so dicken Schuh trägt, weil ihr Fuß krank ist und besonderen Halt benötigt.

Selbst wenn Kinder in ihren ersten Jahren noch nicht fähig sind, sich in die Lage anderer hineinzuversetzen, können Eltern das Gespür dafür doch schon anregen, am besten über eigene Empfindlichkeiten: »Weißt du noch, wie du neulich diese Riesenbeule überm Auge hattest? Stell dir vor, da hätten alle gesagt ›Igitt, wie siehst du denn aus mit diesem blauen Ding!‹ Warte doch mit deinen Fragen lieber, bis wir unter uns sind. Dann macht es niemanden traurig.« Daß das Übergehen von Besonderheiten, die einem an anderen unschön oder merkwürdig erscheinen, zu den wichtigsten Prinzipien der Höflichkeit zählt, können Kinder frühestens ab dem Schulalter begreifen, wenn sie anfangen, Verständnis für die Gefühle ihrer Mitmenschen zu entwickeln. Aber auch dann braucht es gewöhnlich noch eine ziemliche Weile, bis sie ihre unverhohlene Neugier aus Rücksicht auf andere zügeln können.

Es gehört zu den ganz normalen Begleiterscheinungen der Pubertät, daß die Jugendlichen sich mit Lust und Überzeugung von allen zivilisierten Umgangsformen trennen – selbst wenn sie

sie bislang schon recht gut beherrschten. Unter den Normen und Werten der Eltern, gegen die sie aufbegehren, rangiert die Höflichkeit oft in vorderster Linie: »Dieses ganze Getue ist doch absolut spießig und lächerlich! Wozu soll ich jemanden grüßen, den ich nicht ausstehen kann? Ich mache, was ich will, und ihr könnt mir alle in die Schuhe blasen!« Liebenswürdig und kultiviert zu erscheinen, ist das Allerletzte, was die meisten Heranwachsenden im Sinn haben. Und darum: Füße – möglichst lang gebrauchte! – auf den Tisch, überdimensionale Kunstrülpser, wo immer jemand daran Anstoß nehmen könnte, demonstratives Gelächter und beleidigende, laute Lästereien über jeden, der ihnen nicht paßt, »cooles« Zurschaustellen von Desinteresse und Gleichgültigkeit Gästen oder Nachbarn gegenüber, Unverschämtheiten à la »Laß mich doch in Ruhe mit deinem Gequatsche, Alter!« in Richtung Eltern.

Die wüsten Manieren der pubertierenden Kinder bedeuten für die Eltern einen extremen Härtetest (→ Achtung), und die Versuchung, auf ähnlich rüde Art zurückzuschlagen, ist zugegebenermaßen übergroß. Andererseits liegt in den permanenten Auseinandersetzungen um das Benehmen aber auch die Chance, mit ihnen darüber zu reden, welche Funktion Höflichkeit eigentlich hat, und warum gute Manieren mehr sind als nur alberner Zierat. »Ich kann ihre Lästereien, das ewige Herunterputzen von Lehrern, Mitschülern oder sonstwem einfach nicht mehr hören«, erzählt der Vater von zwei Heranwachsenden. »Immer wieder versuche ich ihnen klarzumachen, daß sie wenigstens höflich sein sollen, wenn sie jemanden schon nicht mögen. Es ist unmöglich und auch gar nicht nötig, jeden Menschen zu lieben, aber man kann ihn doch zumindest in seiner Eigenart respektieren – und wenn sie einem noch so gegen den Strich geht. Ob es was bringt, bleibt abzuwarten.« Höflichkeit ist tatsächlich das Schmierfett im immer enger und gemischter werdenden Getriebe des menschlichen Zusammenlebens. Sie verhindert, daß jeder seine Aggressionen ungebremst auslebt, sie schafft Distanz und zivilisierte Rituale zwischen denen, die sich fremd oder im Weg sind oder die sich nicht leiden können, und sie gibt Spielraum zur vorsichtigen Annäherung zwischen denen, die Interesse aneinander haben.

Natürlich schalten viele Jugendliche bei Erklärungen solcher Art auf Durchzug, verschanzen sich hinter dröhnender Musik oder pöbeln erst recht. Aber irgendwann ist auch diese Phase überstanden, und dann zeigt sich nicht selten, daß doch vieles hängengeblieben ist, was vorher in Opposition unterzugehen schien. Umso eher, je weniger sich Väter und Mütter hinreißen lassen, zurückzupöbeln – oft ein Kunststück! –, und je konsequenter sie dem Nachwuchs vorleben, daß zum Beispiel ein freundlicher Gruß an einen Hausgenossen gerichtet, dem man eigentlich am liebsten an die Gurgel ginge, die Atmosphäre wesentlich mehr entspannt als finstere Blicke und Grobheiten.

Höflichkeit ist Ausdruck der → Achtung vor anderen, aber auch Rankgerüst für die → Selbstachtung: Wer schlurft und schmatzt und sich generell benimmt wie ein ungehobelter Klotz, zeigt nicht nur, daß es ihm schnuppe ist, ob er auf andere abstoßend wirkt, sondern auch, daß er von sich selbst wenig hält. Zivilisierte Umgangsformen dagegen machen schöner, attraktiver, liebenswerter – ein Aspekt, die hierzulande traditionell als oberflächlich verschrieen ist – , und die positive Reaktion darauf tut dem Ego unendlich gut, weil jedes Lächeln, jeder liebenswürdige Gruß etwas Glanz und Wärme zurückwirft. Gleichgültig, ob es sich zunächst um aufgesetzte Rituale und charmantes Theater handelt – man wächst daran hoch und fühlt sich am Ende um Klassen wohler. Rebellische Teenager halten solche Gesichtspunkte natürlich für gruftig und völlig indiskutabel. Aber wenn es dann losgeht mit der ersten Liebe, sind viele doch froh zu wissen, wie man sich auch etwas weniger grobschlächtig in Szene setzen kann.

Höflichkeit contra Ehrlichkeit

Eva hat ihre Haare schneiden lassen und findet sich unwiderstehlich. Stolz präsentiert sie sich ihrer besten Freundin Laura und will wissen, was sie von der neuen Frisur hält. In Lauras Augen sieht Eva aus wie ein angeknabberter Kohlkopf, einfach überhaupt nicht schön. Eigentlich legt Laura großen Wert auf Ehrlichkeit – gerade unter Freunden. Soll sie nun die Wahrheit sagen und Eva damit garantiert die Freude an sich selbst verderben oder zu einer höflichen Lüge greifen: »Ich finde, du siehst super aus«?

Es gibt viele Situationen, in denen andere gar nicht die Wahrheit hören wollen – auch wenn sie eindringlich darum zu bitten scheinen: »Sag ehrlich, bin ich dicker geworden?« –, sondern nur Bestätigung suchen. Eine aufrichtige Antwort würden sie schwer verkraften. In solchen Fällen kann man sich vom Prinzip der Menschenfreundlichkeit leiten lassen, es mit der Wahrheit nicht so genau nehmen und lieber ein bißchen höfliches Theater spielen, als den anderen zu verletzen oder unglücklich zu machen.

Liebesfähigkeit

»Du hast ein wichtiges Tennisturnier. Deine Mutter hat den Dreß gewaschen, und sie hat eine rote Socke mitgewaschen. Dein ganzes Outfit ist rosa! Wenn du trotzdem zum Turnier gehst und Deiner Mutter beim Abschied zulächelst – das ist Liebe!«
Hans-Joachim Gelberg alias »Dr. Hund« *

»Noch nie habe ich eine so überströmende Zärtlichkeit empfunden wie für dieses Schrumpelchen, das sie mir da auf den Bauch legten«, gesteht eine frischgebackene Mutter. »Das Herz zog sich mir zusammen, und ich hätte sogar Godzilla angefallen, wenn er ihm zu nahe gekommen wäre!« Wie Liebe sich anfühlt, spüren viele Babys schon direkt bei ihrer Ankunft: sie werden mit Herzlichkeit und Wärme empfangen, gehalten, gestreichelt und beschmust. Zuallererst ist es gewöhnlich die Mutter, die dem Neugeborenen auf diese Weise die Gewißheit gibt, wirklich willkommen zu sein. Und von Anfang an reagiert der Winzling – allerdings zunächst unbewußt – auf die Signale der Liebe: ganz frisch auf der Welt, lauscht er bereits auf die mütterliche Stimme und bewegt sich in Einklang dazu, schon nach ein paar Wochen antwortet er

*Aus: Hans-Joachim Gelberg (Hrsg.): ›Der bunte Hund‹, Beltz Verlag, Weinheim und Basel, Programm Beltz & Gelberg, Weinheim

mit Glucksen, Gurren und rudernden Bewegungen, und noch bevor er zwei Monate alt ist, erwidert er mit dem ersten Lächeln die Zeichen der Zuneigung. Babys werden als sozial begabte Wesen geboren, mit der Fähigkeit, Kontakt zu ihrem Umfeld aufzunehmen. Und wenn sie das Glück haben, von der sie umsorgenden Person – das muß nicht unbedingt die leibliche Mutter sein – in einer Beziehung aufgenommen zu werden, die beständig ist und durch Liebe und Anerkennung bestimmt, stehen die Vorzeichen, im späteren Leben liebevolle, stabile Verbindungen eingehen zu können, von vornherein günstig.

Manchmal fängt die Geschichte allerdings völlig anders an, und Mutter und Vater fließen keineswegs gleich über vor Liebe. Die Gründe dafür können ganz unterschiedlich sein: Vielleicht kam das Baby unerwünscht auf die Welt, oder Schwangerschaft und Geburt machten der Mutter besonders zu schaffen. Möglicherweise haben die Eltern mit Problemen zu kämpfen oder sind selbst nie richtig geliebt worden. Manche erwarten auch sofort einen runden, rosigen »Reklame«-Säugling und sind enttäuscht über das zerknitterte Wesen, das sie statt dessen in den Armen halten.

Wie sich die Beziehung gestaltet, liegt jedoch nicht an den Eltern allein. Jüngste Ergebnisse der Säuglingsforschung zeigen, daß auch die Kinder sofort aktiv daran mitwirken. Jedes Baby hat sein individuelles Temperament: Manche sind leicht zu haben, trinken und schlummern dankbar und zufrieden, während andere pausenlos brüllen und sich auf keine Weise zur Ruhe bringen lassen. Pflegeleichte Kinder signalisieren den Eltern – vor allem natürlich der Mutter: »Du machst das prima. Ich fühle mich wohl bei dir.« Die Mutter findet sich bestätigt in ihrer neuen Aufgabe und reagiert entsprechend mit Freude und Zärtlichkeit. Schreikinder dagegen geben ihrer Mutter das Gefühl, eine schlechte Mutter zu sein, eine Versagerin, die nicht begreift, was ihm fehlt. Mit dem Resultat, daß die ratlose, verunsicherte und oft auch noch von einem immensen Schlafdefizit geplagte Mutter schließlich nur noch genervt und ärgerlich mit ihrem Baby umgehen und sich ihm auch in den wenigen friedlichen Phasen kaum entspannt und liebevoll zuwenden kann. Um diese negative Wechselwirkung abzufangen, ist es nach Meinung von Fachleuten wichtig, überhaupt zu wissen, daß es Kinder mit schwierigem Temperament gibt, zu akzeptieren, daß sie extra viel Aufmerksamkeit und Sorgfalt benötigen und vor allem, sich von Schuldgefühlen zu befreien.

Woran auch immer es liegen mag, daß Eltern ein Kind nicht von Herzen lieben können – die allermeisten fühlen sich dabei schuldig. Zu fest sitzt die allgemeine Vorstellung, daß es selbstverständlicher Teil der Elternrolle sei, die Kinder zu lieben. Zu sehr haben viele das Ideal verinnerlicht, daß ein Baby gleich bei seiner Geburt die Herzen der Eltern im Sturm erobert. Die große Liebe auf den ersten Blick ist aber nicht mehr als ein Geschenk, das manchen Eltern und Kindern zufällt, während die Zuneigung bei anderen eine Anlaufzeit braucht – besonders, wenn die Startbedingungen nicht ganz einfach sind. Das zu erkennen und anzunehmen, hilft vielen Müttern und Vätern allein schon, sich weniger mit Selbstvorwürfen zu quälen.

Ob zu Beginn oder auch in späteren heiklen Phasen – durch Schuldgefühle wird die Beziehung nur zusätzlich belastet. Irgendwann kreiden die Eltern dem »Problemkind« fast zwangsläufig ihre unguten Empfindungen an und haben es umso weniger lieb.

Fehlt die wirkliche Liebe, können Mütter und Väter ihrem Kind aber wenigstens beständige Zuwendung geben, und über Fürsorge, Nähe und Vertrautheit entwickelt sich in vielen Fällen dann doch allmählich eine echte, warme Zuneigung. So wie es die Mutter der dreijährigen Sonja erlebte: »Schon während der Schwangerschaft hatte ich ein ganz seltsames Empfinden, als ob eine Scheibe mein Herz vom Bauch trennte. Ich kam mit meinem Gefühl einfach nicht durch zu diesem Kind. Und als Sonja dann geboren wurde, erschien sie mir wie ein wildfremder Mensch, irgendwie streng und fast unnahbar. Zu meinem Entsetzen brachte ich kaum Wärme oder Zärtlichkeit für sie auf. Als wir zu Hause waren, habe ich sie natürlich gewissenhaft versorgt, und sie folgte mir dabei ständig mit aufmerksamen Blicken. Eigentlich ohne es zu merken, habe ich mich in ihre seltsame Ernsthaftigkeit verliebt. Sonja ist ganz anders als ich, ganz anders als alle Babys, die ich kenne, aber um nichts in der Welt würde ich sie wieder hergeben.«

Geliebt zu werden und selber zu lieben, gehört zu den elementaren Bedürfnissen eines Kindes. Für die Entwicklung einer seelisch und sozial gesunden Persönlichkeit braucht es ein Klima von

Wohlwollen, Wärme und Geborgenheit. Und nur in einem solchen Umfeld kann sich auch seine Liebesfähigkeit entfalten.

Es gibt viele Dinge im menschlichen Miteinander, die sich üben lassen – Streiten, Teilen und Sich-Vertragen zum Beispiel –, aber mit dem Lieben verhält es sich anders. Das kann nicht planmäßig antrainiert werden. Was dieses Gefühl ist, welche Bedeutung es für das Zusammenleben hat und wie man damit umgeht, muß ein kleiner Mensch durch die unmittelbare Erfahrung entdecken und erlernen, durch die Art, wie die Familienmitglieder einander und auch ihm selbst begegnen. Von Nestwärme umhüllte Kinder fangen schon als Winzlinge von knapp einem Jahr an, Zuneigung weiterzugeben: mit Bussis, der liebevollen Umarmung ihres Schmusetieres oder dem Angebot eines angeknabberten Plätzchens.

Die Liebe wird häufig als ein sehr abgehobenes Gefühl verstanden, romantisch verklärt, auf Wolken schwebend, ein hohes Ideal, empfindlich und wenig verläßlich. In Wirklichkeit ist sie zunächst einmal eine ganz handfeste, irdische Angelegenheit, die Wut, Ärger und Enttäuschung nicht nur aushält, sondern ihre Qualität gerade darin beweist, daß sie auch Krisensituationen übersteht. Zum Glück für Eltern und Kinder – sonst wäre es in vielen Fällen wohl ziemlich bald aus damit.

Kleine Kinder liebzuhaben, fällt gewöhnlich leicht. Dafür sorgt allein schon ihr Herzen schmelzender Baby-Appeal. Außerdem lassen sie sich meistens noch relativ einfach handhaben. Aber wenn Zweijährige erst einmal einen Trotzanfall an den anderen reihen oder auf Erkundungszug gehen und – taub für jede Mahnung – alles auseinandernehmen, was in ihre Finger gerät, bedeutet das für die Liebe der Eltern oft schon einen beachtlichen Härtetest. Kaum jemand wird in solchen oder ähnlichen Situationen besonders innige Gefühle für die Kleinen hegen. Damit die Liebe jedoch keinen ernsthaften Knacks bekommt, hilft es vielen, sich immer wieder in Erinnerung zu rufen, daß die Kinder sie mit ihren Unternehmungen nicht wirklich ärgern wollen. Kinder möchten ihren Eltern gefallen und sich ihnen verbunden fühlen, nur müssen sie auch ihre Grenzen ausloten und die Welt entdecken. Und manchmal läßt sich das eine mit dem anderen eben nicht reibungslos koordinieren. Es ist wichtig, daß sie auf Stoppschilder stoßen und erfahren, was im Miteinander tolerierbar ist und was nicht (→Gehorsam und Ungehorsam), aber möglichst ohne Geschrei und vor allem ohne Gewaltanwendung. Aus Schimpfen und Schlagen schließen die Kleinen nämlich fast zwangsläufig, daß man sie nicht mehr mag und daß die Liebe eine unsichere Sache ist, die jederzeit zurückgenommen werden kann. Ein ruhiges »Nein«, geduldiges Erklären oder freundliches Umdirigieren von der kostbaren Kristallschüssel zum stabilen Kochtopf setzt dagegen zwar klare Grenzen, bringt aber nicht das ganze Fundament der Beziehung ins Wanken. Obendrein ist diese Methode viel effektiver: Wird ein dreijähriger Raufbold, der seinen kleinen Bruder an den Haaren reißt, in Bausch und Bogen zum »schlimmen Bösewicht« erklärt, fühlt er sich abgelehnt und kann – aus seiner Sicht – eigentlich so weitermachen, wo er doch eh schon abgestempelt ist. Kritisieren die Großen dagegen sein Handeln, lassen sich aber auch auf ihn ein – »Es muß dir ganz schön schlecht gehen, daß du dich so benimmst« –, spürt er dahinter die bleibende Zuneigung. Das motiviert ihn umso eher, sein Verhalten zu ändern. Gleichzeitig lernt er dabei aber auch, daß Liebe nicht bedeutet, die Augen vor den Fehlern des anderen zu verschließen, sondern daß sie sich sehr wohl mit Kritik vereinbaren läßt. Oft ist Kritik sogar ein Beweis der Liebe, weil sie dem anderen hilft, seinen Kurs zu korrigieren.

Manche Eltern kritisieren ihr Kind allerdings aus einem ganz anderen Grund: Sie können es in seiner Eigenart nicht akzeptieren und lieben. Während der Schwangerschaft malen sich alle Mütter und Väter ein Traumbild ihres Sprößlings aus, bestückt mit Eigenschaften und Fähigkeiten, die sie schätzen. Und dann entpuppt sich der ersehnte Sportler vielleicht als linkischer Angsthase, oder statt der zierlichen Wunschprinzessin steht da eine dralle kleine Person. Ständige Kritteleien à la »Nun stell dich doch nicht so ungeschickt an, alle anderen können schon längst schwimmen!« oder »Mußt du denn immer so plump daherkommen, daß alles wackelt?« ändern die Kinder natürlich nicht, geben ihnen aber deutlich zu verstehen, daß sie so, wie sie sind, nicht geliebt werden. Und dieses Gefühl, nicht gut genug zu sein, macht ihnen nicht nur während der Kindheit das Leben schwer. Es belastet oft auch noch ihre späteren Beziehungen: Sie mißtrauen jeder Liebe, die man ihnen entgegenbringt, in dem Glauben, sie doch gar nicht wert zu sein.

Soll es so nicht enden, haben Eltern in dieser Lage nur einen Ausweg: die Idealvorstellungen ins Land der Träume verfrachten und sich bewußt auf die Realität einlassen. Wenn sie sich dem Kind aufmerksam zuwenden und auf seine Eigenart eingehen, gelingt es vielen, zumindest Verständnis aufzubringen. Oft entdecken sie dabei auch Gemeinsamkeiten, über die es schließlich doch noch möglich wird, das Kind in seiner individuellen Art zu bejahen. »Für mich war immer klar, daß mein Kind ein knallharter Eishockeyspieler sein würde«, erzählt ein Vater. »Statt dessen bekam ich eine kleine, zerbrechliche Tochter, die bei jeder Gelegenheit losheulte und sich überhaupt nicht für meine Schlägersammlung im Keller interessierte. Was sollte ich mit ihr schon anfangen? Aber im Freundeskreis gab es genügend kleine Sportfreaks, die begeistert mit mir loszogen – lauter Ersatzsöhne. Einmal habe ich Sanne – nur so und fast schon aus der Tür – gefragt, ob sie nicht auch mitkommen möchte. Und da guckte sie nur traurig hoch und sagte: ›Ach nein, mit mir hast du ja eh keinen Spaß.‹ Das hat mich nicht mehr losgelassen. Und ich begann, mal genauer hinzusehen, anstatt sie nur an meinem Traumsohn zu messen und an ihrer ›Zimperlichkeit‹ herumzumäkeln. Sanne kann unheimlich gut rechnen und logisch denken, das hatte ich bis dahin bloß so nebenbei registriert. Wir fingen an, zusammen Denksportaufgaben zu lösen, und mit acht spielte sie schon richtig gut Schach. Wir hatten so viel Spaß bei unseren gemeinsamen Aktionen, daß der kleine Eishockeyspieler sich immer mehr aus meinem Kopf verzog und Sanne ganz offensichtlich das Gefühl bekam, ihrem Papi eine Menge zu bedeuten.«

Jemanden so zu akzeptieren, wie er ist, stellt die wichtigste Voraussetzung für eine liebevolle Beziehung dar. Das können Kinder nicht nur dann erfahren, wenn es darum geht, neben einem Wunschbild zu bestehen, sondern auch im Kreis von Geschwistern, die alle ihren Teil der elterlichen Liebe abhaben möchten. Zwar wollen die meisten Väter und Mütter sämtliche Kinder in gleicher Weise lieben, damit sich keines vernachlässigt fühlt, aber bei ehrlicher Überprüfung müssen sie sich gewöhnlich eingestehen, daß das gar nicht geht – die Kinder sind einfach zu unterschiedlich (→ Gerechtigkeit). »Man liebt doch alle verschieden«, meint eine erfahrene Mutter, »beim einen die praktische Ader, beim andern die geistige Beweglichkeit, beim dritten den Humor oder das schauspielerische Talent.« Und es schadet gar nicht, wenn sie diese individuellen Ansätze mitbekommen. Im Gegenteil, sie werden dadurch in ihrer Individualität bestärkt und müssen sich nicht dauernd mit den übrigen vergleichen, womöglich auf einem Terrain, das ihnen überhaupt nicht liegt. Außerdem können sie selbst leichter einen Blick dafür entwickeln, was andere Menschen in ihrer Art besonders liebenswert macht.

»Hast du mich noch lieb?« erkundigen sich Kinder immer wieder. Größere formulieren es vielleicht anders: »Hörst du mir überhaupt zu?« »Kannst du mich denn nicht verstehen?« – aber sie meinen alle das gleiche. Oft stellen sie ihre Erz- und Aberfrage gerade dann, wenn sie es ihren Eltern besonders schwer machen. Ein Zehnjähriger, der im Kaufhaus beim Klauen erwischt wird (→Ehrlichkeit), ein von Aggressionen strotzender Dreizehnjähriger, bei dem es Verweise hagelt, eine Fünfzehnjährige, die nächtelang herumzieht oder sich nur noch für Klamotten interessiert – es gibt viele Gelegenheiten, bei denen Kinder ihre Eltern in helle Wut oder tiefe Enttäuschung versetzen. Kein Wunder, daß die Zuneigung dann fast auf den Nullpunkt sinkt. Soll man ihnen klipp und klar sagen, daß man im Moment kein bißchen Liebe für sie empfindet oder die Beziehung sogar aufkündigen: »Mir reicht's, ich spiele nicht mehr mit. Sieh doch zu, wo du bleibst!« »Ich stecke dich ins Internat, wenn du so weitermachst!«? Liebesentzug ist das Schlimmste, was Kindern passieren kann, egal, in welchem Alter. So wie die Kleinen bei ihren ersten Erkundungstouren immer wieder Rückversicherung bei den Eltern suchen, brauchen die Größeren sie als Troststation und zur Hilfestellung, um mit sich und der Welt zurechtzukommen. Ganz besonders dann, wenn sie Mist gemacht oder sich total verrannt haben. Wird die Verbindung gekappt, fühlen die Kinder sich ausgeliefert und alleingelassen und verstricken sich meistens nur noch mehr. Deswegen müssen Mütter und Väter ihren Ärger aber noch lange nicht herunterschlucken. Es ist sogar gut, den Kindern eindeutig klarzumachen, wie sehr man sich durch ihr Verhalten getroffen fühlt und wie sehr sie das Vertrauen strapazieren. Auf welche Weise sonst sollen sie lernen, daß man anderen nicht unbegrenzt alles zumuten kann? Aber ebenso wichtig ist es, trotzdem zu ihnen zu stehen. »Susi war schon zweimal sitzengeblieben«, berichtet eine Mutter, »und dann schwänzte sie wieder dauernd die Schule, hing irgendwo herum, und ich bekam dafür ständig diese ›netten‹ Briefchen und Anrufe von den Lehrern. Schließlich wurde ich so sauer, daß ich schon fast resigniert hätte. ›Soll sie doch ihren Kram allein machen‹, dachte ich, ›dann muß sie sich eben später irgendwie durchschlagen.‹ Aber als ich mir das ausmalte, wurde mir ganz anders zumute. Also habe ich Susi geschnappt und bin mit ihr zur Klassenleiterin gegangen, um die Sache zu bereden. Und ich habe nicht mitherumgehackt auf meinem faulen Früchtchen, sondern versucht, auch Susis Perspektive zur Geltung zu bringen und noch einmal Vorschußvertrauen für sie zu erobern. Ich glaube fast, die Gewißheit, sich selbst in einer so miesen Lage auf mich verlassen zu können, hat sie dazu bewegt, auch mir zuliebe etwas zu tun und wenigstens noch ein Jahr bis zum Abschluß durchzuhalten.«

Solche Rückendeckung durch die Eltern trägt nicht nur entscheidend dazu bei, Kinder aus irgendwelchen Engpässen herauszulotsen. Sie zeigt ihnen auch, daß die Liebe selbst harten Krisensituationen gewachsen ist, wenn sie eine Reihe menschenfreundlicher Dreingaben miteinschließt – Güte etwa, Nachsicht, Verzeihen und Vertrauen, Verständnis und Verläßlichkeit. Lauter Eigenschaften und Fähigkeiten, die man für eine schwärmerische Verliebtheit nicht braucht, wohl aber für die Liebe als Alltagsgefühl, das auch mit den Schwächen des anderen auskommen muß.

Liebe contra Gerechtigkeit

Steffen hat bei seinem großen Bruder einen ganz dicken Stein im Brett. Seit der Kleine laufen kann, schleppt Christian ihn überallhin mit, verteidigt ihn gegen die Eltern, wenn er was angestellt hat, und hilft ihm, wenn er in einer Klemme steckt.

Eines Tages kommt Christian zufällig an der Fußballwiese im Park vorbei, wo der siebenjährige Steffen gerade in einen Riesenkrach mit anderen Jungen verwickelt ist. Sie brüllen sich an und gehen mit Fäusten und Füßen aufeinander los. Als Steffen den großen Bruder entdeckt, wittert er sofort Morgenluft. »Du mußt mir helfen«, schreit er, »der Max steht jetzt schon ganz lange im

Tor und will mich nicht auch mal reinlassen! Das ist total unge-recht!« Christian, 16, könnte zwar spielend unter den Knirpsen aufräumen und dafür sorgen, daß Steffen seinen Willen bekommt. Spontan würde er das auch am liebsten tun, aber dann erscheint es ihm doch allzu unfair den anderen gegenüber. »Was habt ihr denn ausgemacht?« fragt er deshalb und erfährt, daß jeder abwechselnd für eine halbe Stunde ins Tor darf. »Max ist aber erst seit zwanzig Minuten drin«, ruft einer der Mitspieler, » hier, ich hab extra meine Stoppuhr mitgenommen!« Christian findet, daß er Steffen bei aller Liebe in diesem Fall nicht unterstützen kann. »Du mußt dich schon an die Regeln halten«, erklärt er ihm, »die gehören beim Fußball dazu. Ich hab auch meine Stoppuhr dabei, die kannst du heute nachmittag behalten. Dann siehst du selbst, wann es Zeit zum Wechseln ist.«

Das wäre eine völlig falsch verstandene Liebe, die man nach dem Motto »Einigkeit macht stark« einsetzte, um die berechtigten Interessen anderer zu übergehen.

Mitgefühl

Mitgefühl meint die Fähigkeit und Bereitschaft, auf die Gefühle eines anderen mit eigenen Gefühlen zu reagieren und Verständnis für ihn zu entwickeln, indem man sich vorstellt, wie einem selbst in seiner Lage zumute wäre. Sich fühlend und denkend in einen anderen Menschen hineinzuversetzen, ist die Voraussetzung dafür, seine Freude teilen und ihn in schwierigen Situationen unterstützen zu können.

»Baby! Baby!« Unruhig rutscht Jojo – 18 Monate alt – im Kinder-sitz des Einkaufswagens hin und her, zupft seine Mutter am Ärmel und deutet immer wieder mit besorgtem Gesicht in die Richtung, aus der lautes Babygeschrei ertönt. Nicht eher gibt er sich zufrieden, als bis die Mutter ihn um das Brotregal des Supermarkts geschoben und mit ihm zusammen festgestellt hat, daß der winzige Schreihals bereits getröstet wird und nur noch ein paar letzte Schluchzer ausstößt. Die Fähigkeit, auf fremdes Unbehagen zu reagieren, scheint angeboren zu sein, wie sich unter erst wenige Tage alten Säuglingen beobachten läßt: Brüllt einer von ihnen, stimmen oft die anderen ein, in einer Art frühen, noch undifferenzierten Mitempfindens. Und schon Kleine von ein bis zwei Jahren, die allmählich lernen, zwischen ihrem Ich und dem der Mitmenschen zu unterscheiden, bemühen sich häufig, ein anderes Kind oder einen vertrauten Erwachsenen zu trösten, wenn sie Kummer oder Schmerz bei ihm entdecken. Sie streicheln, tätscheln oder umarmen ihn, bringen Spielsachen oder ihre Lieblingskekse an und zeigen so, wie sie sich in ihn einfühlen können.

Aber daß die Kinder zu fürsorglicher Anteilnahme fähig sind, heißt noch lange nicht, daß sie sich auch ständig entsprechend verhalten. Ein Knirps, der einem Spielgefährten gerade geholfen hat, sein Dreirad wiederaufzurichten, schafft es im nächsten Moment durchaus, eiskalt zuzuschauen, wie ein anderer von der Schaukel geschubst wird oder sogar selbst jemandem Sand in die Haare zu schmeißen. Ob sich die Bereitschaft zum Mitgefühl durchsetzen kann gegen aggressive und egoistische Tendenzen, die genauso zur menschlichen Natur gehören, hängt in erster Linie von der Haltung der Eltern ab.

Um die Kleinen aufzuschließen für das Empfinden anderer, ist es notwendig, ihnen immer wieder eindringlich klarzumachen, was sie mit herzlosem Verhalten anrichten: »Du darfst Sandra nicht die Arme auf den Rücken drehen, das tut ihr sehr weh!« »Sieh mal, wie Timmi weint! Du kannst ihm nicht einfach sein Auto wegnehmen, das macht ihn ganz traurig. Wenn du nicht gefragt hast, gib es bitte sofort zurück!« Durch so eindeutige Standpunkte und Erklärungen bekommen die Kinder echte Orientierungshilfe. Bloße Verbote ohne Begründungen oder Strafen dagegen zeigen ihnen zwar, daß sie etwas falsch gemacht haben, lassen sie aber nicht sensibler werden für das Wohlergehen ihrer Mitmenschen, weil sie den Zusammenhang nicht erkennen.

Großen Einfluß hat außerdem das eigene Verhalten von Vater und Mutter, wenn in ihrem Umfeld jemand in Gefahr oder eine

Klemme gerät. Da läuft vielleicht ein Winzling auf wackligen Beinchen unbemerkt in Richtung Rolltreppe, und sie fangen ihn im letzten Moment ein und geben ihn seinen »Besitzern« zurück, da fehlen einem kleinen Einkäufer zwei Mark an der Kasse, und sie helfen ihm mit einem Zuschuß aus der peinlichen Lage, ein fremdes Kind fällt vom Rad und tut sich weh, und sie sammeln auf und trösten es. Werden sie öfter Zeugen solcher Szenen, erscheint es vielen Kindern schließlich ganz natürlich, selbst genauso am Geschick anderer Anteil zu nehmen und sich zuständig zu fühlen.

Auch in der Art, wie die Kleinen ihr Mitgefühl ausdrücken, orientieren sie sich am elterlichen Vorbild: Die meisten verwenden haargenau die gleichen zärtlichen Gesten und beschwichtigenden Worte, mit denen Mutter und Vater ihnen selbst über Kümmernisse hinweghelfen. »Es ist rührend zu beobachten, wie sich Julia mit ihren knapp drei Jahren die Nöte anderer zu Herzen nimmt«, erzählt eine Mutter. »Wenn am Spielplatz irgend etwas passiert, ein Kind hinfällt oder sich verletzt, kommt sie sofort angerannt, holt Taschentücher, Pflaster, möglichst auch noch ein Bonbon, wischt Tränen und Schnodder ab und murmelt dabei diesen tröstenden Singsang, den ich immer benutze: ›Ist ja gut, gleich tut's nicht mehr weh, nur noch ein paar Tränchen...‹ So klein sie ist, hat sie doch offensichtlich schon ein sicheres Gespür dafür, daß es sie etwas angeht, was um sie herum geschieht.«

Allerdings gibt es auch Eltern – und vermutlich nicht wenige –, denen altruistisches Verhalten keineswegs erstrebenswert erscheint. Manche bremsen ihre Kinder eher, wenn sie auf einen Vorfall betroffen reagieren – »Das geht uns nichts an! Komm, wir haben selbst genug Sorgen!« –, oder sie schaffen gefühlsmäßige Distanz durch Bemerkungen wie »Seine eigene Schuld, wenn er da runterfällt. Was muß er auch so hoch klettern? Es ist sicher halb so wild.« Und ja nichts teilen oder ausleihen! Schließlich muß jeder selbst sehen, wo er bleibt! Überhaupt Mitgefühl – was bringt das schon?! Es hält doch nur auf, ist lästig und unbequem und wird die Kleinen vermutlich bloß verweichlichen. Und das in einer Zeit, wo man Härte braucht und starke Ellenbogen, um sich gegen andere durchzusetzen. Unter diesem Blickwinkel wirkt Mitgefühl tatsächlich wie eine überflüssige, anachronistische Eigenschaft, die mehr Schaden bringt als Nutzen. Verschiebt man die Perspektive aber nur ein bißchen, sieht die Sache entschieden anders aus: Lauter beinerne Egoisten mögen sich zwar vielleicht erfolgreich durchboxen, aber es wird ihnen an Wärme, Freundschaft und Vertrauen fehlen. Und ohne Solidarität, ohne Antennen für das Geschick der anderen werden sie die anstehenden gemeinsamen Probleme wie wachsende Gewalt und Arbeitslosigkeit oder Umwelt- und Hungerkatastrophen auf keinen Fall in den Griff bekommen. Das scheinbar altmodische Mitgefühl ist so gesehen nicht bloß sinnvoll und hilfreich, sondern auch notwendig und absolut zeitgemäß.

Fachleute sind der Ansicht, daß die Weichen für die Bereitschaft, sich in andere einzufühlen, schon in den ersten Lebensjahren gestellt werden. Aber mit zunehmendem Alter registrieren die Kinder genauer und differenzierter, was um sie her geschieht, und sie entwickeln eine breitere Palette von Verhaltensweisen, darauf zu reagieren. Bei Kleinen beschränkt sich das Mitgefühl auf einfache emotionale Anteilnahme. Größere dagegen werden allmählich fähig, sich nicht nur fühlend, sondern auch denkend in jemanden hineinzuversetzen. Es gelingt ihnen immer besser, die Perspektive eines anderen einzunehmen, seine Sicht der Dinge zu verstehen und sich vorzustellen, wie sie in seiner Lage empfinden würden. Bloß liegt zwischen Können und Tun wieder ein weiter Weg, auf dem man sich leicht verirren kann.

Die meisten Eltern können ein Lied davon singen, wie grausam und herzlos Kinder manchmal sind. Sanne, Laura und Sophie zum Beispiel haben sich gegen Anna »verschworen«: Auf dem gemeinsamen Schulweg sorgen die drei immer für genügend Abstand zu ihr und hecheln und kichern, begleitet von höhnischen Blicken, über alles, was Anna trägt oder tut oder sagt. Und wehe, sie wagt einen Annäherungsversuch, dann gibt's einen brutalen Anpfiff: »Hau ab, du Blödbacke! Glaub ja nicht, daß du dich bei uns anwanzen kannst!« – Iris würde ihren älteren Bruder gar zu gern ins Schwimmbad begleiten. Alle ihre Freundinnen sind verreist, und allein macht es ihr keinen Spaß. Aber Moritz läßt sie gnadenlos abblitzen: »Ich spinn doch nicht und hänge mir so was an! Nachher jaulst du herum und willst schon um fünf nach Hause, und ich soll mitkommen. Wenn du nicht so zickig wärest, stündest du jetzt nicht allein da!« Das muß auch noch drauf.

Immer wieder gibt es solche Situationen, in denen die Schattenseiten, die in jedem Menschen stecken, nach oben drängen, ausgelöst durch Ärger, Konkurrenzgefühle, Geltungsbedürfnis, und vielleicht auch die Angst, selbst ins »Aus« zu geraten. Die meisten Eltern würden dem Treiben ihrer Sprößlinge am liebsten auf der Stelle ein Ende setzen. Aber wie? Mit Zwang lassen sich höchstens Scheinerfolge erringen – kaum außer Sichtweite der Erwachsenen würden sie so weitermachen, wie gehabt. Strafen bringen die »Missetäter« gewöhnlich nur noch mehr gegen ihre »Opfer« auf, und sie triezen sie erst recht, sobald sich die Gelegenheit bietet. Das gleiche gilt für Gardinenpredigten und Schimpftiraden.

Was eher greift – zwar vielleicht nicht sofort, auf die Dauer aber umso effektiver –, ist das Bemühen, mit den Kindern über die Situation zu reden und ihnen klarzumachen, wie sehr es jemanden verletzt, wenn sie sich darüber amüsieren, daß er in der Patsche sitzt, wenn sie sich auf seine Kosten Vorteile verschaffen oder sein Pech mit einem hartherzigen »Hättest du besser aufgepaßt...« kommentieren. Und sie immer erneut anzuregen, sich in die Rolle des anderen zu versetzen: »Stell dir vor, das wäre dir passiert.« Je näher das Geschehen ihnen selber rückt, desto sensibler werden sie für die damit verbundenen Gefühle.

Wie schon bei den Kleinen, wirken solche Erklärungen allerdings auch bei den Größeren wenig überzeugend, wenn die Eltern selbst nicht danach handeln. Das Muster, das sie vorleben, ist wieder einmal eine entscheidende Leitlinie für ihren Nachwuchs. Und den zentralen Schauplatz gibt wieder die Familie ab. Kinder geraten ziemlich häufig in irgendwelche Engpässe, Konflikte oder Sackgassen. Oft haben sie sich sogar selber in ihre Schwierigkeiten manövriert. Wie zum Beispiel Jochen: Das ganze Jahr über hat er nicht einen Finger für die Schule gerührt, aber trotz aller schlechten Noten fest daran geglaubt, sich mit seinem »Genie« schon durchschlängeln zu können. Und dann die Quittung: sitzengeblieben! Oder Michi: Es gelingt ihr nicht, in ihrer neuen Klasse Fuß zu fassen. Sie wird immer biestiger und aggressiver und folglich nur noch unbeliebter. Natürlich könnten Eltern darauf ganz kühl reagieren: »Das hast du dir selbst zuzuschreiben. Sieh zu, wie du damit klarkommst.« Zeigen sie aber Mitgefühl, werden sie zwar nichts beschönigen oder einfach alles entschuldigen, aber doch versuchen, die Motive und Empfindungen des Unglücklichen zu verstehen und vor allem mit ihm gemeinsam nach einer Lösung Ausschau halten. Am eigenen Leib Wohlwollen, Verständnis und Anteilnahme zu erfahren, regt die Kinder mit Sicherheit am meisten an, anderen in heikler Lage genauso zu begegnen.

Auch außerhalb der Familie gibt es viele Gelegenheiten, Kindern zu vermitteln, was Mitgefühl bedeutet: Ein Bettler wird nicht einfach abgewiesen mit dem Hinweis, daß jeder, wenn er nur will, sein Geld verdienen kann. Einem Freund, der seinen Job verliert, erspart man Kritik und Schuldzuweisungen und unterstützt ihn statt dessen bei der Suche nach einem neuen Einstieg. Die frisch geschiedene Nachbarin wird mit ihrem Kummer nicht allein gelassen nach dem Motto: »Da muß sie durch, da kann ihr keiner helfen«, sondern findet Trost und geduldige Ohren. Je mehr Kinder in dieser Richtung miterleben, desto größer ist die Wahrscheinlichkeit, daß sie sich in ihrem eigenen Urteilen und Handeln danach richten. Auch da, wo es über Einzelfälle in ihrer Umgebung hinaus, um die Nöte von sozialen Randgruppen, Flüchtlingen oder Menschen in Krisenregionen geht.

Trotzdem: in bestimmten Situationen kann es immer wieder schwerfallen, Mitgefühl für jemanden zu entwickeln. Gerade Jugendliche, von denen viele zu sehr strengen Maßstäben neigen, kennen manchmal keine Gnade. »In Peters Handballmannschaft ist einer, den keiner leiden mag«, berichtet der Vater eines 17jährigen. »Sein Name muß nur erwähnt werden, und schon verdrehen alle die Augen. Oft trifft sich der ganze Trupp irgendwo, bloß ihm sagt niemand Bescheid. Sie werfen ihm unfaires Verhalten vor, aber genauso seine Pickel, seine eitle Mutter und seinen albernen kleinen Bruder. Eigentlich hat der Typ überhaupt keine Chance. Ich habe probiert, mit Peter darüber zureden, wie schrecklich es sein muß, so total abgelehnt zu werden. Anfangs blieb er knallhart bei seinem Standpunkt: ›Wenn einer dauernd intrigiert und andere ausbooten will, geht's ihm eben so. Mir kann es doch egal sein, wie er sich dabei fühlt.‹ Aber ich habe nicht lockergelassen und immer neue Anläufe gestartet, Peter davon zu überzeugen, daß Uli – so heißt der Knabe – bestimmt nicht einfach ein mieser Charakter ist, sondern daß es einen Grund für sein Benehmen geben muß. Vermutlich hat er viel zu wenig Selbstvertrauen und glaubt, sich nur hintenrum durchsetzen zu können. Ganz sicher kann man ihm helfen, wenn man nur eine Prise Verständnis für ihn zusammenkratzt. Peter würde natürlich niemals sagen, ›Papa, ich habe mich an deine Regieanweisungen gehalten‹ – wozu auch? Aber er hat es anscheinend doch versucht. Inzwischen wird nämlich der Name Uli genannt, ohne die Augen zum Himmel zu drehen, und ganz beiläufig kam heraus, daß Peter sich mit ihm zum Schwimmen verabredet hatte.« Es ist eine Frage der Reife, auch da Mitgefühl aufbringen zu können, wo jemand sich verrannt hat oder aus eigenem Verschulden in einer Klemme sitzt. Dahin zu kommen, braucht es Zeit – und auf Seiten der Eltern viel Geduld und Zuspruch, vor allem aber auch Vertrauen in den Grundstock, den sie schon seit der frühen Kindheit gelegt haben.

Mitgefühl contra Selbstvertrauen

Robert und Daniel, beide 10 Jahre alt, haben ein Zelt im Garten aufgeschlagen und wollen die Nacht draußen verbringen. Gegen Abend ziehen sie los, ausgerüstet mit ihren Schlafsäcken und einer dicken Taschenlampe. Erst blödeln die zwei noch herum und erzählen sich Witze und verrückte Geschichten, aber je später es wird, desto mehr hüllt sich Robert in Schweigen. Und immer wieder unterbricht er Daniels Gerede: »Sei doch mal still! Draußen raschelt es so komisch! Glaubst du, da ist jemand?« Daniel hört überhaupt nichts und fühlt sich pudelwohl in seinem Nest: »Das bildest du dir bloß ein! Da krabbelt höchstens ein Igel herum. Es ist doch super gemütlich hier. Komm, laß uns schlafen.« Robert wird immer unruhiger, lauscht angestrengt auf jedes Geräusch, knipst dauernd die Taschenlampe an, um festzustellen, ob noch alles in Ordnung ist. Und schließlich kommt aus dem Dunkel seine völlig verzagte Stimme: »Du, Daniel, laß uns lieber im Haus schlafen! Es ist so unheimlich hier, bestimmt schleicht sich wer an! Wir können doch morgen im Zelt spielen!« Daniel versucht eine Weile, Roberts Ängste zu zerstreuen und ihm Mut zu machen: »Hör mal, wir packen das. Und wenn wirklich einer kommt, kriegt er gewaltig eins auf die Nuß!« Aber dann merkt er, daß der

Freund den Tränen nahe ist, daß die Angst ihn richtig beutelt. Er kann sich vorstellen, wie fürchterlich es für Robert sein muß, die ganze Nacht hier durchzuhalten, und deshalb gibt er nach. Sie zuckeln zurück ins Haus. Daniel spürt, daß es in diesem Fall nicht darauf ankommt, ob er selbst sich so einem Abenteuer gewachsen fühlt – was seinem Selbstvertrauen ordentlich Auftrieb geben würde –, sondern daß es wichtiger ist, Robert aus seiner scheußlichen Lage zu befreien. Und darum plustert er sich auch vor den Eltern nicht als »großer Meister« auf, der das alles locker gepackt hätte. Ohne lange Kommentare krabbelt er mit dem Freund in die sichere Koje.

Ordnung

>*»Jeder will Ordnung und Glück, trotzdem liegen sich alle in den Haaren.«*
>
> *Thornton Wilder*

»Kinder brauchen Chaos« – sagen die Psychologen. »Und was wird aus uns?« – stöhnen genervte Väter und Mütter millionenfach. Um kaum einen anderen Punkt wird in Familien so heftig und dauerhaft gestritten wie um die Ordnung.

Am Anfang mag es ja noch sehr niedlich sein: da liegt ein winziges Bündel Mensch auf einer bunten Decke mitten im Wohnzimmer und hantiert strampelnd und glucksend mit seinen Räppelchen. Aber sobald es in der Lage ist, dieser friedlichen Insel zu entkommen, folgt ihm auch schon eine Schleifspur aus Schnullern, Schmusetieren und Schnuckeltüchern auf seinen Erkundungszügen. Von vornherein machen Kinder ihren Eltern unmißverständlich klar, daß die Wohnung nun auch ihr Lebensraum ist, in dem keineswegs mehr die Alleinherrschaft der Großen gilt. Dagegen haben die meisten Mütter und Väter auch gar nichts einzuwenden. Nur: muß es deswegen täglich so aussehen wie nach einem frischen Bombeneinschlag? Müssen Bonbonpapiere, Apfeltitsche und Keksbrösel in jedem Sessel kleben, alle Stifte aus der Lade gekippt werden, um ein bestimmtes Blau zu finden? Können die Tütchen, Täschchen und Münzen vom Kaufladen-Spielen nicht eingesammelt werden, bevor es losgeht mit dem Bemalen von Tapetenresten? Ist es so unmöglich, einzusehen, daß die Regenjacke nichts hinterm Klo verloren hat und die Gummistiefel neben die Haustür gehören und nicht als Stolperschwelle mitten in den Flur?

Abgesehen davon, daß sich die meisten Eltern einfach nicht wohlfühlen in so einem Tohuwabohu, gibt es noch eine ganze Reihe von plausiblen Gründen, auf Ordnung zu dringen: Die Hygiene zum Beispiel, die in Klumpen aus angelutschten Lollis, muffigen Turnschuhen und zerfledderten Comics unterzugehen droht. Die Rücksicht auf andere, denen es überhaupt nicht gefällt, barfuß in spitze Legosteine zu treten oder auf verstreuten Matchbox-Autos auszurutschen. Oder die Organisation des täglichen Lebens, auf die nur ein Bruchteil der Zeit zu verwenden wäre, wenn jedes Ding an seinen Platz geräumt würde und nicht dauernd Jagd auf verschlampte Schlüssel, Kassetten, Brillen oder Schulhefte gemacht werden müßte. Und nicht zuletzt die Befürchtung, daß unordentliche Kinder später auch unfähig sein könnten, Ordnung in ihre Gedanken und ihr Leben zu bringen – gemäß dem alten Spruch von der inneren Ordnung, die der äußeren entspricht.

Kindern leuchten solche Argumente gewöhnlich überhaupt nicht ein. Was für die Erwachsenen ein wüstes Durcheinander ist, empfinden sie als ausgesprochen gemütlich. Sie haben ihre eigene Einstellung zur Ordnung. Vor allem was die Spielsachen betrifft. Ihre Stofftiere, Autos, Klötzchen und Bilderbücher sind für kleine Kinder nicht irgendwelche toten Gegenstände. Sie erscheinen ihnen lebendig, fast wie Freunde. Deshalb möchten sie möglichst viele davon immer um sich haben, in Sicht- und Reichweite und nicht reinlich verstaut in Kisten oder Schränken. Und deshalb schleppen sie immer solche Mengen von Kram mit sich herum, wenn sie durch die Wohnung ziehen.

Auch die größeren lassen ihre Malutensilien und unvollendeten Kastanienketten, Puppengeschirr und Hochgarage nicht liegen, weil sie zu faul sind, sie wegzuräumen oder um ihre Eltern zu ärgern. Sie beschäftigen sich noch nicht so ausdauernd mit einer Sache wie Erwachsene, fangen hier etwas an und dann da und kehren zum ersten zurück, um damit weiterzumachen. Dieses ganze verstreute Zeug haben sie irgendwie »in Arbeit«. Und je mehr herumliegt, desto leichter findet ihre Phantasie neue, kreative Ansatzpunkte. Kinder brauchen also wirklich ein gewisses Maß an Chaos.

Wie schafft man es, den Standpunkt der Eltern und die Bedürfnisse der Kinder unter einen Hut zu bringen? Wie kann man Kinder für Ordnung erwärmen, ohne ihre Spontaneität und Kreativität zu blockieren? »Ich habe versucht, mich auf seine Perspektive einzustellen«, erzählt die Mutter des dreijährigen Sven. »Wenn es abends Zeit wird, ins Bett zu gehen, spielen wir, daß auch all sein Krimskrams müde ist und schlafen will. Die Kuscheltiere bekommen ein Lager auf einem dicken Kissen, die Autos fahren – laut gähnend! – unter das Gitterbett in ihre ›Garage‹, die Bauklötze rennen zu ihrer Kiste, und die Bilderbücher freuen sich darauf, im Regal auszuruhen. Bis jetzt ist das noch ein Riesenspaß für ihn – und halb so zeitaufwendig, wie es klingt.« Höchstens so spielerisch kann man die Kleinsten in Richtung Ordnung steuern. Und man kann mit ihnen darüber reden, daß es ganz schön mühsam ist, ständig irgendwelche Sachen suchen zu müssen, die sie verschleppt haben. Was die Erwachsenen mit dem Begriff Ordnung verbinden, können Kinder unter vier Jahren aber nicht nachvollziehen. Werden sie schon so früh darauf getrimmt, besteht die Gefahr, daß sie sich entweder zu zwanghaften Pedanten entwickeln, die es nicht aushalten, wenn irgend etwas nicht an seinem Platz steht oder anders als geplant verläuft, oder daß sie sich im Gegenteil zu Chaoten auswachsen, die als Reaktion auf den frühen Druck lebenslang jede Form von Ordnung ablehnen.

Aber selbst wenn Kinder allmählich verstehen, was die Großen mit ihrem Ordnungssinn meinen, heißt das noch lange nicht, daß sie sich in der Praxis daran halten. Vielen Vätern und Müttern geht das ewige vergebliche Mahnen und Zetern »Wie sieht's denn hier wieder aus!« »Nun räum doch endlich mal auf!« so auf die Nerven, daß sie ihren Sprößlingen lieber alles nachräumen – was ja meistens auch noch weniger Zeit braucht! –, als dauernd Krach zu haben. Bloß lernen Kinder auf diese Weise nur schwer, selbst Ordnung in ihr Umfeld zu bringen. Und außerdem platzt den Erwachsenen fast immer irgendwann der Kragen, weil sie sich wie die Sklaven von rücksichtslosen kleinen Paschas vorkommen. Wilde Strafandrohungen führen oft nur dazu, daß die Kinder ausloten, ob die Eltern wirklich tun, was sie da in Aussicht stellen. Und mit Belohnungen zu locken, endet nahezu regelmäßig in immer höher geschraubten Forderungen. Auch mit der berühmten Vorbildfunktion scheint es bei der Ordnung nicht so recht zu klappen. Daß schlampige Eltern unordentliche Kinder haben, ist naheliegend. Aber wie sieht es mit dem Umkehrschluß aus? Bringt das leuchtende Beispiel elterlicher Ordnungsliebe die Kinder dazu, ihnen nachzueifern? »Leider kein bißchen!« ächzt eine gestreßte Mutter. »Ich bin wirklich ein ordentlicher Mensch, aber auf meine drei färbt das nicht im geringsten ab. Im Gegenteil: wenn ich irgendwo schön aufräume, inspiriert sie das offensichtlich sofort dazu, woanders etwas zu verstrubbeln.«

Trotzdem spielt die Haltung der Eltern natürlich eine entscheidende Rolle, wenn Kinder ein vernünftiges Maß an Ordnung lernen sollen. Kleine Kinder helfen mit Feuereifer bei allen Verrichtungen des Alltags. Wenn die Großen sie mitmachen lassen beim Geschirr-Wegräumen, beim Wäsche-Einordnen oder Werkzeug-Sortieren, ist es ganz logisch, daß man auch bei ihren Spielsachen zusammen an die Arbeit geht. Gemeinsam macht das Ganze viel mehr Spaß, außerdem können die Eltern ihnen dabei gleich zeigen, daß Aufräumen nicht bedeutet, alle verstreuten Dinge unters Bett oder hinter den Schrank zu schieben, wo man sie nicht mehr sieht, sondern daß auch ein bißchen Systematik dazugehört. Wenn es verschiedene Kisten und Schachteln gibt für Autos, Legosteinchen oder Puppenzeug, fällt es leichter, das Chaos zu lichten. Kinder akzeptieren solche Ordnungsprinzipien umso eher, je mehr Freiheit sie haben, selbst zu bestimmen, was in welchem Kasten, auf welchem Brett oder in welcher Ecke verstaut werden soll – und je weniger pingelig die Erwachsenen das Resultat beurteilen. Oft ist auch einfach die Unmenge ihres Spielzeugs mit schuld daran, daß das Durcheinander über den Kindern zusammenschlägt. Psychologen und erfahrene Eltern raten deshalb, von Zeit zu Zeit einen Teil davon wegzupacken und nach einer Weile im Austausch gegen anderes wieder hervorzuholen. In manchen Familien wird regelmäßig ausgemistet oder verschenkt, was niemand mehr benutzt.

Mit vier, fünf Jahren können Kinder verstehen, daß die Wohnung nicht ein einziger Spielplatz ist, daß die Erwachsenen bestimmte Bereiche für sich beanspruchen – ohne Klüngel und Tobespuren – und auch in den gemeinsam genutzten Räumen nicht im Chaos versinken möchten. Aber im Eifer des Gefechts würden sie doch am liebsten immer wieder das gesamte Terrain mit ihrem Krempel überziehen. Wollen Eltern die eigenen Bedürfnisse nicht mit autoritären Mitteln durchsetzen, bleibt als Lösung nur der Kompromiß. »Wir haben unsere genauen Vereinbarungen«, erklärt die Mutter von zwei sechs- und achtjährigen Kindern, »in ihrem Zimmer schraube ich meine Ordnungsvorstellungen auf beinahe Null herunter, dafür ist das Wohnzimmer als Spielplatz tabu. Wenn viele Freunde da sind, können sie ihre Rennbahnen oder Bauernhöfe im Flur aufbauen, müssen aber zu einer bestimmten Zeit alles wieder wegräumen. Genauso in der Küche, wenn sie sich am großen Tisch mit Saft und Keksen niederlassen oder mit ihren Mal- und Bastelsachen ausbreiten. Stehen- und Liegenlassen ist gegen die Regel! Nach ein paar Anlaufschwierigkeiten hat sich das ganz gut eingependelt.«

Es soll sie geben, die Kinder, die – von ihren Eltern ermuntert – schon bald ohne Frust und Widerborst ihr Umfeld ordnen. Theoretisch sind Achtjährige fähig, aus eigenem Antrieb selbständig aufzuräumen. Leider kennt kaum jemand solche Musterexemplare. Und wer hat sie schon zu Hause? Auch wenn sie genau wissen, wie man Ordnung schafft, finden die meisten größeren Kinder ein kunterbuntes Durcheinander in ihrem Reich weitaus attraktiver – erst recht, sobald sie in die Pubertät kommen. Dann verwandeln sich ihre Zimmer nach Ansicht vieler Eltern in regelrechte »Sauställe«: ein grauenerregendes Gemengsel aus dreckigen Socken und T-Shirts, vergammelnden Essensresten, CDs, leeren Flaschen, Schulsachen, kaugummiverklebten Heftchen... Und an der Tür prangt oft noch ein großes Warnschild: »Betreten strengstens verboten!«

Wie man damit umgeht, ist eine Frage der Nervenstärke und der Toleranz, der Fähigkeit zur Konsequenz oder auch des persönlichen Wohlgefühls. Deshalb greifen Eltern zu sehr unterschiedlichen Strategien:

»Jakob hat mir klipp und klar erklärt, daß es mich nichts angeht, wie sein Zimmer aussieht. Also halte ich mich dran. Natürlich türmen sich inzwischen die Müllhalden, aber ein vorsichtiger Testblick hat gezeigt, daß es ihm offensichtlich selbst zuviel wird. Jedenfalls sind schon schwache Spuren von Aufräumversuchen zu erkennen.«

»Einmal in der Woche klemme ich mir sozusagen eine Wäscheklammer auf die Nase und sammle die dicksten Brocken – wie schimmelnde Badehosen – ein, versuche den Fußboden sauberzukriegen und das Bett von Bananenschalen und Brotkanten zu befreien. Ich habe einfach Angst, daß sonst eines Tages irgendwelche Kriechtiere unter der Tür durchkrabbeln.«

»Wenn es allzu toll wird und nicht einmal mehr eine Schneise zum Schreibtisch frei ist, werde ich energisch und kündige an, daß alles, was am Abend noch auf dem Boden herumfliegt, in den Müll wandert. Erst hat mir das keiner zugetraut, aber ich mache es tatsächlich, und es hat einen echten Heinzelmänncheneffekt.«

»Man kann es überall beobachten: Meckern, Fernsehverbot oder Taschengeldentzug bringen gar nichts. Ich lasse sie einfach spüren, wieviel schwieriger das Leben durch so eine bodenlose Schlamperei wird. Früher habe ich immer mitgesucht, wenn einer seine teuren Karten für ein Popkonzert, seinen Schülerausweis oder die Angaben für eine wichtige Matheprobe nicht finden konnte. Jetzt rühre ich keinen Finger mehr. Und ich fische auch ihre schmutzige Wäsche nicht mehr aus allen Ecken. Was nicht in der Wäschetonne ist, wird nicht gewaschen. Basta. Die oft ziemlich harten Konsequenzen wirken tausendmal besser als irgendwelche Strafen und Schimpfkanonaden.«

»Ich packe das Chaos nicht. Für mich ist es einfach unerträglich, einen wüsten Verhau in meiner Umgebung zu haben. Darum räume ich täglich die Zimmer meiner zwölf- und vierzehnjährigen Kinder auf – ohne zu meckern. Sie müssen dafür andere Pflichten übernehmen, wie Rasenmähen und Einkaufen. Ich hoffe, die Gewöhnung an ein geordnetes Rundherum bringt sie dazu, später selbst für Ordnung zu sorgen. Daß ich damit nicht ganz falsch liege, zeigt ein Kommentar, den sie neulich nach einem Besuch bei Freunden abgaben: ›Bei denen war es gar nicht schön, so ein fürchterliches Durcheinander!‹«

Trotz aller noch so geschickten Manöver bleibt die Ordnung in den meisten Familien ein ständig schwelender Zündstoff. Aber der Gedanke, daß es anderen genauso geht, hilft vielen Eltern, das

Thema mit etwas mehr Gelassenheit anzugehen und ihre Ordnungsvorstellungen nicht allzu hoch zu hängen.

Für besonders finstere Zukunftsperspektiven besteht übrigens auch bei ausgemachten Schlampern kein Anlaß. Wenn sie es zum Ende der Pubertät nicht mehr nötig haben, gegen alles anzupowern, was den Eltern wichtig ist, und allmählich ihren eigenen Stil finden, stellt sich fast immer heraus, daß das Erklären und Einüben von Ordnungsprinzipien in der Kinderzeit doch nicht umsonst gewesen ist.

Ordnung contra Rücksicht

Lisa, 10, teilt mit ihrer älteren Schwester Sandra ein Zimmer. Und darin sieht es mal wieder aus wie nach einem Hurrikan. »Bitte mach Ordnung«, fordert die Mutter sie auf. »Ich möchte bei euch putzen, aber da ist kein Millimeter Fußboden oder Tisch ohne Krimskrams!« »Wieso ich?« mault Lisa. »Und die Sandra hat es jetzt im Schullandheim gemütlich!« Doch die Mutter bleibt eisern: »Sie wird dann eben ein anderes Mal etwas für dich mit erledigen, wenn sie wieder da ist.« Seufzend nimmt es Lisa mit dem Chaos auf. Als die Mutter nach einer Weile hereinschaut, stellt sie fest, daß Lisa die Sache ganz gut im Griff hat: die Bücher stehen im Regal, die Malkreiden liegen in ihrer Kiste genauso wie die Legosteine und die Playmobilmännchen, die Trainingsanzüge hängen am Haken hinter der Tür... Aber was ist mit Sandras Schulsachen? »Wo hast du denn ihre Hefte und den Zirkelkasten gelassen?« fragt die Mutter beunruhigt. »Weiß ich auch nicht so genau«, gibt Lisa zurück. » Kann sein, daß die Hefte da drüben zwischen den Comics sind und die Zirkel bei den Filzern in der Lade – keine Ahnung. Du hast doch gesagt, ich soll den Tisch leerräumen!«

Ordnung ist sinnvoll und nützlich für das Zusammenleben, aber nur, solange man dabei nicht »über Leichen« geht. Was Kinder erst lernen müssen und viele Erwachsene nicht zur Kenntnis nehmen: Mindestens so wichtig wie der ordentliche Anschein – nett und adrett – ist es, Rücksicht auf die Bedürfnisse und Systeme der Mitmenschen zu nehmen, ihnen nicht einfach etwas zu verräumen, damit alles reinlich wirkt. Sonst kann Ordnung genauso zum Zündstoff für tägliche Auseinandersetzungen werden wie Unordnung.

Rücksicht

Rücksicht kommt von zurücksehen, hinter sich blicken. Im menschlichen Zusammenleben ist damit die Fähigkeit und Bereitschaft gemeint, sich nicht nur um die eigenen Angelegenheiten zu kümmern, sondern auch die Interessen anderer im Auge zu haben.

Wer kennt sie nicht? Die Dreikäsehochs, die, kaum daß Arme und Beine ihnen gehorchen, schon ihr Umfeld verunsichern: Ihren Ball durch die Gegend schmeißen, unbesorgt um einen Kopf, einen Babywagen oder eine Brille auf seiner Flugbahn. Mit ihrem Bobby-Car volle Kraft voraus über den Gehweg sausen, gleichgültig, wieviele Füße da unterwegs sind. Im Biergarten begeistert Händevoll Steinchen in die Luft werfen, ohne einen Gedanken darauf zu verschwenden, ob sie im Wurstsalat oder in den Gläsern der Umsitzenden landen. »Rücksichtslose kleine Dinger!« empören sich dann viele Erwachsene. Tatsächlich, kleine Kinder sind oft rücksichtslos – meistens einfach deshalb, weil sie es noch nicht besser wissen oder können.

Während sie sich daranmachen, die eigenen Möglichkeiten im Umgang mit der Welt zu entdecken, kommt ihnen Rücksicht auf andere zunächst gar nicht in den Sinn: Es ist ohnehin schon ein mühsames Geschäft, im Sandkasten ein tiefes Loch zu buddeln, schwierig, dabei auch noch aufzupassen, daß der »Aushub« niemandem um die Ohren fliegt. Es kostet eine Menge Mut, vom Schwimmbadrand ins Wasser zu springen, wer kann da schon darauf achten, ob er anderen direkt vor oder sogar auf die Nase platscht? Im Treppenhaus gellt die Trillerpfeife besonders schön schrill, wie soll man ahnen, daß das den Nachbarn nicht gefällt? Spontan und unbekümmert verfolgen die Kleinen erst einmal ihre eigenen Interessen, ohne einen Gedanken daran, daß die sich mit denen anderer kreuzen könnten.

Manchen Eltern ist das rücksichtslose Gebaren ihrer Sprößlinge gerade recht. »Der wird sich später durchsetzen«, meinen sie, wenn sie beobachten, wie ihr Dreijähriger alle Kinder von der Leiter räumt, um selbst als erster auf die Rutsche zu kommen. Woher nehmen sie eigentlich die Sicherheit, daß nicht andere Eltern genauso denken, genauso den Egoismus ihrer Kinder fördern? »Wenn das jeder täte…«, dieser schauerlich abgenutzte Spruch hat hier wirklich Berechtigung. Wer nicht möchte, daß sein Kind in eine Gesellschaft hineinwächst, in der Ellenbogen die Szene beherrschen, in der jeder jeden übervorteilt und aus dem Weg boxt, kommt nicht umhin, beim eigenen Nachwuchs anzufangen und ihn in Richtung Rücksicht zu steuern.

Es gibt aber auch Eltern, die es putzig finden oder gut für die Entfaltung seiner Persönlichkeit, wenn ihr Kind sich schnappt, was es will, über Tisch und Bänke geht und andere Leute als Kletterbaum oder Punchingball benutzt. Rücksicht erscheint ihnen zwar nicht unbedingt unwichtig, aber die, so glauben sie, werde der Knirps schon irgendwann von selber lernen. Den Kindern trägt diese Einstellung oft sehr unangenehme Erfahrungen ein. »Ich war total vernarrt in mein erstes Kind«, erzählt eine mehrfache Mutter, »außerdem saßen in meinem Kopf noch gewisse antiautoritäre Ideen fest. Ich glaubte, jedes Nein und jede Einschränkung seiner Bewegungsfreiheit würde etwas in ihm abschnüren und es an seiner Entwicklung hindern. Wir nahmen es hin, wenn Paul stundenlang schallend mit einem Bauklotz auf eine Blechdose schlug, auf den gedeckten Tisch kletterte, um sich eine Wurst zu angeln und dabei regelmäßig Teller oder Gläser zerdepperte, oder uns beim Zeitunglesen an den Haaren riß. Daß wir ihm damit nichts Gutes taten, begriff ich erst, als er fast drei war und auf dem Spielplatz kein Kind mehr etwas mit ihm zu tun haben wollte. Sie scheuchten ihn sofort weg, sobald er bloß näher kam, weil er jede Autobahn oder Burg kaputtmachte, wenn ihm gerade danach war. Und dann kam noch eines Tages ein Freund von uns zu Besuch, selbst ein erfahrener Vater, der absolut keine Lust hatte, Pauls Spielchen mitzumachen – wie sonst die meisten unserer Gäste. Dreimal holte er ihn während des Essens von seinen Schultern, stellte ihn auf den Boden und aß weiter, als sei nichts gewesen. Als Paul dann aber zum vierten Mal an ihm hochkletterte und ihm auch noch die Brille von der Nase zog, wurde er energisch. ›Ich möchte, daß du mich in Ruhe läßt‹, sagte er sehr bestimmt. ›Ich bin kein Klettergerüst, sondern hier, um mich mit deinen Eltern zu unterhalten. Ich glaube, du bist groß genug, das zu verstehen. Und gib mir bitte sofort meine Brille wieder, ohne die kann ich nämlich nichts sehen. Ich ziehe dir schließlich auch kein Bein weg, so daß du nicht stehen kannst.‹ Paul war wie vom Donner gerührt, weil er eine solche Zurechtweisung nicht kannte, und ich fühlte mich mitbetroffen, weil sein Verhalten letztlich auf unser Konto ging. Aber ich spürte, daß hier eine wichtige Nahtstelle war, und deshalb habe ich ihn nicht einfach getröstet à la ›Du armes Kind, da schimpft einer mit dir!‹, ihn aber auch nicht alleingelassen, sondern gesagt: ›Ich meine, Ben hat recht. Laß ihn bitte in Frieden. Wir holen jetzt dein Lieblingsbuch, damit kannst du dich in unserer Hörweite niederlassen und störst uns nicht mehr.‹ Es war nicht gerade einfach, Paul umzupolen und allmählich von seiner Rücksichtslosigkeit abzubringen. Bei meinen beiden nächsten Kindern habe ich deshalb sofort anders angefangen.«

Für alle Beteiligten ist es leichter, wenn Kinder schon von klein auf mitbekommen, daß nicht nur ihre Interessen zählen, sondern auch die ihrer Mitmenschen, und daß Rücksicht da beginnt, wo diese Interessen aufeinanderstoßen. Daß man die Wände im Flur nicht einfach bunt bekrakeln kann, weil die Eltern sie weiß schöner finden; daß man nicht gerade dann in Indianergeheul ausbrechen muß, wenn die Großmutter ihr Mittagsschläfchen hält; daß man nicht den ganzen Nachmittag lang den Absprung vom Stockbett proben kann, während die Hausgenossen unten fürchten, die Decke bräche gleich ein.

Aber wie, bitte, läßt sich ihnen das beibringen? Durch Schimpfen etwa? Das beeindruckt viele der kleinen Rabauken nur insofern, als sie dadurch erkennen, wie leicht sie die Großen auf die Palme bringen können. Wunderbar, dieses Machtgefühl, es regt zu immer neuen Unternehmungen an. Und wie ist es mit Strafen? Die bringen sie vielleicht dazu, aus Angst dieses oder jenes nicht zu tun, überzeugen sie aber bestimmt nicht von der Wichtigkeit der Rücksichtnahme. »Laß das!« »Hör auf damit!« »Mach das nicht noch mal!« – Ge- und Verbote solcher Art haben nur dann Sinn, wenn man den Kinder grundsätzlich klargemacht hat, was an ihrem Verhalten rücksichtslos, eben eine Zumutung für andere ist. Am besten geht das nach dem bewährten »Was-du-nicht-willst-das-man-dir-tu«-Muster: »Ich möchte nicht, daß du hier herumtrommelst, während ich telefoniere, so daß ich kein Wort mehr verstehen kann! Was würdest du sagen, wenn du eine Kassette hören wolltest und ich legte genau dann mit dem Staubsauger oder der Bohrmaschine neben dir los?« »Stell dir vor, Nanni hätte die ganzen Bonbons aufgegessen, die für euch beide bestimmt waren – so wie du es jetzt getan hast. Davon wärest du wohl kaum begeistert!« »Weißt du noch, wie elend du dich neulich mit deinem Bauchweh gefühlt hast? Da konntest du überhaupt kein Türenknallen und Geschrei vertragen. Genauso geht es auch der alten Frau Sehler nebenan, wenn du deinen Ball pausenlos gegen die Wand schmeißt.« Kleinen Kindern fällt es zwar noch sehr schwer, sich in die Lage eines anderen hineinzuversetzen, trotzdem kann man aber schon mit ihnen darüber sprechen und ihre Aufmerksamkeit in diese Richtung dirigieren. Und je größer sie werden, desto besser gelingt es ihnen, eine Sache nicht nur aus ihrer eigenen Perspektive zu betrachten, die Interessen anderer einzukalkulieren und Rücksicht darauf zu nehmen. Aber natürlich längst nicht immer!

Leise sein, nichts kaputt oder dreckig machen, auf Schwächere achten, niemanden anrempeln oder wegpuffen, keine Autos oder Schaufeln durch die Gegend pfeffern… Rücksicht verlangt den Kindern eine Menge ab, zu Hause, auf der Straße, auf dem Spielplatz. Kein Wunder, daß das nicht auf Anhieb und ständig klappt. Leichter fällt es ihnen, wenn sie spüren, daß man sie nicht einfach nur einschränken und dämpfen will, sondern ihre Interessen genauso ernst nimmt wie die anderer Menschen, inklusive der Erwachsenen. Auch Kinder haben nämlich ein Recht auf Rücksicht. Und die beginnt damit, daß man nicht zuviel und nichts Unmögliches von ihnen erwartet.

Kein gesundes, fröhliches Kind kann sich permanent ruhig, ordentlich und umsichtig verhalten, um nur ja niemanden zu stören und bloß nichts umzuwerfen. Eltern tun deshalb gut daran, sich mit Geduld und Langmut zu wappnen, und statt im Hinblick auf heikle Nachbarn und empfindliche Möbel mit harschen Worten auf Ruhe und Vorsicht zu bestehen, lieber nach verträglichen Ventilen für den Tatendrang und die Bewegungslust ihrer Sprößlinge Ausschau halten. Rausgehen ist natürlich das Allerbeste, an die Luft, wo Geschrei und Getobe niemanden belästigen. Und drinnen die Energien umlenken vom Wändebeschmieren zum Malen auf Tapetenresten etwa, oder vom Weitsprung im Gang auf den Bau einer Höhle oder Autorennbahn. Das kostet natürlich ein bißchen Nachdenken und Phantasie, aber es lohnt sich. Erleben die Kinder, daß auch auf ihre Bedürfnisse eingegangen wird, lernen sie Rücksicht als ein Prinzip der Gegenseitigkeit kennen, das allen das Leben leichter macht, und sind umso eher zu Konzessionen bereit.

Aber nicht nur Erklärungen und persönliche Erfahrungen prägen die Einstellung der Kinder in Sachen Rücksicht, sondern ebensosehr die Beobachtungen, die sie in ihrer Umgebung anstellen – vorneweg bei den Eltern. Alles Reden, Mahnen, Bitten oder Drohen wird nicht fruchten, wenn Vater und Mutter selbst wie die Wilden Auto fahren, im Schwimmbad ihr Kofferradio auf volle Lautstärke drehen, Picknick-Reste liegenlassen, sich vordrängeln oder im Zug ungehemmt ausbreiten, während andere stehen müssen. Warum soll Evi ihre Turnschuhe von der Fußmatte räumen, damit niemand stolpert, wenn die Mutter sich nicht um die Kartoffelschalen kümmert, die ihr im Hausflur aus dem Mülleimer gefallen sind – egal, ob jemand darauf ausrutscht? Warum soll Moritz sich dem langsamen Schritt seiner kleinen Schwester anpassen, wenn der Vater über den mühsam hinterhertrabenden Großvater die Augen verdreht: »Wo bleibt er denn nur, der Alte!«? Wollen Eltern ihren Nachwuchs zur Rücksicht motivieren, bleibt es ihnen also nicht erspart, immer wieder einen kritischen Blick auf ihr eigenes Verhalten zu werfen. Auch was ihre Redeweise anbelangt. Rücksicht ist nämlich nicht nur da gefragt, wo Menschen sich körperlich in die Quere kommen, sondern genauso in ihrem verbalen Umgang. Und auch hier brauchen Kinder ihre Eltern als Wegweiser und Leitfiguren.

Schon Schulkinder registrieren sehr genau, daß es in verschiedenen Familien unterschiedlich zugeht, daß irgendwo der Vater fehlt oder keine Arbeit hat, daß die große Schwester Ärger macht oder die Wohnung gekündigt wurde. Und je älter sie werden, desto klarer erkennen sie die Besonderheiten von Menschen und Verhältnissen. Manchmal ist es Bosheit, in den meisten Fällen aber schiere Gedankenlosigkeit, was sie dazu bringt, im Beisein eines Betroffenen ohne Rücksicht auf seine Gefühle über so einen wunden Punkt zu reden. »Ich dachte, mich trifft der Schlag«, berichtet der Vater eines Dreizehnjährigen. »Sascha sah sich mit ein paar Freunden die Sportschau an, und da gab's einen Ausschnitt von einem Handballspiel unter Rollstuhlfahrern. ›Guckt euch die an, in ihren AOK-Choppern!‹ brüllten die Jungs und klatschten sich auf die Knie. Sie merkten überhaupt nicht, daß Frank ganz still daneben hockte. Sein Vater sitzt seit einem Autounfall im Rollstuhl. Ich habe ihnen erklärt, daß ich sie ziemlich albern fände, kurzerhand den Fernseher ausgemacht und sie – natürlich unter Protest! – nach draußen geschickt. Und am Abend habe ich mit Sascha unter vier Augen darüber gesprochen. Er war wirklich erschrocken über sich selbst. ›Das war doch bloß ein Witz‹, sagte er, ›gar nicht böse gemeint! Und an Franks Vater hab ich überhaupt nicht gedacht!‹ Eben das war's ja, diese Unachtsamkeit sogar unter Freunden.« Die meisten würden sich wundern, wären verärgert oder traurig, wenn man mit ihnen selbst so verführe. Und genau darüber kann man sie am ehesten packen: »Überleg mal, wie dir zumute wäre, wenn es dich beträfe.«

Gedankenlosigkeit verwächst sich leider nicht. Sie kann auch denen, die prinzipiell zur Rücksicht bereit sind, jederzeit einen Strich durch die guten Grundsätze machen. Darum ist es so wichtig, daß Eltern ihre Kinder immer wieder anstupsen, um sie auf die Belange anderer aufmerksam zumachen, daß sie aber auch sich selbst nicht aus den Augen lassen.

Es gibt allerdings auch Kinder, die weder durch Zureden noch durch Vorbilder zur Rücksicht zu bewegen sind. Bei denen nichts zählt außer ihrem eigenen Kopf und der Einsatzkraft ihrer Ellenbogen. In solchen extremen Fällen schlägt die Rücksichtslosigkeit um in Aggression und Gewalt. Nach Ansicht von Fachleuten verbirgt sich dahinter immer ein Hilferuf: der Wunsch nach mehr Liebe und Zuwendung, nach mehr Spielraum oder mehr Sicherheit… Eltern können nur dann wirksam etwas dagegen unternehmen, wenn sie den Grund für dieses Verhalten herausfinden und vor allem nicht böse und abweisend reagieren, sondern mit einer Extra-Ration Aufmerksamkeit (Näheres dazu unter dem Stichwort → Friedfertigkeit).

Rücksicht gehört zu den Eigenschaften, die während der Pubertät gewöhnlich vollständig ausgeschaltet werden – egal, wie gut sie vielleicht vorher schon funktioniert hat. Rücksichtslosigkeit scheint geradezu eines der obersten Stilprinzipien dieser Phase zu sein: Dröhnende Musik, daß Zwerchfell und Wände rundum vibrieren; Heimkehr – wenn überhaupt – zu so später Stunde, daß Vater und Mutter vor Sorge senkrecht in den Betten sitzen oder ratlos durch die Wohnung geistern; betont schlampiges Outfit gerade an Feiertagen oder Familienfesten, wenn die Eltern einmal keine vergammelten Hosen und speckigen Haare sehen möchten; überall herumfliegende Klamotten, ein permanent belegtes Telefon und absoluter Alleinanspruch auf das Familienbad; ständige Forderungen, ohne je selbst einen Finger zu rühren; Gepöbel und Rempeleien auf der Straße, Füße auf den U-Bahn-Bänken... Die Liste ließe sich beliebig fortsetzen. Wie sehr Rücksicht das Zusammenleben erleichtert, spürt man erst, wenn sie gänzlich fehlt. – Von dieser Lektion bekommen die meisten Eltern jetzt eine dicke Dosis verpaßt. Das Gebaren der Sprößlinge bedeutet eine harte Zerreißprobe für ihre Nerven und Zuneigung (→ Achtung).

Warum eigentlich nicht mit gleichen Mitteln zurückschlagen? Mit Wagner oder den Beatles gegen den hämmernden Technosound andröhnen? Oder auch das Bad für Stunden blockieren, bevor sie ausgehen wollen, damit sie mal sehen, wie das ist? Daraus entspinnt sich nur ein erbitterter Machtkampf, meinen erfahrene Eltern, bei dem jeder den anderen an Biestigkeit zu übertrumpfen sucht und alles bloß noch schlimmer wird. Mit Vorwürfen und Forderungen läßt sich auch wenig ausrichten, weil die Jugendlichen dabei gewöhnlich auf Durchzug schalten.

Was also können Eltern tun, um die Lage zu entschärfen? Bewährt hat sich der Versuch, zuerst einmal einen klaren Kopf zu behalten – was garantiert nicht ständig klappt! – und sich immer neu bewußt zu machen, daß die Kinder sich nicht plötzlich in charakterschwarze Monster verwandelt haben, die aus lauter Gemeinheit und Niedertracht so rücksichtslos sind. Sie sind es, weil der innere und äußere Wandel ihrer Persönlichkeit sie derart beschäftigt, daß andere daneben völlig belanglos werden. Weil sie mit aller Macht die Bevormundung der Eltern abschütteln wollen. Weil sie ihre Unabhängigkeit und Stärke beweisen müssen, aber die richtigen Wege dazu noch nicht entdeckt haben.

Vielen Eltern helfen solche Überlegungen, sich mit Geduld und Humor abzupolstern. »Zuerst war ich maßlos wütend, weil meine Tochter unentwegt das Bad besetzt hielt«, erzählt eine Mutter. »Wie dringlich ich auch bat, sie ließ sich nicht stören. In so einer Warteschleife malte ich mir dann aus, wie sie da drinnen an ihren Pickeln arbeitete, ihre neue Nase überprüfte und interessantes Mienenspiel ausprobierte. Und plötzlich fand ich das Ganze so rührend und so komisch, daß ich ihr überhaupt nicht mehr böse sein konnte. Ich hab's ja früher genauso gemacht!« Gerade dieses Zurückdenken an eigene Macken ist oft sehr nützlich, um wenigstens ansatzweise Verständnis für die Jugendlichen zu entwickeln und, statt auszuflippen oder sich auf Grabenkämpfe einzulassen, lieber nach friedlichen Möglichkeiten der Konfliktlösung zu suchen. Die könnten zum Beispiel so aussehen:

- Ruhig und bestimmt erklären, daß man ihre Beweggründe vielleicht begreift, ihr Benehmen aber nicht tolerieren kann. Je weniger grundsätzliche Ablehnung sie hinter dieser Kritik spüren, desto eher können die Kinder sie annehmen.
- An ihre eigene übergroße Verletzlichkeit appellieren, und sie daran erinnern, daß andere Menschen genauso sensibel reagieren, wenn man gegen ihre Interessen verstößt.
- Regeln aushandeln, mit denen beide Seiten einverstanden sind (→ Achtung, → Gehorsam und Ungehorsam) und sie dem allmählich wachsenden Freiheitsdrang der Jugendlichen fortlaufend anpassen.
- Immer wieder Vertrauen in ihre Einsicht und ihren guten Willen setzen, um sie zu neuen, positiveren Anläufen zu ermutigen. Und auch dann nicht endgültig den Stempel »rücksichtsloser Egoist« aufdrücken, wenn die »Besserung« auf sich warten läßt.

Während der Pubertät mag es zwar häufig nur allzu berechtigt erscheinen, von der momentanen Rücksichtslosigkeit hochzurechnen auf zukünftiges Verhalten und bei der Befürchtung zu landen, daß so einer später über Leichen geht. Aber zu dieser Sorge besteht meistens kein Anlaß. Je sicherer sich die Jugendlichen in ihrer neuen Identität und im Kreis der »Großen« fühlen, desto mehr zeigt sich, daß sie durchaus rücksichtsvoll sein können – wenn sie wollen und daran denken.

Rücksicht contra Hilfsbereitschaft

Marten und Julian, beide 12, sind mit ihren Moutainbikes im Wald unterwegs, ein Stück außerhalb der Stadt. Da gibt's steile Böschungen, verschlungene Pfade und holprige Wege. Marten verheddert sich mit seiner Jacke an einem Dornenbusch, knallt mit dem Kopf gegen einen Baumstamm und bleibt mit einer großen Platzwunde halb betäubt liegen. Julian weiß, daß er vielleicht auch eine Gehirnerschütterung haben könnte und daß er ihn deshalb nicht einfach mit nach Hause schleppen darf. Also verspricht er Marten, möglichst schnell Hilfe zu holen und rast los: Quer über eine vielbefahrene Bundesstraße, ohne einen Blick für die quietschend bremsenden Autos, einen Gartenweg entlang, mitten durch eine Horde fußballspielender kleiner Jungen, in eine Einbahnstraße den hupenden Wagen entgegen, um die nächste Ecke, über den Bürgersteig zwischen lauter auseinanderspritzenden Fußgängern durch bis zum Geschäft von Martens Vater: »Sie müssen sofort kommen! Marten ist was passiert!«

Zum Glück ist Julians wilde Tour gutgegangen, aber sein Onkel saß in einem der Autos, die gerade noch stoppen konnten und beobachtete die gefährliche Fahrt. Er bewundert Julians schnelle Reaktion und seine Hilfsbereitschaft, erklärt ihm aber auch, daß man selbst dann, wenn man jemand dringend helfen will, nicht vollkommen rücksichtslos gegenüber anderen und sich selbst sein darf, weil das Unglück oder der Schaden sonst womöglich noch viel größer wird.

Selbständigkeit

»Thomas und Annika sahen sich vorsichtig um, ob der Negerkönig in einer Ecke säße. Sie hatten in ihrem ganzen Leben noch keinen Negerkönig gesehen. Aber kein Vater war zu sehen und auch keine Mutter, und Annika fragte ängstlich: ›Wohnst du hier ganz allein?‹ ›Aber nein, Herr Nilsson und das Pferd wohnen ja auch hier.‹ ›Ja aber, ich meine, hast du keine Mutter und keinen Vater hier?‹ ›Nein, gar nicht‹, sagte Pippi vergnügt. ›Aber wer sagt es dir, wenn du abends ins Bett gehen sollst und all so was?‹ ›Das mach ich selbst‹, sagte Pippi. ›Erst sag ich es ganz freundlich, und wenn ich nicht gehorche, dann sage ich es noch mal streng, und wenn ich dann immer noch nicht hören will, dann gibt es Haue.‹ Ganz verstanden Thomas und Annika das nicht, aber sie dachten, daß es vielleicht ganz praktisch wäre.«

Astrid Lindgren, ›Pippi Langstrumpf‹

Warum wohl begeistern sich immer neue Generationen von Kindern so heftig für Pippi Langstrumpf? Bestimmt nicht bloß wegen ihrer verdrehten Zöpfe und kessen Redensarten. Pippi lebt völlig unabhängig von Normen und Prinzipien der Erwachsenen. Denkt, was sie will, tut, was sie will, trägt links einen roten Socken und rechts einen grünen, hat »unmögliche« Hausgenossen und läßt sich von niemandem an die Kandare nehmen – die Verkörperung der Selbständigkeit und darum vor allem die Heldin ihrer Fangemeinde.

Die allermeisten Eltern liegen mit ihren Idealvorstellungen auf einer sehr ähnlichen Linie. Selbständigkeit – wenn auch nicht unbedingt in Pippi-Manier! – gehört schon seit langem zu den Spitzenreitern unter den Erziehungszielen. Eigenständig im Denken und Handeln sollen die Sprößlinge sein, fähig, sich durchzusetzen, für ihre Überzeugung einzutreten und Probleme in eigener Regie zu meistern. Wunderbar, könnte man meinen, bei so viel grundsätzlicher Übereinstimmung dürfte es ja kaum Schwierigkeiten mit der Realisierung geben. In der Praxis sieht es allerdings oft ganz anders aus.

Wie hoch auch immer Eltern den Wunsch ansetzen, daß ihre Kinder auf eigenen Beinen unabhängig durchs Leben gehen – sehr häufig sind es gerade sie selbst, die den Weg in diese Richtung blockieren: Nicki, knapp ein Jahr alt, hat seinen bunten Ball in der Sofaecke entdeckt. Mit allen Kräften arbeitet er daran, ihn zu erreichen. Krallt sich am Polster fest, hopst hoch und probiert den Aufschwung mal mit dem rechten, mal mit dem linken Bein. Fast hat er es geschafft – schwups, da kommt Vaters Hand und rollt ihm den Ball entgegen: »Hier ist er, dann mußt du dich nicht so plagen!« Julchen, 4, will mit der scharfen Schere Spitzendeckchen aus Papier ausschneiden. »Laß das lieber mich machen«, meint die Mutter, »du stichst dir noch die Augen aus!« Jakob, 11, möchte allein mit der Bahn zur Oma fahren, nur vier Stationen weit. »Kommt nicht in Frage«, heißt es. »Wer weiß, wo du landest und wem du in die Finger gerätst!«

Natürlich wollen Eltern ihre Kinder vor Schaden behüten, auf sie achten und ihnen helfen – und das müssen sie auch. Nur steckt hinter ihrem »Zu-früh-zu-gefährlich-zu-schwierig« sehr oft nicht allein berechtigte Sorge, sondern auch der unbewußte Wunsch, die innige Verbundenheit mit den Kindern zu bewahren, sie als kleine, hilflose und abhängige Geschöpfe weiter umtutteln und für sich behalten zu können. Das Loslassen gehört ohne Zweifel zu den größten Herausforderungen, denen sie sich stellen müssen.

Aber wie sollen Kinder auf eigene Füße kommen, wie sollen sie lernen, sich schließlich auch ohne Vater und Mutter zurechtzufinden, wenn man ihnen keine Gelegenheit gibt, ihre Fähigkeiten zu erproben und auch mal etwas zu riskieren? Das ist beileibe kein Appell, sie einfach ins Wasser zu werfen mit der Aufforderung: »Sieh zu, daß du schwimmst!« Notgedrungen müssen schon manche Fünf- oder Sechsjährigen allein für sich sorgen. Und sie schaffen es auch. Aber genausowenig wie überbehüteten Kindern gelingt es denen, die zu früh sich selbst überlassen bleiben, eine solide Selbständigkeit zu entwickeln. Viele werden lebenslang von Gefühlen der Angst und Schutzlosigkeit verfolgt.

Kein guter Absprung ohne feste Basis. Für ihren Absprung in die Unabhängigkeit brauchen Kinder zuallererst ein dickes Fundament an Sicherheit bei ihren Eltern: das Gefühl von Geborgenheit und Liebe – einer Liebe allerdings, die nicht klammert, sondern Mut macht zu eigenen Unternehmungen und wachsende Freiräume zugesteht. Ein nicht ganz einfacher Balance-Akt zwischen

Behüten und Loslassen also, sie auf dem Weg in die Selbständigkeit zu begleiten. Einer, der umso leichter fällt, je eher Eltern einen Blick für den unbändigen Spaß der Kinder am Selbertun entwickeln und bereit sind, auf ihre ständig zunehmenden Fähigkeiten einzugehen.

Kleine Menschen sind von Natur aus auf Selbständigkeit programmiert. Das zeigt sich bereits ganz früh: Kaum ein paar Monate alt, wollen die Winzlinge schon selbst den Löffel halten und ihren Brei allein essen. Sobald sie sich vom Fleck bewegen können, ziehen sie auch schon auf Entdeckungstour. Und Zweijährige, flink auf den Füßen und einigermaßen geschickt mit den Händen, sind ganz wild darauf, alles mögliche für sich selbst und für andere zu erledigen: sich an-und ausziehen, einen Kakaotrunk mischen, den Tisch decken… Das »Nein«, das jetzt für eine Weile zu ihren absoluten Lieblingswörtern zählt, ist nichts anderes als eine energische Unabhängigkeitserklärung.

Tatsächlich können sie meistens schon viel mehr als die Erwachsenen annehmen, wenn man ihnen nur die Chance und die Zeit dazu läßt! Aber aus Eile oder Bequemlichkeit – weil es dann weniger Theater, Kakaoklekse oder zerbrochene Teller gibt –, sehr häufig aber auch, um den Kleinen die Sache leichter zu machen, schalten sich die Großen vorschnell ein: »Komm, ich mach das für dich!« Einen Gefallen tun sie ihnen damit allerdings nicht. Ganz im Gegenteil. Die Kinder verstehen solches Eingreifen als Signal, klein, dumm und unfähig zu sein. Vor allem aber bringt es sie um das triumphale Gefühl, selbst etwas zu können – den stärksten Ansporn für den nächsten Schritt in die Unabhängigkeit.

Je größer die Kinder werden, desto mehr verschiebt sich das Revier ihrer Selbständigkeitsbestrebungen. Es geht jetzt nicht mehr nur darum, im ganz elementaren häuslichen Rahmen »ihren Mann« oder »ihre Frau« zu stehen. Vierjährige wollen immer öfter mal über Nacht bei Freund oder Freundin bleiben, Sechsjährige mit anderen Kindern auf der Straße herumsausen. Alles, was mit Haushalt zu tun hat, verliert dagegen rapide an Reiz (→ Hilfsbereitschaft). Aber Selbständigkeit beweist sich nicht nur in den Bereichen, die Spaß machen, sondern gerade auch darin, daß man regeln kann, was geregelt werden muß. An der Basis. Also auch mit Besen und Schaufel, Einkaufszettel und Wäschekorb. Eine schöne Selbständigkeit wäre das – und in Wirklichkeit gar nicht so selten –, sich schließlich allein nach Java zu trauen, aber nicht mit der Bratpfanne an den Küchenherd! Der Nachwuchs sieht es bestimmt oft ganz anders – und trotzdem: Eltern, die von ihren Kindern Einsatz im Haushalt erwarten, geben ihnen kräftig Rückenwind für den Start in die Unabhängigkeit.

Auch wenn sie vielleicht schon eine ganze Menge im Griff haben, stoßen Kinder doch immer wieder auf Probleme, mit denen sie allein nicht fertig werden. Die Tatsache, auf die Hilfe der Eltern angewiesen zu sein, muß sie aber nicht unbedingt entmutigen und an ihren Kräften zweifeln lassen. Falls es nämlich Vater und Mutter gelingt, die Sprößlinge so in die Lösung des Problems einzuspannen, daß sie schließlich den Eindruck haben, eigentlich doch selbst die Macher zu sein. Wie Anna. »Mit zweieinhalb wollte sie unbedingt ihren Schneeanzug allein anziehen«, erzählt ihre Mutter, »nur stellte sie es vollkommen verkehrt an. Sie versuchte, sich auf einem Bein zu halten – so wie ihre große Schwester – und das andere in die Hose zu stecken. Jedesmal fiel sie polternd auf den Po und brüllte vor Wut. Ich hab sie schließlich dazu gebracht, es mit meiner Methode zu versuchen: Dabei lag das Ding auf dem Boden, und sie konnte sich gefahrlos reinwurschteln. Dieses Strahlen, als sie es endlich geschafft hatte!« Oder der zehnjährige Hansi: »Er gewann bei einer Tombola ein ganz kompliziertes Modellflugzeug, mit zig Einzelteilen und einem verwirrenden Bauplan«, berichtet sein Vater. »Trotz größter Mühen kam er damit allein nicht klar. Ich habe ihm geholfen, aber nur mit Tips und Erklärungen und ein paar besonders kniffligen Handgriffen. Im Prinzip hat er es selbst gebaut, und jetzt ist er extra stolz, weil es so schwierig war.« Solche Art von Beistand oder Hilfe zur Selbsthilfe bestärkt die Kinder in der Zuversicht, irgendwann auch ganz allein mit heiklen Situationen fertigzuwerden.

Die meisten Eltern – vor allem aber die Mütter! – kennen sie nur zu gut, diese Schreckensvisionen, in denen man die Kinder aus dem Fenster stürzen sieht, vor ein Auto rennen, mit dem Schlitten gegen einen Baum rasen oder von einem Kidnapper geschnappt werden. Die Sorge, daß so etwas tatsächlich passieren könnte und der dringende Wunsch, alles Schlimme von ihnen fernzuhalten, bringt manche dazu, die Freiräume ihrer Kinder möglichst einzuschränken. Nur bedeutet überängstliche Abschirmung in Wahrheit keinen wirksamen Schutz – schließlich können sie nicht immer und überall zur Stelle sein und »sichern« –, sondern ein schwerwiegendes Hindernis für die Entwicklung der Kinder.

Toben, klettern, rangeln und erkunden – Kinder müssen Erfahrungen machen, auch schmerzliche, damit sie ihre Fähigkeiten richtig einzuschätzen lernen und Situationen und anderen Menschen nicht hilflos ausgeliefert sind. Sicherheit gewinnen sie nicht dadurch, daß alle Gefahren von ihnen ferngehalten werden, sondern durch die selbsterworbene Gewißheit, auch Schwierigkeiten in den Griff zu bekommen. Einige wehren sich gegen zu enge Grenzen mit Widerspruch – »Ich kann das doch längst allein!« – oder mit Trotz und Aggressionen. Aber öfter noch übertragen allzu besorgte Eltern ihre Furcht auf die Kinder und nehmen ihnen von vornherein den Mut, sich auf irgendein Wagnis einzulassen und ihre Kräfte überhaupt auszuloten. Darum ist es so wichtig, daß überängstliche Väter und Mütter zumindest versuchen, über ihren Schatten zu springen.

Je öfter Kinder Gelegenheit zum Selbsterfahren und Trainieren haben, desto leichter bewältigen sie die nächste Hürde. Durch vorsichtige Experimente und sanfte Steuerung können die Eltern schon einiges dafür tun, daß die ersten Schritte auf neues Terrain nicht gleich zum Mißgeschick werden: schneiden vielleicht zuerst mit einem stumpfen Messer, Zerbrechliches tragen anfangs mit derben Tellern, allein losgehen und wiederkommen erst mal nur über den Flur zur Nachbarin, auf einen Baum klettern zunächst in Vaters Fußstapfen. Über viele Gefahren kann man natürlich auch mit den Kindern reden. Und trotzdem – eine Garantie, daß alles gutgeht, wird es nie geben. Einen Vierjährigen allein zum Bäcker lassen? Eine Siebenjährige in der Stadt allein mit dem Fahrrad unterwegs? »Mir bebt oft das Herz bei ihren Unternehmungen«, gesteht eine Mutter, »aber nach allem Üben und Erklären kann ich irgendwann nur noch loslassen und darauf vertrauen, daß sie es schaffen.« Nichts unterstützt Kinder so sehr im sicheren Umgang mit sich und der Welt wie dieses Vertrauen – oft auch ein Stück Vorschußvertrauen, wenn sie sich über bisherige Grenzen hinauswagen.

Selbständigkeit ist nicht allein eine Sache des praktischen Handelns, sondern genauso eine Frage des Kopfes. Und da bedeutet sie die Fähigkeit, eigenständig zu denken, unabhängige Entscheidungen zu treffen, eine eigene Meinung zu haben, für seinen Willen einzutreten und für seinen eigenen Stil, Kritik zu üben und sich verantwortlich zu fühlen. – Ein bißchen viel im Hinblick auf Kinder, zweifellos. Sie sollen das alles ja auch noch nicht beherrschen, sondern sich nur in kleinen Schritten darauf zubewegen. Eltern können ihnen dabei am besten helfen, wenn sie ihre Sprößlinge von Anfang an als eigenständige Wesen betrachten und auch entsprechend behandeln. So winzig sie auch sein mögen, haben Kinder doch bereits den Wunsch und das Recht, ernstgenommen zu werden (→Achtung, →Liebe), mitzumischen und nicht einfach »verwaltet« zu werden wie Puppen oder Gartenzwerge. Und sehr bald schon sind die Kleinen in ihren Willensäußerungen nicht mehr nur auf Schreien, Quengeln oder Zappeln angewiesen: Sie krähen »Nein-nein«, wenn ihnen etwas nicht paßt und versuchen sich notfalls mit Wutausbrüchen durchzusetzen, denken nicht daran, einen Fremden auf Kommando anzulächeln, holen sich, was ihnen interessant erscheint... Natürlich kann nicht alles nach ihrem Kopf gehen, besonders dann nicht, wenn es gefährlich wird (→Gehorsam und Ungehorsam). Aber neben den kritischen Zonen gibt es genügend Spielraum, um von klein auf den eigenen Willen und die eigene Meinung zu erproben. Warum soll ein Zweijähriges nicht selbst bestimmen, ob es mit Bauklötzen oder mit Playmobilmännchen spielt? Nicht selbst entscheiden, ob es sich mit Nina von nebenan oder mit Jan von schräg gegenüber trifft? Weshalb soll ein Dreijähriger es nicht ablehnen dürfen, neben Onkel Hugo zu sitzen, der immer so nach Zigarren riecht? Warum soll eine Vierjährige sich nicht weigern dürfen, im Rüschenkleidchen auf den Spielplatz zu gehen, wenn sie viel lieber in Jeans herumtoben würde? Und wieso sollen kleine und größere Kinder nicht mitreden dürfen, wenn entschieden wird, wohin der Sonntagsausflug oder die nächste Ferienreise geht?

Obwohl sie es vielleicht gar nicht vorhaben, drücken viele Eltern ihrem Nachwuchs doch immer wieder ihre eigenen Vorstellungen auf. »Willst du nicht lieber diese Knuddelpuppe nehmen als die gräßliche Barbie?« heißt es im Spielzeugladen. »Weshalb ziehst du nicht mal den schönen blauen Pullover an, anstatt immer nur den ausgeleierten grauen?« »Mußt du dich denn dauernd mit Tina treffen? Franzi ist doch viel netter!« Manchmal steckt hinter solcher Einmischung der elterliche Anspruch, alles unter Kontrolle zu haben, öfter aber wohl der Wunsch, die Kinder zu fördern. Auf deren Entscheidungsfähigkeit wirkt sich das allerdings nur negativ aus. Ständiges Dreinreden irritiert sie, untergräbt ihren Mut zu eigenen Standpunkten und nimmt ihnen das Zutrauen in die Richtigkeit ihrer Beschlüsse. Je weniger innere Sicherheit sie aber haben, desto leichter lassen sie sich von dem beeinflussen, was »alle« tun oder denken, oder was jemand ihnen einredet – vielleicht sogar, daß es »cool« ist, im Kaufhaus auf Klautour zu gehen.

Situationen richtig einzuschätzen ist gar nicht so einfach, und deshalb passiert es immer wieder, daß Kinder Entscheidungen treffen, die alles andere als vernünftig sind. Zum Beispiel Jörg, 7: Obwohl es junge Hunde regnet, will er ums Verrecken keine Gummistiefel anziehen, sondern in Sandalen zur Schule marschieren. Oder Frauke, 10: Ihr gesamtes Taschengeld hat sie auf einen Schlag in Comics angelegt und darbt nun miesepetrig bis zur nächsten »Auszahlung« vor sich hin. Die Folgen solcher Beschlüsse sind für die Eltern oft vorhersehbar – Jörgs dicker Schnupfen etwa – , und mit einem Machtwort könnten sie sie wahrscheinlich verhüten. Aber viel nachhaltiger als langwierige Erklärungen bringen eigene Erfahrungen der Kindern bei, wie sinnvoll es ist, erst einmal gründlich zu überlegen, bevor man sich entscheidet. Sie brauchen die Chance, Fehler zu machen. Was sie aber nicht brauchen, sind Schimpftiraden oder höhnische Kommentare nach einer Pleite: »Das hast du nun von deinem Dickschädel! Wer nicht hören will, muß fühlen!« Harte Worte und Demütigungen helfen ihnen nicht weiter. Nützlicher ist der Versuch, einen Fehlschlag so mit ihnen zu besprechen, daß sie fürs nächste Mal etwas daraus lernen und sich nicht einfach nur dumm und untüchtig fühlen müssen. Jörgs Mutter zum Beispiel schlägt ihm vor, wenn es wieder regnet, rauszugehen und die Lage zu überprüfen. »Du merkst ja schnell, ob der Regen sehr kalt ist und ob es tiefe Pfützen gibt. Danach kannst du dich dann richten.« Fraukes Vater stellt mit seiner Tochter einen Taschengeldplan auf, damit sie ausrechnen kann, was sie für die geliebten Comics ausgeben darf, ohne danach völlig auf dem Trockenen zu sitzen.

Irgendwann im Alter zwischen 10 und 14 Jahren nimmt der Drang nach Selbständigkeit eine ganz neue Dimension an. Mit dem Start der Pubertät wird das Bedürfnis, auf eigenen Beinen zu stehen, für die meisten Kinder zum wichtigsten Antrieb für ihr Tun und Denken. In vielem ähnelt dieses Streben den allerersten Unabhängigkeitskämpfen mit zwei und drei. Aber während die Kleinen das »Nein« und den Trotz gebrauchen, um ihr Ich zu entdecken und zu festigen, geht es jetzt darum, sich endgültig von den Eltern abzunabeln.

Das beginnt damit, daß die Kinder kaum noch Lust zu gemeinsamen Familienunternehmungen haben und sich statt dessen lieber in ihr Zimmer verkriechen oder mit Freunden verabreden. Manche kapseln sich völlig ab, verbringen immer mehr Zeit außer Haus mit Leuten, die die Eltern nicht kennen, und betrachten jede Frage nach »wo?« und »mit wem?« als ungeheure Einmischung. Viele würden schon mit 13 am liebsten allein verreisen, und immer öfter wollen sie abends auf Achse gehen. Es hagelt wütenden Protest, wenn Vater und Mutter mit Verboten kommen, Grenzen setzen (→Gehorsam und Ungehorsam) oder Einwände erheben. »Bildet euch bloß nicht ein, daß ich mich weiter gängeln lasse! Ich mache, was ich will!«

Mit harten Bandagen wird nicht nur um jedes Stückchen äußere Freiheit gekämpft. Auch innerlich wollen die Youngsters die elterliche Vorherrschaft abschütteln und rebellieren gegen den leisesten Hauch von Kritik oder Bevormundung mit treffsicheren Beleidigungen und verletzender Zurückweisung. Ob durch Outfit und Rastamähnen, motzige Sprüche, spezielle Musik oder die Ausstaffierung ihrer Zimmer (→Ordnung) – mit allen Mitteln bemühen sie sich, Abstand zu den Vorstellungen der Eltern zu schaffen. Gezielt setzen sie dabei ihre frischgewonnenen intellektuellen Möglichkeiten (→Gerechtigkeit) ein. »Plötzlich war nichts mehr in Ordnung, was vorher galt«, erinnert sich eine Mutter. »Clemens zerpflückte gnadenlos unseren Lebensstil und unsere Ansichten. Mit hanebüchenen Standpunkten versuchte er, uns zu provozieren und in Diskussionen auszuhebeln. Man merkte genau, wie genußvoll er seine neue geistige Beweglichkeit an uns erprobte.«

Längst nicht alle Familien erleben die Pubertät der Kinder als eine einzige Krach- und Katastrophenphase. Laut neueren Untersuchungen schätzen die meisten Jugendlichen auch in dieser sogenannten »Krisenzeit« ihre Eltern sehr wohl als Freunde und Ratgeber. Und dennoch – ganz ohne Konflikte und Auseinandersetzungen geht es nie ab. Das ist zwar schmerzlich für alle Beteiligten, hat aber eine wichtige Funktion, denn anders wäre die Ablösung kaum möglich. Kinder brauchen kritische Distanz zu den Eltern, um herausfinden zu können, wie und wer sie selbst sein wollen. Ein langer, schwieriger Weg vom Behütetsein der Kinderzeit zum sicheren Stand auf eigenen Beinen. Auch wenn sie die Weichen vielleicht von klein auf schon in diese Richtung gestellt haben, können Eltern gerade jetzt noch einmal kräftig nachhelfen:

- **Eigenverantwortung zubilligen.** Wieviel davon und zu welchem Zeitpunkt ist allerdings eine der schwierigsten Fragen dieser Etappe. Kann man eine Vierzehnjährige auf eine nächtliche Riesenfete gehen lassen? Ist ein Sechzehnjähriger schon so weit, um mit dem Roller nach Italien zu fahren? Faustregeln – mit 13 dies, mit 15 das – gibt es nicht. Als Richtschnur bleibt nur die individuelle Verläßlichkeit des Kindes und das Ausmaß der eigenen Befürchtungen. Wie schon die Kleinen, behindert übertriebene Sorge auch die Größeren in ihrer Entfaltung, macht sie unsicher bei jedem eigenen Schritt. Trotzdem müssen Väter und Mütter ihre Ängste nicht herunterwürgen. Die Kinder sind jetzt alt genug, um die Gefühle ihrer Eltern nachempfinden oder zumindest respektieren zu können. Am besten ist es deshalb, unverblümt mit ihnen darüber zu sprechen und, statt sich hinter rigorosen Verboten und Einschränkungen zu verschanzen, nach Kompromißlösungen zu suchen. Wichtigste Zutat ist auch hier wieder das Vertrauen. Mehr als alle Warnungen und Vorschriften motiviert es die Youngsters, sich vernünftig zu verhalten – selbst wenn es vielleicht nicht jedesmal klappt.

- **Hilfestellung.** Obwohl die Heranwachsenden es schrecklich finden, wenn die Eltern sie ständig besorgt umkreisen, brauchen die meisten doch das Gefühl, sich im Notfall auf sie verlassen zu können. »Manchmal unternehmen sie ja etwas, das ihnen selbst im Innersten genausowenig geheuer ist wie mir«, so eine Mutter. »Wir haben vereinbart, daß sie mich immer, auch spät nachts, anrufen können, wenn sie in eine Zwickmühle geraten. Ohne Angst vor Vorwürfen oder unangenehmen Konsequenzen. Das macht sie sicherer und ist Balsam für meine Nerven.«

- **Gelassenheit.** Moden, Ticks und Trends als das akzeptieren, was sie sind: Testläufe auf der Suche nach einem eigenen Stil. Wenn die Jugendlichen nicht einfach nur Abziehbilder ihrer Eltern sein wollen, müssen sie herumexperimentieren dürfen. Ob mit giftgrünen Haaren und zwanzig Stickern in den Ohren oder – wie die Kinder der Hippiegeneration – mit überkorrekten Frisürchen und City-Anzügen. Und genauso werden Sprachmuster, Gebärden und Musikrichtungen ausprobiert. Nur auf diese Weise können sie entdecken, was zu ihnen paßt.

- **Zuhören und ernst nehmen.** Auch gedanklich müssen die Jugendlichen Experimente anstellen dürfen, um zu eigenen, unabhängigen Überzeugungen zu kommen. Eltern, die es zulassen, daß ihre Kinder ihre Meinung äußern – auch, falls sie selbst eine ganz andere vertreten –, daß sie ihre Beschlüsse verteidigen und ihre Standpunkte ändern, helfen ihnen dabei ganz entscheidend. Und diese Freiheit zu Hause ist die beste Voraussetzung dafür, auch woanders und, wenn es sein muß, gegen eine Mehrheit für die eigenen Ansichten eintreten zu können.

- **Verantwortung übertragen.** In diesem Alter verwechseln viele Selbständigsein mit Tun-und-lassen-können-was-man-will. Es ist zuallererst Sache der Eltern, ihnen zu vermitteln, daß Erwachsenwerden nicht nur größere Freiräume mit sich bringt, sondern auch mehr Verantwortung. Am besten fangen sie damit zu Hause an und geben ihren Kindern bestimmte Pflichten. Über das »Was« und »Wieviel« läßt sich verhandeln (→ Hilfsbereitschaft).

- **Offenheit für Veränderungen.** Die Jugendlichen bleiben zwar noch eine Weile auf den elterlichen Beistand angewiesen, aber in ganz anderer Form als während ihrer Kinderzeit. Vater und Mutter sind jetzt nicht mehr als starke, unfehlbare Größen gefragt, sondern als freundschaftliche Begleiter, die auch mal ihren eigenen Standpunkt aufgeben und sich vom Nachwuchs überzeugen lassen, und mit denen man wie unter Erwachsenen Konflikte gleichrangig aushandeln kann.

Der Trend zur Selbständigkeit liegt zwar in allen Menschen, und trotzdem gibt es Kinder – kleine und große –, die überhaupt keine Motivation zeigen, auf die eigenen Beine zu kommen. Wie Peter, drei Jahre alt, der es nicht schafft, auch nur eine Stunde irgendwo ohne seine Mutter zu bleiben. Oder Julia, 7, die plötzlich wieder an der Hand zur Schule begleitet werden möchte, nachdem sie schon fast ein Jahr allein ging. Oder Kerstin, die mit 14 und schon lange in der Pubertät noch immer das auf Mami und Papi fixierte Kleinchen ist. Was dann? Nicht drängen, meinen Experten, nicht zwingen – auch nicht hintenrum, unter Lob versteckt: »Jetzt mach mal! Das kriegst du doch hin, so groß wie du bist!«

Manche Kinder sind einfach von Natur aus langsamer, bedächtiger, weniger kühn. Am besten hilft es diesen Zögerlichen, wenn man ihnen Zeit läßt und ihnen das Gefühl vermittelt, in Ordnung zu sein, so wie sie sind. Durch diese Sicherheit finden sie dann doch irgendwann den Mut, allein loszumarschieren. Und nur keine Panik! Daß ein Knirps nicht gleich als toller Hecht auftritt, bedeutet keineswegs, daß er sein Leben später nicht meistern wird.

Die allermeisten Kinder legen während ihrer Entwicklung immer wieder Verschnaufpausen ein. Manchmal gehen sie auch einen Schritt zurück und geben sich für eine Weile hilfloser, als sie sind. Dahinter steckt fast immer das Bedürfnis, einfach noch einmal eine Extraportion Liebe und Zuwendung zu tanken, um sich weiter ans Größerwerden zu trauen. Geduld und Humor bringen in solchen Situationen mehr als strenges Durchgreifen. Mutter und Vater können also ruhig mitmachen beim »Baby-Spielen«. Nicht allzu ernst allerdings, falls sie ihr Kind nicht wirklich kleinhalten, sondern ihm nur beim Kraftschöpfen beistehen wollen.

So großklotzig sie auftreten, so unzulänglich und hilflos fühlen sich die Kids oft während der Pubertät. Es ist gar nicht einfach, das sichere Terrain der Kindheit zu verlassen und sich neuen Lebensräumen, Gedanken und Empfindungen zu stellen, ohne den gewohnten Halt an den Eltern. Das Erwachsenwerden lockt nicht nur, es macht Kindern auch Angst. Sei es, weil sie von Haus aus zu den Zaghaften gehören, Ängste der Eltern übernommen haben oder besonders harte und schwierige Erwachsenleben beobachten – bei einigen Jugendlichen überwiegt die Angst so stark, daß sie den Schritt in die Unabhängigkeit gar nicht erst versuchen. Vielleicht erscheint es Eltern ja ganz angenehm, so etwas Zahmes, Liebes um sich zu haben, während in anderen Familien die Fetzen fliegen. Aber der Preis ist hoch: Häufig bleiben diese Töchter und Söhne lebenslang in kindlicher Hörigkeit an die Eltern gebunden, auch wenn es ihnen möglicherweise gelingt, äußerlich ein eigenes

Leben aufzubauen. Damit sie sich aus der sicheren Schutzzone wagen, brauchen die Ängstlichen viel Ermutigung und Unterstützung für ihr →Selbstvertrauen. Vor allem aber Eltern, die nicht länger alles für sie erledigen und entscheiden, sondern sie motivieren, ihre Angelegenheiten selbst zu regeln – freundlich und bestimmt. Je weniger Mütter und Väter sich hinreißen lassen, ihre Vierzehn- oder Fünfzehnjährigen noch als hilflose Küken zu behandeln, je mehr Zuversicht sie ausstrahlen, daß die Kinder es schon packen werden, desto besser gelingt auch den Zauderern der Sprung aus dem Nest.

Selbständigkeit contra Rücksicht

Jennys Eltern müssen für ein paar Tage verreisen. Sie wissen zwar, daß sie der Zwölfjährigen vertrauen können und daß sie sehr selbständig ist, aber mit Kochen und Einkaufen, Hund und Blumen könnte sie vielleicht doch überfordert sein. Deshalb bitten sie eine Freundin der Großmutter, Jenny während ihrer Abwesenheit zu betreuen. Die alte Dame hat selbst nie Kinder gehabt und wittert überall Gefahren. An einem heißen Nachmittag möchte Jenny sich mit Freundinnen im Schwimmbad treffen und wie gewohnt mit dem Rad quer durch die Stadt dorthin fahren. Großmutters Freundin gerät jedoch in helle Aufregung, als sie von dem Plan hört. Was kann da nicht alles passieren! Und sie hat die Verantwortung! Jenny erzählt ihr zwar, daß sie die Tour schon oft gemacht hat, aber das ändert nichts an den Sorgen der alten Dame. »Fahr doch mit dem Bus, Kind«, bittet sie immer wieder, »dann wäre mir so viel leichter ums Herz.« Eigentlich findet Jenny die Ängste ziemlich lächerlich, und die Rolle des Kleinchens behagt ihr überhaupt nicht. Aber als sie sieht, wie sehr die Familienfreundin von Befürchtungen geplagt wird, beschließt sie, auf die Demonstration ihrer Selbständigkeit zu verzichten und aus Rücksicht eben mit dem Bus zu fahren.

Selbstvertrauen

»Wenn es einen Glauben gibt, der Berge versetzen kann, so ist es der Glaube an die eigene Kraft.«

Marie von Ebner-Eschenbach

Manchmal trifft man auf solche Leute: weder mit Schönheit gesegnet noch mit Reichtum, nicht besonders intelligent und auch nicht besonders kreativ, aber ein fröhliches Lied auf den Lippen – offensichtlich mit sich und der Welt vollkommen im reinen. Was sie ausstrahlen, so ein rundes, stabiles Selbstvertrauen, ist mit das Beste, das Eltern ihren Kindern für die Zukunft wünschen können. Das Bewußtsein »ich bin richtig«, »ich habe mich und mein Leben im Griff«, gehört zu den wichtigsten Voraussetzungen für Glück und Zufriedenheit: Es bewahrt davor, neidisch auf das zu schielen, was andere sind und haben; sich aufzublähen aus Angst, sonst nichts zu gelten; andere niederzumachen, um selbst umso größer zu erscheinen; mit Ellenbogen und Fäusten für die eigenen Interessen zu kämpfen aus Unsicherheit, anders nicht durchzukommen; von Niederlagen und Tiefschlägen, die niemandem erspart bleiben, völlig zerschmettert zu werden in dem Glauben, nur fehlerfrei bestehen zu können… Fachleute sind außerdem der Ansicht, daß starkes Selbstvertrauen positiven Einfluß auf das Lernen und die sozialen Kontakte von Kindern hat.

Das klingt alles sehr verlockend. Bloß – wie kann man den Sprößlingen dazu verhelfen? Zuerst einmal mit einem dicken Sack voll Liebe. Wenn Vater und Mutter ihr Kind vorbehaltlos annehmen, wenn sie ihm durch ihre Zärtlichkeit und Zuwendung zeigen, wieviel es ihnen bedeutet, spürt auch schon ein winziger Mensch: ich bin wer, und so, wie ich bin, bin ich in Ordnung (→Achtung, →Liebe). Dieses keimende Selbstvertrauen ist allerdings ein empfindliches Pflänzchen, das viel Schutz und Pflege braucht, um stark und tragfähig zu werden. Schutz und Pflege durch die Eltern, denn ohne ihren Rückhalt, ohne ihre beständige Ermutigung kann kein Kind Sicherheit in sich selbst entwickeln.

Vertrauen zu sich selbst wird aus verschiedenen Quellen gespeist: aus der Gewißheit, seine Fähigkeiten und Handlungen kontrollieren zu können, aus einer positiven Einstellung gegenüber dem eigenen Körper, aus der Fähigkeit, mit Schwächen und Kritik umzugehen, aus der Überzeugung, mit seinem Willen und seiner Meinung Einfluß zu haben. Und in allen diesen Punkten sind Kinder auf den Beistand ihrer Eltern angewiesen.

»Hör auf damit!« »Laß die Finger davon!« »Was stellst du denn da wieder an?!« heißt es nur allzu oft, sobald ein Knirps auf Expedition in seinem Umfeld geht, hantieren und untersuchen, kraxeln und springen will (→ Selbständigkeit). Dauerndes Tadeln, Mahnen und ängstliches Überwachen bremst aber nicht nur den momentanen Tatendrang, es pflanzt dem Kind vor allem die Überzeugung ein, daß es zu nichts taugt, tölpelhaft und dumm ist. Und das Gefühl »Ich mache ja sowieso alles falsch« führt häufig dazu, daß es aus Unsicherheit nur noch ungeschickter wird oder vor lauter Angst schon gleich gar nichts mehr wagt. Vertrauen in ihre Fähigkeiten können Kinder nur gewinnen, wenn die Eltern ihnen Vertrauen zeigen und Mut machen zum Erproben ihrer Kräfte. Die nicht »Hände weg!« schreien, wenn ein kleines Kerlchen ein wertvolles Glas tragen will, sondern ihm erklären, daß es vorsichtig damit umgehen muß. Die ihm nicht mit ihrem »Das kannst du noch nicht« den Wind aus den Segeln nehmen, wenn es ein Haus aus Klötzchen bauen will, sondern ihm raten: »Versuch's doch erst mal mit den dicken Steinen.« Vielleicht geht das Glas trotzdem zu Bruch, aber das ist weniger schlimm, als ein durch ständige Kritik und Skepsis kleingehaltenes Selbstvertrauen. Kinder müssen auch Fehler machen dürfen, um herausfinden zu können, was in ihren Kräften steht und wo sie auf ihre Grenzen stoßen. Und von ihrem wachsenden Glauben an die eigenen Fähigkeiten profitieren schließlich auch die zerbrechlichen Familienschätze.

Beim Opa anrufen, ein Geburtstagsbild malen, ein eigenes Blumenbeet anlegen, sogar die wenig beliebten häuslichen Pflichten – selbst etwas zustande zu bringen, etwas, das auch die Großen nützlich und gelungen finden, bedeutet unendlich viel für das Selbstvertrauen der Kinder. Weil es ihnen die Gewißheit gibt, daß sie etwas ausrichten können in der Welt. »Kurz vor Weihnachten kam Oliver mit einem selbstgebastelten Strohstern aus dem Kindergarten an«, erzählt eine Mutter. »Eigentlich ein ziemlich fürchterliches Ding, schief und dick mit Uhu vollgeschmiert. Aber Olli platzte fast vor Stolz auf sein Kunstwerk. ›Wie findest du den?‹ krähte er begeistert. Er ist nicht gerade geschickt mit seinen Wurstfingerchen, und ich konnte mir vorstellen, wie heftig er an dem Stern gearbeitet hatte. ›Er gefällt mir‹, sagte ich deshalb, ›ich glaube, wir hängen ihn über die Krippe‹. Das ist der Ehrenplatz für unseren schönsten Baumschmuck. Und da hing der Stern dann, und der Uhu glänzte mit Ollis Augen um die Wette.« Es geht gar nicht um makellose Perfektion, und man muß die Kinder auch nicht mit übertriebenen Lobeshymnen eindecken, aus denen sie schnell die falschen Töne heraushören. Es reicht vollkommen, ihre Mühe anzuerkennen und ihnen zu vermitteln: ihr seid beide in Ordnung, dein »Werk« und damit auch du.

Kleine gesunde Kinder haben gewöhnlich wenig Interesse an ihrem Aussehen. Der Körper bildet für sie die ganz selbstverständliche Basis ihres Fühlens und Handelns. Ob er dick ist oder dünn, mit Locken obendrauf oder Ponyfransen, mit Stupsnase, Segelohren oder Sommersprossen ausgestattet, spielt dabei kaum eine Rolle. Aber manchmal kommen andere daher – lange bevor die Kleinen ihr Äußeres kritisch betrachten – und stören dieses natürliche Einssein mit sich selbst. Der rundliche fünfjährige Tommi zum Beispiel wird von einem größeren Jungen aus der Nachbarschaft dauernd »Specksack« genannt. Schon ein paar Mal rannte er deswegen heulend nach Hause. »Ich habe ihm gesagt, er soll einfach nicht hinhören«, berichtet Tommis Mutter. »Aber das ist vielleicht ein bißchen viel verlangt bei so einem kleinen Burschen. Darum versuche ich ihm ganz deutlich zu zeigen, daß wir ihn mögen, genauso wie er ist. Auf seine Rundlichkeit gehe ich gar nicht groß ein, sondern erwähne lieber sein Talent als Torwart oder seinen Verstand für Lego-Technik. Ich glaube fast, die Kur schlägt an. Vor ein paar Tagen jedenfalls hörte ich, wie er dem Specksack-Rufer rausgab: ›Hau doch ab, du blöder Quatschkopf!‹ – ohne Tränen.«
Die Eltern sind die wichtigste Basis und Bestätigung für das Selbstvertrauen der Kinder, sie können Kratzer und Einbrüche am ehesten ausgleichen. Umso schlimmer, wenn ausgerechnet sie ihr Kind in seiner Eigenart verunsichern. Häufig bestimmt ohne böse Absicht: »Was machen wir nur mit deinen dünnen Härchen?« murmelt die Mutter, während sie mit den Strähnen ihrer Tochter kämpft. »Bei den Segelohren sieht ein Cap unmöglich aus!« kom-

mentiert der Vater den Aufzug seines Sohnes. Natürlich wird nicht jede Bemerkung dieser Sorte ein Kind gleich bis in die Grundfesten erschüttern. Aber wiederholte Mäkeleien über O-Beine, Hängeschultern oder Knubbelnasen machen ihm unzweideutig klar, daß es den Anforderungen nicht genügt – oft der Ausgangspunkt für lebenslange Komplexe.

Runde können vielleicht ab- und Dünne zunehmen. Es gibt jedoch alle möglichen«Mängel», gegen die sich gar nichts tun läßt, mit denen man einfach leben muß. Wenn aber schon, dann doch bitte lieber zufrieden als von Hemmungen bedrängt. Damit das gelingen kann, sollten Eltern zuallererst versuchen, ihre Ansprüche zurückzuschrauben, keinen Idealmaßstab anzulegen und ihr Kind so anzunehmen, wie es ist. Und die Gewichte verlagern: Jeder Mensch hat auch Vorzüge, auf die zu setzen sich lohnt – lange Wimpern, ein dickes Grübchen oder Pfirsichhaut. Je weniger Aufhebens Mutter, Vater und der Rest der Familie von den Schwachstellen eines Kindes machen und statt dessen – wie Tommis Mutter – seine Stärken hervorheben, desto mehr festigt sich in ihm das Vertrauen, auf seine Art richtig zu sein. Diese Sicherheit verhilft übrigens nicht wenigen Menschen zu einer Ausstrahlung, neben der alle Mankos verblassen, und die sie viel anziehender macht als keimfreie Schönheit. Die beste Voraussetzung also, um trotz aller Unvollkommenheit munter durchs Leben zu spazieren.

Auch in ihrem Verhalten sind Kinder nur allzu oft meilenweit von jeder Vollkommenheit entfernt: schon wieder eine Riesenkeilerei mit dem Bruder, zu faul zum Einkaufen gewesen, die ganze Küche mit Kirschsaft bekleckert, zum dritten Mal das Fahrrad »weiß nicht wo« stehen gelassen, die nagelneuen Schuhe gleich voll Teer… Klar, daß den meisten Eltern irgendwann der Kragen platzt. Verständlich, daß sie ihrem Ärger Luft machen müssen. Aber nach der Devise, daß starke Worte starke Wirkung zeigen, setzen viele den Missetätern in einer Weise zu, die mehr Schaden bringt als Nutzen: »Du bist der schlimmste Schläger, der mir je untergekommen ist!« »Wer sich auf dich verläßt, der ist verlassen! Ich hätt's mir denken können!« »Was immer man dir gibt – es ist weg oder versaut!« Solche Schimpfkanonaden führen allenfalls dazu, daß sich die Eltern kurzfristig erleichtert fühlen, aber am Verhalten der Kinder ändern sie nichts. Im Gegenteil: impft man ihnen nachdrücklich genug ein, wie »böse«, »nichtsnutzig«, »unverbesserlich« sie sind, verinnerlichen sie solche Urteile, halten auch selbst nichts mehr von sich und geben leicht auf: »Wenn sie mich sowieso schon so schlimm finden, kann ich's ja auch bleiben.«

Um nicht ewig wieder die gleichen »Schandtaten« auszuhecken oder sich sonstwie danebenzubenehmen, brauchen Kinder Vertrauen in ihre Fähigkeit, es auch anders, besser machen zu können und Mut für einen besseren Anlauf. Beides bringen sie nur auf, wenn man ihnen die Chance dazu läßt. Eltern haben natürlich das Recht, ihre Enttäuschung oder ihren Ärger auszudrücken. Aber sie müssen das nicht unbedingt auf eine Art tun, die den Kindern völlig den Boden unter den Füßen wegzieht. Der wichtigste Schritt in diese Richtung: zwar die Sache aufs Korn nehmen, jedoch nicht gleich die ganze Person abkanzeln. Zum Beispiel einem Kind, das man bei einer Unwahrheit ertappt hat, ganz klar sagen, daß man vom Schwindeln überhaupt nichts hält, aber es nicht sofort als »Lügner« titulieren (→Ehrlichkeit). Auch und gerade dann, wenn sie etwas angestellt haben, das schwerer wiegt – Kaufhausdiebstahl etwa oder eine gefälschte Unterschrift unter einer Sechs –, brauchen die »Missetäter« Eltern, die sie nicht als hoffnungslosen Fall abschreiben, sondern weiter Vertrauen in sie setzen. Stehen Vater und Mutter selbst in solchen Situationen zu ihnen, können die Kinder den Glauben an sich bewahren und finden am ehesten wieder aus dem Tief heraus.

Der Wunsch mitzureden, eine Rolle zu spielen in der Welt, ist ein menschliches Urbedürfnis. Das läßt sich schon an ganz kleinen Kindern beobachten. »Wir haben unser Töchterchen in den wunderschönen alten Familienbabykorb gelegt«, erzählt eine Mutter. »Wir waren ganz stolz auf das Prachtstück, aber Kathi knatschte darin unentwegt herum, sie schien nie zufrieden zu sein. Eines Tages kam mir die Idee, daß sie vielleicht nicht genug Ausblick hatte durch das Weidengeflecht. Ich habe sie dann in ein Gitterbettchen gepackt, in dem sie zwar ganz verloren wirkte, sich aber offensichtlich pudelwohl fühlte. Das Bettchen konnten wir überallhin mitrollen, mal stand es in der Küche, mal neben unserem Eßtisch, mal im Spielzimmer, und Kathi war begeistert. Sie beobachtete genau, was jeder von uns tat, gluckste und brabbelte zu unseren Gesprächen, und wenn sie genug hatte, schlief sie einfach ein.« Aber nicht allen Erwachsenen paßt dieses Bedürfnis ins Konzept. Manche sehen Babys am liebsten mit Schnuller oder Spieluhr ruhiggestellt und weggeräumt. Und erst recht wehren sie die Größeren ab, wenn sie dabeisein und auch was erzählen möchten oder immer wieder mit irgendwelchen Fragen ankommen: »Jetzt geh doch endlich spielen! Merkst du denn nicht, daß du störst?« heißt es dann. »Deine Kindergartengeschichte will doch hier keiner hören!« »Mußt du denn dauernd dazwischenplatzen?« Kindern, die von klein auf ständig ausgeblendet, abgeschaltet oder weggeschoben werden, prägt sich von Anfang an ein, daß ihre Meinung unwichtig ist, nichts gilt. Und dieses Gefühl der Ohnmacht und Bedeutungslosigkeit werden sie nur schwer wieder los. Räumen die Großen den Kleinen dagegen schon früh das Recht ein mitzureden, geben sie ihnen die allerbeste Starthilfe, um Vertrauen in eigene Überlegungen und Urteile entwickeln zu können. Sie mitreden lassen, muß keineswegs bedeuten, daß die Kinder nun zwangsläufig jedes Gespräch beherrschen oder sich als Alleinunterhalter betätigen. Je weniger sie gezwungen sind, sich mit Druck Gehör zu verschaffen, desto eher akzeptieren sie die Grundregel jedes normalen Gesprächs: einmal du, einmal ich.

Das Recht, überhaupt sagen zu können, was man denkt, reicht allein natürlich nicht aus, um Vertrauen in die eigenen Ansichten zu gewinnen. Dazu gehören vor allem Gesprächspartner, von denen man ernstgenommen wird. Für ein Kind sind das an erster Stelle Eltern, die ihm wirklich zuhören und nicht nur vorbeirauschen lassen, was es so »plappert«. Die auf seine Gedankengänge eingehen und auch eigentümliche Vorstellungen nicht einfach mit einem »Was hast du dir denn da wieder ausgedacht?« oder »Wie kommst du nur auf so eine dumme Idee?« abtun. Die am Familientisch nicht ständig über seinen Kopf weg reden – im wörtlichen Sinn, aber auch mit Themen, von denen ihr Sprößling keine Ahnung hat. Die sich ihm zuwenden und nach seinen Gedanken und Gefühlen fragen. Die ihm – wo es geht – Mitspracherecht zugestehen, bei Entscheidungen, von denen alle betroffen sind oder bei kleinen Fragen des Alltags wie: Viel oder wenig Gemüse? Jeans oder Rock? Hausaufgaben jetzt oder später? (→Selbständigkeit). Die Geduld haben, das Kind ausreden lassen, auch wenn es vielleicht umständlich erzählt und eine Weile braucht, ehe es »zu

Potte« kommt. Und die augenzwinkerndes Verständnis zeigen, wenn es seine Berichte hin und wieder mit einem Schuß Dramatik aufpeppt, weil man dadurch noch etwas interessanter erscheint als man sowieso schon ist (→Ehrlichkeit). Nur in so einer offenen, vertrauensvollen und ernsthaften Wechselbeziehung kann ein Kind die Sicherheit im Umgang mit den eigenen Standpunkten entfalten, die es auch später nötig hat, um nicht jedem Rattenfänger zum Opfer zu fallen oder wie ein Fähnchen im gerade herrschenden Wind zu flattern.

Die Schule bedeutet für das Selbstvertrauen vieler Kinder einen schmerzhaften Härtetest. Unter dem Motto: »Die Konkurrenz schläft nicht!« setzen ihre Eltern zur Jagd auf gute Noten an. Und wehe, der Nachwuchs spurt nicht so wie erwartet! Hansi zum Beispiel: Sein erstes Diktat hat er in Spiegelschrift geschrieben. Vor lauter Verwirrung, weil die Lehrerin es freistellte, in Schreib- oder Druckschrift zu schreiben, ist er bei einer dritten Variante gelandet. »Wie kann man nur so verrückt sein!« empört sich seine Mutter »Was hast du dir bloß dabei gedacht?« Oder Tamy: Mutter hat mit ihr gepaukt, Vater hat mit ihr gepaukt, dazu jede Menge sündteure Nachhilfestunden – und schon wieder eine Fünf in Englisch. »Es wäre ja auch ein Wunder gewesen!« fetzt es ihr um die Ohren. »Du hast eben nur Stroh im Kopf!«

Natürlich reagieren Eltern mit solchen Sätzen ihren Frust ab, aber viele glauben auch, daß es die Kinder anspornt, wenn man ihnen ordentlich Dampf unterm Stuhl macht. Mit Kritik und Demütigungen, nach überlieferter Manier. »Den ›Dummkopf‹ wird er doch nicht auf sich sitzen lassen!« Nur erreichen sie damit sehr häufig das glatte Gegenteil von dem, was sie erhoffen: Genau wie die zum »Dieb« oder »Schläger« erklärten Missetäter übernehmen auch die sogenannten »Nieten« und »Versager« oft das Urteil ihrer Umgebung und trauen sich selbst nichts mehr zu. Sie sacken noch weiter ab oder lassen komplett die Flügel hängen. Warum sich Mühe geben, es bringt ja doch nichts.

Schwierigkeiten kann man aber nur meistern, wenn man fest daran glaubt, daß das möglich ist. Die entgegengesetzte Methode wäre deshalb viel sinnvoller: Die Kinder gerade in Zeiten der Niederlagen im Vertrauen auf ihre Fähigkeiten unterstützen, mit eigenem Optimismus und positivem Zuspruch: »Du schaffst die näch-

ste Englischarbeit, wenn du willst. Du wirst sehen.« Ihnen die
beliebten entmutigenden Vergleiche à la: »Die Marit kann das
doch auch, wieso denn du nicht?« ersparen. Ihre Stärken betonen
und nicht – wie üblich – alle Erfolge als »normal« betrachten,
während Mißerfolge ständig aufgespießt werden. Auch kleine
Fortschritte anerkennen. Es macht einen Riesenunterschied, ob
man auf ein Diktat mit 13 Fehlern kritisch reagiert: »Schon wieder
alles rot, wie fürchterlich!« oder ermutigend: »Immerhin! Das
letzte Mal waren es noch 20. Siehst du, es geht aufwärts!«

Neben den zeitweiligen Durchhängern gibt es aber auch Kinder,
die durch das Raster der gängigen Schulen fallen. Vielleicht sind sie
tolle Sportler, Sänger oder Maler, vielleicht haben sie besondere
soziale Begabungen – das alles zählt jedoch nicht, wenn sich trotz
Anstrengung und guten Willens die Fünfer auf jedem Zeugnis bal-
len. Es kann die schlechten Noten nicht wettmachen. Manchmal
aus Ehrgeiz, aber meistens sicher aus Sorge, daß sie den Anforderungen der Leistungsgesellschaft später nicht gerecht werden
könnten, versuchen viele Eltern, auch diesen Sprößlingen mit allen
Mitteln gute Zensuren abzupressen. Mit einem Druck, der den
Kindern unmißverständlich beibringt, daß sie den Erwartungen
von Vater und Mutter genausowenig genügen wie denen der Schule. Und die Überzeugung, vollkommen unfähig zu sein, allen
anderen unterlegen, führt oft zu einem Minderwertigkeitskom-
plex, der ihnen für ihr ganzes Leben den Mut nimmt, sich irgendwelchen Aufgaben zu stellen.

Das Wichtigste, was Eltern tun können, um solchen Kindern zu
helfen, ist, ihr Selbstvertrauen vor dem totalen Zusammenbruch
behüten:

- Zuerst einmal einen Schritt zurücktreten und sich selbst und
  dem Nachwuchs klarmachen, daß die Schule zwar einen großen
  Teil dessen abdeckt, was Kinder wissen und können sollten,
  aber längst nicht alles. Es gibt eine breite Palette von handwerklichen, künstlerischen, wirtschaftlichen oder gesellschaftlichen
  Interessen und Möglichkeiten, die in der Schule überhaupt keine Rolle spielen, im »richtigen« Leben aber sehr wohl. Die
  schulischen Leistungen sind deshalb keineswegs der einzige und
  allgemeingültige Maßstab für die Fähigkeiten eines Menschen.
- Nicht alle außerschulischen Unternehmungen verbieten, damit
  sämtliche Energien aufs Büffeln konzentriert bleiben. Kinder

mit Lernschwierigkeiten finden gerade bei ihren Freizeitbe-
schäftigungen die besten Gelegenheiten, um ihr lädiertes Selbstvertrauen wieder aufzurichten. Erfolge, egal ob beim Fußball,
im Turnverein oder im Töpferkurs, geben vielen immer wieder
die nötige Kraft für die Schlacht mit Mathe und Deutsch und
wirken sich gar nicht selten sogar positiv auf die Noten aus.

- Die Kinder in ihren Interessen unterstützen und gemeinsam mit
ihnen nach Bereichen und Aktivitäten Ausschau halten, die
ihnen liegen und Spaß machen. Und mit ihnen zusammen her-
umspekulieren, was man aus diesem oder jenem später vielleicht
machen könnte – damit sie die unumgängliche Durststrecke
durch die Schule besser überstehen.

- Churchill, den viermaligen Sitzenbleiber, und ähnliche Leute
nicht unerwähnt lassen – auch nicht sich selbst, sofern man
früher ebenfalls zu den Schlußlichtern zählte!

Auch wenn es vorher vielleicht schon einigermaßen gefestigt war –
während der Pubertät gerät das Selbstvertrauen der allermeisten
Teenager kräftig ins Schwanken. Sie fühlen sich nicht mehr als
Kinder, aber auch lange noch nicht erwachsen und zu Hause in
ihrer neuen Rolle als Frau oder Mann.

Da ist zuerst einmal der sich wandelnde Körper, der sie irritiert:
Was ist von der neuen Nase zu halten? Oder den Riesenfüßen? Wo
läßt man so schlaksige Arme? Ist der Po nicht viel zu dick und der
Busen zu mickrig? Und diese Pickel!

Genauso verwirrend sind die neuen Gefühle: Das andere
Geschlecht erscheint plötzlich ungeheuer anziehend. Bloß – wie
zeigt man jemandem, daß man ihn mag? Wie auf anzügliche Blicke
reagieren? Auf Anmache oder Komplimente? Was ist okay und
was tabu? Fühlt sich so die Liebe an? Und wohin mit dem Kummer?

Der Intellekt macht den Kids nicht weniger zu schaffen: Groß-
spurige Thesen und kühne Zukunftsvisionen wechseln ab mit der
Sorge, den Erwartungen nicht gewachsen zu sein und für eigene
Entscheidungen vielleicht doch noch nicht stark genug.

Ihre stundenlangen Sessions im Bad, ihre Reizbarkeit, die Launen
und wüsten Ausfälle haben allesamt hauptsächlich einen Grund: die
völlige Verunsicherung in sich selbst. Wenn Eltern sich das immer
wieder vor Augen führen, gelingt es ihnen meistens leichter, auch

unter scharfem Beschuß die Fassung zu behalten, gelassen zu bleiben und den Kindern weiterhin Rückhalt zu geben. Zwar finden die Heranwachsenden einen großen Teil der Bestätigung, die sie für die Stabilisierung ihres Selbstvertrauens brauchen, bei Freunden oder in Cliquen, wo sie vorbehaltlos akzeptiert werden. Trotzdem sind sie aber immer noch abhängig von der Zustimmung und dem Beistand ihrer Eltern. »So ein empfindliches, verletzbares Hälmchen«, kommentiert ein Vater den Zustand seiner fünfzehnjährigen Tochter. »Der leiseste Hauch von Kritik genügt, um die ›Große Dame‹ in eine Handvoll heulendes Elend zu verwandeln. Und umgekehrt: eine Prise Bewunderung, und sie marschiert los wie Madonna.« Kritische Bemerkungen, vor allem aber auch Spott über die neuen Rundungen, spärlichen Barthaare, Mitesser oder kippende Stimmen bestärken die Youngsters nur in ihrem Hader mit sich selbst. Was ihnen dagegen weiterhilft, ist freundschaftliche Anteilnahme, praktische Unterstützung von Deo bis Rasierer und Anerkennung ihrer persönlichen Vorzüge: »Ich glaube, du kriegst die Römernase von Großvater Kurt, um die haben ihn immer alle beneidet.«

Die ersten Gehversuche in Sachen Liebe setzen dem Selbstvertrauen vieler Jugendlicher ganz besonders zu. Liebeskummer können Vater und Mutter ihrem Kind nicht ersparen. Aber wenn sie bereit sind, ihm zuzuhören, ernst nehmen, was sein Herz bewegt, auch stillschweigend Verständnis signalisieren und ihm zeigen, daß zumindest sie es ohne Einschränkung lieben, kann es Sicherheit im Umgang mit seinen Gefühlen entwickeln. Und es behält das Vertrauen, trotz einer Niederlage liebenswert zu sein.

Zugegeben, es kostet oft eine Menge Geduld, die Heranwachsenden bei ihren intellektuellen Probeflügen zu begleiten, sich vielleicht ständig wechselnde Ansichten anzuhören oder reichlich spinöse Ideen. Manchmal juckt es Eltern, ihren Nachwuchs mit einem Rumms auf den Boden der Tatsachen zu holen: »Hör mal, Freundchen, so einfach ist das alles nicht!« Nur würde man die Kids dadurch immer wieder in dem Gefühl ihrer Unzulänglichkeit bestätigen, unter dem sie ja sowieso schon leiden. Mehr geholfen ist ihnen, wenn die Erwachsenen auf Demonstrationen ihrer Überlegenheit verzichten und statt dessen auf die Gedankengänge der Jugendlichen eingehen. Durch Interesse, Achtung auch vor noch unausgegorenen Überlegungen und die Bereitschaft, ernsthaft darüber zu reden, zeigen sie ihnen, daß ihre Meinung wichtig ist und geben ihnen die Möglichkeit, allmählich ein sicheres gedankliches Fundament zu finden.

Und es ist ja beileibe nicht nur konfuses Zeug, was sich die Youngsters ausdenken. Im Gegenteil: oft entdecken sie überraschende, sehr vernünftige Perspektiven oder äußerst nützliche Möglichkeiten, ein Problem zu lösen. Nichts gibt ihnen mehr Auftrieb als echte »sportliche« Anerkennung durch die Eltern: »Das ist interessant! So habe ich die Sache noch nie gesehen.« »Ein toller Vorschlag, den probieren wir sofort aus!« Sternstunden für ihr Selbstvertrauen!

Es muß nicht sein, kommt aber – wie verschiedene Studien belegen – häufig vor, daß Mädchen weit größere Schwierigkeiten haben, ihr Selbstvertrauen in dieser Phase über die Runden zu retten als Jungen. Und daß sie dann noch eine Sonder-Ration Unterstützung brauchen. Viele, die sich während der Kinderzeit genauso stark und selbstsicher fühlten wie ihre männlichen »Kollegen«, fangen in der Pubertät an, sich klein und »dumm« zu machen. Sie beurteilen sich selbst durch die männliche Brille: zuallererst und hauptsächlich nach ihrem Äußeren. Jedes Detail wird mit Argusaugen geprüft und meistens für nicht gut genug befunden. Um den Jungen attraktiv zu erscheinen, nehmen sie ihre Fähigkeiten und Leistungen zurück – egal, ob auf sportlichem, naturwissenschaftlichem oder künstlerischem Gebiet. Und ihr Selbstvertrauen sackt damit gegen null: Sie kommen sich unwichtig und überflüssig vor und sind generell viel weniger mit sich einverstanden als ihre männlichen Altersgenossen. Die Suche nach der weiblichen Rolle zwischen Beruf und Selbständigkeit einerseits und andererseits dem großen Liebestraum ist immer noch ein schwieriges Unterfangen – und ein weites Feld.

Ein stabiles Selbstvertrauen können Mädchen nur dann entwickeln, wenn sie sich nicht völlig von männlicher Bewunderung abhängig machen. Es liegt vor allem in der Hand der Mütter, ihnen dabei zu helfen:

- Die Töchter nicht in das überlieferte Rollen-Klischee von der kleinen, zahmen, hilflosen Frau drücken, die ihr Licht unter den Scheffel stellen muß.
- Ihr Wissen und Können genauso hoch einstufen wie ihre äußeren Vorzüge.

- Sie zu eigenständigen Unternehmungen und Standpunkten ermuntern, und Mut machen zu einem eigenen Stil.
- Mit ihnen über die Schwierigkeiten der Frauenrolle reden, über persönliche Erfahrungen und realistische Möglichkeiten wie über die Fallgruben von romantischen Illusionen.
- Und am allerbesten: selbst nicht das unterwürfige, unfähige Weibchen vorleben.

Aber auch Väter können einiges für das Selbstvertrauen der Mädchen tun, wenn sie zum Beispiel auf männliche Machtansprüche in der Familie verzichten, den weiblichen Familienmitgliedern gleiches Stimmrecht einräumen und auf die sachlichen Begabungen und die Unabhängigkeit ihrer Töchter nicht weniger stolz sind als auf ihre wachsende Attraktivität.

Selbstvertrauen contra Bescheidenheit

Hanna hat das Gymnasium gewechselt. Schon während ihrer ersten Woche in der neuen Schule soll ein sogenannter Künstlerabend stattfinden, bei dem Schüler musizieren, Theater spielen, als Tänzer oder Kabarettisten auftreten. Besonderes Highlight auf dem diesjährigen Programm: das Konzert eines Trios aus Klavier, Geige und Cello. Die drei Musikanten spielen wie die Profis, und alle freuen sich auf ihre Darbietung. Ein paar Stunden vor Beginn der Aufführung macht die Nachricht die Runde, daß die Klavierspielerin mit hohem Fieber im Bett liegt und unmöglich teilnehmen kann. Dann muß das Konzert wohl ausfallen, heißt es, denn keiner hier ist gut genug, um für sie einzuspringen. Hanna spielt aber ausgezeichnet Klavier und wäre durchaus in der Lage, die Pianistin zu ersetzen. Nur ahnt das hier niemand. Was nun? Ist es nicht unbescheiden, wenn sie ihr Können anbietet? Vielleicht bezweifelt man ja ihre Fähigkeiten oder ist mit ihrem Spiel dann doch nicht zufrieden? Hanna entscheidet, daß Bescheidenheit in diesem Fall wenig angebracht wäre, weil sie den anderen damit die

Freude an dem Konzert nähme. Sie weiß, daß sie gut ist, und im Vertrauen darauf wagt sie den Schritt und meldet sich beim »Organisationskomitee«.

Toleranz

»Man möge bedenken, daß man andere ertragen soll, wie man selbst ertragen zu werden wünscht. Aber das ist eben der Teufel der Menschen, daß selten jemand glaubt, daß die anderen auch etwas an ihm zu ertragen hätten.«

Jeremias Gotthelf

»Bei uns ist seit gestern ein neues Kind, Mami, eine Dänin«, erzählt Philip beiläufig auf dem Heimweg vom Kindergarten. Na gut, denkt die Mutter, nicht weiter aufregend, für ihn anscheinend auch nicht. Umso verblüffender, was sie am nächsten Morgen entdeckt. »Da ist sie, die Dänin«, erklärt Philip, als sie am Kindergarten ankommen und zeigt auf ein kleines Mädchen, das vor der Tür herumhopst – schokoladenbraun, den Kopf voller schwarzer, stramm geflochtener, kringeliger Zöpfchen. Kein alltäglicher Anblick in diesem Kleinstadtkindergarten, aber offensichtlich nicht beeindruckender als das Blöndchen »aus Köln«, das kürzlich dazukam. Ob Philip wohl glaubt, alle Dänen – das Etikett trug der Kleinen übrigens ihr dänischer Vater ein – seien schwarz? Über die Hautfarbe verliert er jedenfalls kein Wort, weder jetzt noch später.

Kinder in diesem Alter bemerken durchaus, ob jemand anders aussieht als sie selbst, anders redet oder ganz andere Eltern hat, aber die Unterschiede berühren sie meistens nicht weiter. Hauptsache, man kann gut miteinander spielen. Ist das nicht schon Toleranz? Wäre sie dann also eine angeborene Gabe, die viele Erwachsene nur verlernt haben? Leider nein. Die Kleinen praktizieren vielleicht eine naive, unreflektierte Vorform, aber bis zur wirklichen Toleranz liegt noch eine lange und hürdenreiche Strecke vor ihnen.

Im ursprünglichen Wortsinn bedeutet Toleranz, etwas Andersartiges dulden oder ertragen. Das kann jedoch sehr herablassend und demütigend sein – »Laß ihn doch um Gottes willen gewähren!« –, wenn nicht noch einiges dazukommt: die Einsicht, daß niemand die alleinseligmachende Denk- und Lebensweise für sich beanspruchen kann; Respekt vor fremden Meinungen, Weltanschauungen, Sitten und Verhaltensformen; die Bereitschaft, anderes Denken und Handeln als gleichberechtigt zu betrachten, und die Fähigkeit, in Konfliktfällen den eigenen Standpunkt nicht über alles zu stellen, sondern sachlich und vernünftig zu verhandeln. Mit Gleichgültigkeit hat Toleranz nichts zu tun. Im Gegenteil: sie setzt eine feste Überzeugung voraus, räumt aber trotzdem anderen das Recht auf abweichende Vorstellungen ein.

Solange dieses Abweichende reizvoll, interessant oder angenehm erscheint, braucht man allerdings keine Toleranz. Sie ist erst und gerade dann gefragt, wenn einem etwas gegen den Strich geht. Und darum spielt sie eine so wichtige Rolle im demokratischen Zusammenleben von Menschen – ob im Staat, in sozialen Gruppen, in der Schule, der Nachbarschaft oder der Familie – überall, wo Unterschiede aufeinandertreffen und zu Feindseligkeiten führen können. Eine anspruchsvolle Sache offenbar. Und wenn schon Erwachsene – was sich allerorts beobachten läßt – Schwierigkeiten mit ihr haben, wie soll man sie dann erst Kindern nahebringen?

Vorleben statt predigen ist auch hier wieder die oberste Devise für Eltern. Tausendmal wirkungsvoller als mit theoretischen Erörterungen und Mahnungen machen sie den Kindern durch ihr eigenes Verhalten klar, was Tolerant-Sein bedeutet. Und dafür gibt es meistens bereits in der Familie reichlich Ansatzpunkte. Selbst in so einem kleinen Verband gehen Interessen und Temperamente, Verhaltensweisen und Vorlieben oft scharf auseinander: Vielleicht sind die Eltern Gesellschaftsmenschen, die gar nicht genug Leute um sich versammeln können, ihr Kind dagegen bleibt lieber mit sich allein; vielleicht zieht es einen in den Garten, den anderen zum Sport, einen zur Klassik, den anderen zur Popmusik; einer liebt Steaks, der andere ist Vegetarier… Je weniger Vater und Mutter versuchen, einander und den Kindern ihre eigenen Vorstellungen aufzuzwingen, desto größer die Wahrscheinlichkeit, daß die Sprößlinge ebenfalls tolerieren, was ihnen bei Eltern oder Geschwistern nicht entspricht. Die beste Voraussetzung, um Streitereien zu vermeiden und friedlich zu regeln, wer und was wann an der Reihe ist. »Ich bin ein typischer Bücherwurm«, erzählt ein Vater, »am liebsten lasse ich mich abends im Sofa nieder und lese. Aber dann kommen regelmäßig meine Kinder und wollen den Fernseher anwerfen. Lange habe ich probiert, sie davon zu überzeugen, daß es doch nur Mist im Fernsehen gibt, daß sie davon verblöden. Und im Gegenzug machten sie sich natürlich über meine ›öde‹ Lesewut her. Fast jeden Abend gab es Krach. Inzwischen habe ich mal etwas genauer hingeguckt und muß zugeben, so schlecht ist das Fernsehen gar nicht. Wenn sie schon nicht lesen, können sie doch wenigstens da noch einiges mitkriegen. Seit ich nicht mehr bloß anti bin, lassen sie auch meine Interessen eher gelten. Sie fragen sogar manchmal, um was es in meinem Buch gerade geht. Vor allem können wir jetzt in Ruhe aushandeln, für welche Programme ich auf meinen Lesefrieden verzichte und für welche nicht.«

Auch außerhalb des Familienrahmens orientieren sich die Kinder zunächst am Verhalten der Eltern, wenn sie auf Fremdes, Trennendes stoßen. Reden Vater und Mutter von »faulen Asylanten, die sich's auf unsere Kosten gutgehen lassen«, von »dummen Afrikanern« oder Aids-Kranken, die »schließlich gewußt haben, auf was sie sich einlassen«, stimmen ihre Sprößlinge fast unweigerlich die gleichen Töne an und benehmen sich auch entsprechend ablehnend oder aggressiv den Betroffenen gegenüber. Raten die Eltern: »Laß sie, zerbrich dir nicht den Kopf über diese Leute, mit denen haben wir nichts zu tun« und machen einen Bogen um alle, die nicht so denken, reden, aussehen oder handeln wie sie selbst, werden ihre Kinder mit ziemlicher Sicherheit bald gleichgültig auf Andersartiges reagieren. Oft gemischt mit einem Schuß Verachtung, nach dem Motto: »Mir san mir!« Als Leitbilder auf dem Weg zur Toleranz brauchen Kinder Eltern, die auch das achten, was von ihrer Lebensweise abweicht: Die zu dem Deutsch radebrechenden Mann in der Kassenschlange genauso höflich sind wie zu jedem anderen, die der putzfimmeligen Nachbarin keine schnöden Namen anhängen, die auch einen Penner wieder auf die Beine stellen, wenn er gestürzt ist. Chancen für Erklärungen liefern Kinder meistens selbst genug. Weil sie Fragen stellen: »Warum steht die Frau die ganze Zeit an der Ecke und hält ein Heftchen hoch?« »Warum schläft der Mann auf der Bank und nicht in seinem Bett?« »Warum haben die Leute da so komische bunte Sachen an?« Wenn Eltern ernsthaft auf solche Fragen eingehen und ihnen erklären, weshalb Zeugen Jehovas als Mahner auf die Straßen gehen, wie es passieren kann, daß jemand kein Dach über dem Kopf hat und kein eigenes Bett, warum Menschen in verschiedenen Teilen der Welt unterschiedliche Kleider brauchen und lieben, lernen die Kinder, die Vielfalt möglicher Anschauungen und Lebensformen neben den eigenen zu erkennen und zu respektieren. Je weniger Abfälliges oder Herablassendes in diesen Erklärungen mitschwingt, desto eher begreifen sie: die sind zwar ganz anders als ich, aber es ist ihr gutes Recht.

So wichtig das elterliche Vorbild auch sein mag, es führt nicht unbedingt und immer auf direktem Weg zum Ziel. Man kann Kindern Toleranz nicht einfach einflößen. Sie machen ihre eigenen Erfahrungen, sie haben ihre persönlichen Ansichten und Eigenschaften, die sich auf ihr Verhalten auswirken. Und natürlich spielt auch die jeweilige Situation eine Rolle. Gerade in der Schule, wo inzwischen fast überall eine bunte Mischung von Nationalitäten, Hautfarben und Bekenntnissen beisammensitzt, zeigt sich nicht selten, daß selbst Kinder, die es eigentlich besser wissen müßten, plötzlich wie Paradebeispiele für Intoleranz reagieren. »Der blöde Ömer, jetzt fährt er nicht mit ins Schullandheim, bloß weil es da vielleicht mal Schweinefleisch geben könnte«, motzt der neunjährige Patrick beim Mittagessen. »Wie die Theresa immer daherkommt mit ihren Rastalocken, die meint wohl, Schwarzsein ist was ganz Tolles!« stichelt Anke, 13. Ein Schock für Eltern, wenn sie sich vielleicht jahrelang bemüht haben, ihre Sprößlinge in Richtung Toleranz zu manövrieren. Woher solche Ansichten? Wie kommen die Kinder auf dieses Gleis? Und vor allem – was kann man dagegen tun?

Bei Kleinen ist die Ablehnung gewöhnlich nichts weiter als ein Nachplappern von irgendwo aufgeschnappten Urteilen. Je älter Kinder jedoch werden, desto bewußter registrieren sie Unterschiede zwischen sich und anderen. Und desto eher kann der Widerwille gegen Fremdes von ihnen selbst ausgehen. Toleranz setzt innere Sicherheit voraus, ein stabiles Selbstvertrauen. Wo das fehlt, wird Andersartiges und Unbekanntes als Bedrohung empfunden. Und man muß es kleinmachen, ausgrenzen, angreifen, um sich selbst aufzuwerten und abzusichern. Deshalb sind es fast immer Kinder mit angeschlagenem Selbstvertrauen, die sich mit intoleranten Ausfällen – von kleinen Gemeinheiten bis zu körperlichen Attacken – ›hervortun‹. Das gleiche gilt für die in der zweiten Reihe, die Mitläufer. Auch ihnen fehlt meistens das nötige Selbstvertrauen, um sich dem Druck einzelner Stimmungsmacher oder der ganzen Gruppe zu widersetzen.

Scharfe Zurechtweisungen würden solche Kinder nur noch mehr verunsichern und damit die Lage eher verschlimmern. Und auch mit Vorschriften, »Du sollst aber…«, »Du mußt doch…«, läßt sich kaum etwas ausrichten. Hilfreicher ist es, wenn die Eltern in aller Ruhe mit ihnen über ihre Haltung reden. Ihnen die Augen dafür öffnen, wieviel Ungerechtigkeit oft darin liegt – »In Ömers Familie ist es ein strenges religiöses Gebot, kein Schweinefleisch zu essen. Sie nehmen das sehr ernst«; wieviel heimlicher Neid manchmal dahinter steckt – »Theresa ist eben ein hübsches Mädchen und freut sich dran. Bei allen anderen stört dich das doch auch nicht«; wie weh sie den anderen damit tun – »Stell dir vor, du würdest unter lauter Leuten leben, die darüber herziehen, daß du Cordhosen trägst und gerne Bratwürstchen ißt« (→Mitgefühl). Vor allem aber ist es nötig, Kinder in ihrem →Selbstvertrauen zu bestärken, ihnen durch Bestätigung und Anerkennung immer wieder zu zeigen, daß man sie mag, so wie sie sind, und daß sie es gar nicht nötig haben, andere herabzusetzen, um selbst etwas zu gelten.

Abwehr gegen Fremdes veschwindet sehr häufig von selbst, sobald man sich erst einmal näher darauf einläßt. Und an Möglichkeiten, Kinder mit unterschiedlichen Lebensweisen in Berührung zu bringen, herrscht wahrlich kein Mangel. Zum Beispiel:
- Märchen und Geschichten aus fremden Ländern lesen;
- Mitschüler anderer Nationalität oder Religion einladen und zum Erzählen ermuntern, über ihre Alltagsgewohnheiten, ihre Umgangsformen und Rituale, ihre Art, Feste zu feiern;
- Gemeinsam in ausländische Geschäfte gehen. Nicht bloß, weil die Melonen »beim Griechen« vielleicht billiger sind. Mit den

Leuten reden, sich unbekannte Gemüse und Früchte erklären lassen und nach Rezepten fragen;

- Gerichte nachkochen und vielleicht auch fremde Eßgewohnheiten ausprobieren: Couscous nach Art der Nordafrikaner mit den Fingern, mit Teigfladen wie etwa in Eritrea oder chinesisch mit Stäbchen;
- Bei Stadtteil- oder Straßenfesten keine Grüppchen nach »Sorten« bilden. Auf die anderen zugehen, sie aufnehmen, sich austauschen, wenn's sein muß mit Händen und Füßen;
- bei Reisen ins Ausland außer für Sonne, Sand und Meer auch einen Blick für die Menschen haben, die dort leben – für ihre Kultur, ihre Geschichte, ihre Weltanschauung. Und statt auf der anderen Seite der Welt noch nach einer »Schwarzwaldstube« mit Schnitzel und Heino-Untermalung zu suchen, zumindest Kostproben mit einheimischer Lebensart machen.

Ganz ohne erhobenen Zeigefinger können Kinder auf diesem Weg lernen, fremde Eigenheiten anzuerkennen, wenn nicht sogar zu schätzen. Meistens entdecken sie nämlich dabei, daß die Unterschiede in Wahrheit keine Bedrohung sind, sondern eine Bereicherung, die Spaß macht.

Erst während der Pubertät entwickeln Kinder die Fähigkeit, über ihr konkretes Umfeld hinauszudenken. Sie fangen an, größere soziale Zusammenhänge zu verstehen, sie erfassen die Ursachen und Folgen von gesellschaftlichen Mißständen und die Vielfalt möglicher Weltentwürfe, sie können bestehende Ordnungssysteme kritisch unter die Lupe nehmen und sich in andere Denk- und Lebensweisen hineinversetzen. Damit stellt sich auch die Toleranzfrage auf einer neuen, erweiterten Ebene.

Die beste Startrampe für den toleranten Umgang mit unterschiedlichen Meinungen bildet wieder das Elternhaus. Zwar richten sich die meisten Heranwachsenden grundsätzlich nach der politischen und weltanschaulichen Linie von Mutter und Vater, aber trotzdem treffen in Detailfragen oder persönlichen Angelegenheiten oft gegensätzliche Ansichten aufeinander. Jeden Sonntag in die Kirche? Auch diesmal wieder dieselbe Partei wählen? Mit 14 schon die Pille? Zum Bund oder Ersatzdienst? Wenn es den Eltern gelingt, auch schwierige Fragen sachlich und vernünftig auszuhandeln, zeigen sie ihren Kindern nicht nur, wie man Toleranz lebt. Sie überzeugen sie damit auch am eindrucksvollsten von der Qualität dieser Haltung als einer Art intellektuellem Stoßdämpfer.

Wer immer nur hört, daß alles, was andere glauben oder für richtig halten, verdächtigt, verteufelt oder verspottet wird, findet schwer einen Ansatz für eine eigene positive Einstellung. Intolerante Eltern haben deshalb fast immer Kinder, die in ihre Fußstapfen treten. Auf der Gegenseite, bei den Toleranten, ist die Wahrscheinlichkeit der Nachfolge nicht ganz so groß. Manchen Jugendlichen fehlt die nötige innere Stärke und Sicherheit, um unterschiedliche Anschauungen zulassen zu können. Sie versuchen sich selbst aufzubauen, indem sie alles andere aus dem Feld schlagen und ihre Meinung zur einzig gültigen erklären. Ob Springerstiefel, Haarlänge, Schnürsenkelfarbe oder Jackenmodell – oft reichen schon die Symbole einer bestimmten Denkrichtung, um Aggressionen auszulösen. Bei der Mehrheit ist die Engstirnigkeit nur eine vorübergehende Begleiterscheinung der Pubertät. Aber manche geraten in dieser labilen Phase, bestärkt durch ihre Freunde oder Cliquen, in den Sog extremistischer Ideologien, die alles Abweichende fanatisch, wenn's sein muß auch mit Gewalt, bekämpfen. Es kommt durchaus vor, daß tolerante, demokratisch gesinnte Eltern sich plötzlich mit Naziparolen ihres Sprößlings konfrontiert sehen.

Einen eigenen Standpunkt zu finden in der Menge möglicher gesellschaftlicher, politischer und religiöser Anschauungen, die Alternativen dabei aber dennoch zu achten, ist alles andere als leicht. Am besten können Väter und Mütter ihre Kinder vor Irr- und Abwegen bewahren, wenn sie ihnen bei der Orientierung zur Seite stehen, sie führen und unterstützen. Dafür gibt es verschiedene Ansatzpunkte:

• Hinhören, Offensein für Diskussionen, auch wenn die Kinder über Andersdenkende herziehen. Mit empörten Reaktionen auf extreme Ansichten – »Was fällt dir ein, so etwas zu sagen!« »Du wagst es, mit diesen Reden daherzukommen?!« – bringt man sie vielleicht momentan zum Schweigen, ändert aber ihre Denkweise garantiert nicht. Darum lieber nachfragen: was sie zu solchen Gedanken veranlaßt, woher sie die Sicherheit nehmen, daß ihre Sicht der Dinge richtig ist. Eigene Ansichten dagegenstellen und sachlich argumentieren. Wenn die Jugendlichen sich trotz aller Kritik ernstgenommen fühlen, sind sie umso eher bereit, ihre Meinungen zu überprüfen.

- Freunde mit verqueren Ideen nicht in Bausch und Bogen verurteilen, sondern ernsthaft auf ihre Vorstellungen eingehen und andere Perspektiven oder Vernunftgründe dagegensetzen. Druck und Zwang müßten die Kids selbst als intolerant empfinden und würden sie vermutlich in ihrer Einstellung nur bestärken.

- Ein kritisches Auge auf das eigene Verhalten haben. Auch im Grunde toleranten Eltern entwischen manchmal Sprüche – über Parteimenschen, einen Kirchenoberen oder »diese Öko-Tussi« –, die eher in die Gegenrichtung deuten. Das ist natürlich nicht gleich ein Beinbruch – und trotzdem: der Nachwuchs spitzt die Ohren. »Seit ich versuche, meine Kinder zum Tolerant-Sein zu bewegen, merke ich erst, wie oft mir selbst ein ›Querschläger‹ durch den Kopf schießt«, gesteht eine Mutter von zwei heranwachsenden Töchtern. »Ich glaube, die Wachsamkeit bekommt mir genauso gut wie ihnen.«

Die Toleranz hat aber auch Grenzen. Sie endet, wo sie auf Intoleranz stößt, wo jemand mißachtet wird oder wo ihm Unrecht geschieht, und sie hört auch auf, wenn jemandem Gefahr droht. So kann man es nicht einfach zulassen, daß einer zusammengeschlagen oder betrogen wird, sich vor die Bahn wirft oder in die Drogenszene gerät. Das leuchtet auch schon Kindern ein. Nur geht es im Alltag selten um so dramatische Dinge, oder die Situation ist viel weniger eindeutig. Wann aus einer Frechheit Mißachtung wird, aus einer Einschränkung Ungerechtigkeit oder aus einem Risiko wirkliche Gefahr, läßt sich nur von Fall zu Fall und häufig sehr schwer entscheiden. Deshalb gibt es keine klare Regel: bis hierher reicht die Toleranz, und dann ist Schluß.

Wo die Geduld ein Ende hat, können Kinder am besten lernen, wenn die Eltern ihre Verbote und Grenzsetzungen erklären und bereit sind, mit den Kids deren Konfliktfälle zu bereden: »Soll ich es mir gefallen lassen, daß der Joschi darüber lacht, daß ich Meßdiener bin?« »Soll ich der Lehrerin sagen, daß die Cora immer das Treppengeländer runterrutscht?« Und noch etwas begreifen sie am ehesten, wenn Vater und Mutter es ihnen vorleben: daß man auch da, wo die Toleranz aufhört, oft noch ihre Spielregeln beibehalten und sich mit vernünftigen Argumenten auseinandersetzen kann statt mit Gemeinheiten und Fäusten, den klassischen Waffen der Intoleranten.

Toleranz contra Gerechtigkeit

Felix kommt ganz verbiestert aus der Schule heim. Zum dritten Mal gehen die Kinder aus einem kleinen Wanderzirkus für ein paar Sommerwochen in seine Klasse. Das ist doch nicht fair, findet der Neunjährige: Er selbst muß sich das ganze Jahr über abplagen, um nicht hängenzubleiben, und die ziehen derweil in der Welt herum und sitzen jetzt trotzdem im gleichen Schuljahr wie er. Felix' Mutter erkennt, daß er vom Alltagsleben der Zirkuskinder offenbar keine Ahnung hat. Sie erklärt ihm deshalb, daß die zeitweiligen Schulkameraden noch eine Menge mehr lernen müssen als Lesen und Schreiben, daß sie fast alle täglich stundenlang Jonglieren, Reiten oder Seiltanzen üben, also keineswegs faul und fröhlich vor sich hinleben. Und daß sie, wenn sie irgendwo regelmäßig zur Schule gingen, ja ständig von ihren Familien getrennt sein müßten. Felix läßt sich das alles durch den Kopf gehen und sieht schließlich ein, daß für diese Kinder andere Maßstäbe gelten müssen als für ihn und den Rest seiner Mitschüler.

Umweltbewußtsein

»Wir gehen mit dieser Erde um, als hätten wir noch eine zweite im Kofferraum.«

Jane Fonda

Angst kann manchmal ein ganz guter Lehrmeister sein – das zeigt sich besonders in Sachen Umwelt. Was immer mehr Menschen dazu bewegt, über Luft- und Wasserverschmutzung nachzudenken, über die Verödung von Landschaften und die Verknappung von Rohstoffen, was sie dazu bringt, Müllberge zu bekämpfen oder auf ein Zweitauto zu verzichten, ist in erster Linie Angst vor der Zerstörung ihrer natürlichen Existenzgrundlagen. Und die Sorgen der Erwachsenen gehen an den Kindern nicht spurlos vorüber: Die meisten sammeln und sortieren eifrig mit und sind oft noch strengere Richter über Plastiktüten und Einwegflaschen als die Eltern selbst. Nur nehmen auch ihre Ängste häufig viel größere Ausmaße an. Was sie aus Gesprächen, Zeitschriften und Fernsehbildern mitkriegen von ölverschmierten Seevögeln, verseuchten Flüssen oder Giftwolken über Chemiefabriken, empfinden sie als direkte Bedrohung ihres eigenen Lebens. Sie haben noch nicht die gut funktionierenden Verdrängungsmechanismen der Großen, verschieben nichts in andere Regionen der Welt oder auf übermorgen. Und das Gefühl, daß Vater und Mutter, sonst überall die starken Nothelfer, gegen so merkwürdige, für Kleine noch unbegreifliche Gefahren wie Smog oder schädliche Sonnenstrahlen nichts ausrichten können, verunsichert sie erst recht. Unter den Kinderängsten, das ergaben Umfragen, rangieren Umweltängste an erster Stelle. Waldsterben, Ozonloch, Luftverschmutzung, aussterbende Tiere stehen an der Spitze der Schockbegriffe. So bedrückend das für Eltern auch sein mag, die Probleme einfach vom Tisch zu wischen und den Kindern eine heile Welt vorzugaukeln, wäre trotzdem keine gute Idee. Schließlich müssen sie von klein auf lernen, sich mit zuständig zu fühlen für das Befinden der Erde, um später die Verantwortung allein übernehmen zu können.

Aber geht das nicht auch anders als auf die verbreitetste Tour, das ständige Schüren ihrer Ängste – »Mußt du denn dauernd

Limodosen kaufen? Wir werden noch alle im Dreck versacken!«
»Dreh doch endlich den Wasserkran zu. Wir sitzen sonst bald auf
dem Trockenen!«?

Mit theoretischen Erörterungen über Öko-Systeme und natürliche Kreisläufe kann man kleinere Kinder nicht erreichen. Das
alles rauscht an ihrem Begriffsvermögen vorbei. Umso empfängli-
cher sind sie für Sinneseindrücke. Sie entdecken die Welt, indem
sie erst einmal feststellen, wie etwas sich anfühlt, riecht oder
schmeckt. Nicht nur ihre Spielsachen, ihre Zehen oder der Tele-
fonhörer, sondern auch Sand und Steine, Grashalme und Regen-
würmer. Und sie können staunen: verzückt einen Schmetterling
beobachten oder einen Ameisenhaufen und über einen ganz
gewöhnlichen Köter in Begeisterung ausbrechen – «Wauwau!
Mami! Wauwau!« Haben Kinder Gelegenheit, die Natur unmittelbar zu erleben und zu bewundern, entwickeln sie nach Ansicht
erfahrener Pädagogen schon im Kindergartenalter das Bedürfnis,
für all das Schöne und Spannende Sorge zu tragen. Aus sich heraus
und ohne ständiges Mahnen oder gar Panikmache.

Hautnaher Kontakt mit der Natur bedeutet für einen Teil der
Kinder inzwischen längst keine Selbstverständlichkeit mehr. Zum
Spielen gibt's für manche nur kahle Höfe zwischen Hochhäusern
oder umzäunte, triste Plätze mit ein paar abgewrackten Geräten.
In Innenstädten ist oft schon ein Straßenbaum eine Sensation.
Darum brauchen gerade diese Kinder Eltern, die mit ihnen losziе-
hen – am besten gleich per Bahn oder Fahrrad statt mit dem Auto –,
vielleicht nur in den Stadtpark, besser aber noch in einen Wald, an
einen See oder über Blumenwiesen. Und je mehr sie sich von der
Begeisterung und Neugier ihrer Sprößlinge anstecken lassen, desto
größer der Erfolg. »Das war mit die schönste Zeit für mich, als sie
über alles aus dem Häuschen gerieten«, erinnert sich die Mutter
von drei fast erwachsenen Kindern. »Am Wochenende ging's
immer raus aufs Land. Mal haben wir die ersten Veilchen bestaunt,
mal Kaulquappen beobachtet, eine Feldmaus oder ein Reh.
Manchmal fanden wir Beeren oder Haselnüsse oder ein Fluß-
schneckenhaus und haben uns auf dem warmen Waldboden aus-
geruht, wo es so gut roch. Bis heute würden sie nicht auf die Idee
kommen, im Vorbeigehen einfach Blätter oder Zweige von
Büschen abzuknicken, aus Jux einen Käfer totzutreten oder Pick-
nickreste liegenzulassen.«

Aber auch zu Hause läßt sich einiges tun, um die Naturliebe der Kinder anzuregen:

- Wenn es die Möglichkeit gibt, ihnen ein eigenes Beet zur Verfügung stellen, wo sie selbst säen, jäten, hacken, gießen und schließlich auch ernten können.
- Gemeinsam beobachten, wie aus einem mickrigen Pflänzchen ein dicker, reich beladener Tomatenbusch wird oder aus einem unscheinbaren, kleinen Samenkorn eine riesige Sonnenblume.
- Eine Mini-Gärtnerei auf dem Fensterbrett anlegen mit einem Kressebeet im einen Blumentopf und im anderen vielleicht einer winzigen Palme, gezogen aus einem Kern vom Mittelmeer.
- Einen Baum durch's Jahr begleiten, – egal, ob einen Apfelbaum, eine Birke oder eine Buche. Immer wieder hingehen und anschauen, wie sich Blätter, Blüten und Früchte verändern.
- Vögel beobachten: am Vogelhäuschen im Garten, auf dem Balkon oder Fensterbrett, die Formationen von Zugvögeln im Frühling und Herbst, die Sammelstellen von Krähen auf ihren Spezialbäumen, die Pünktlichkeit von Mauerschwalben, die jedes Jahr fast auf den Tag genau zu ihrem Nistplatz zurückkommen.

Kinder müssen anfassen und untersuchen dürfen, um ihre Umgebung zu erkunden. Und trotzdem: wenn die Eltern ihnen beibringen, etwas Schönes auch einfach mal sein zu lassen, eine Blume bloß zu bewundern, ohne den Drang, sie zu pflücken, und nicht jedes Tier gleich berühren oder einfangen zu wollen, lernen sie von klein auf, daß nicht alles, was wächst und blüht, nur dazu da ist, um von Menschen vereinnahmt zu werden.

In Kindergärten und Schulen gehört die Umwelterziehung inzwischen zum festen Programm. Ob die Kinder sich aber tatsächlich nach dem richten, was sie über Mülltrennen, Kompostieren oder Energiesparen gelernt haben, hängt zum großen Teil vom Verhalten der Eltern ab. Wenn die Lehrerin sagt, daß man leere Batterien sammeln soll, weil sie giftig sind, der Vater aber meint, daß »so ein paar Dinger doch nur einen Klacks bedeuten neben dem Zeug, das anderswo herumliegt«, gerät ein kleiner Mensch in einen Gewissenskonflikt. Welcher der zwei Instanzen, denen er eigentlich beiden bedingungslos vertraut, soll er nun glauben? Und wenn die

Mutter nur oft genug bemerkt, daß »unsere Joghurtbecher wohl kaum die Welt ruinieren«, wird der Nachwuchs vermutlich irgendwann auch keinen Wert mehr auf Pfandgläser legen, obwohl er in der Schule anderes hört. Unterstützen die Eltern dagegen ihre Kinder bei der praktischen Durchführung des theoretischen »Lehrstoffs« und nehmen auch ihre kleinen, bescheidenen Aktionen ernst, geben sie ihnen das Gefühl, etwas Wichtiges und Richtiges zu tun. Und erst recht können Kinder diese Überzeugung gewinnen, wenn die Eltern mit gutem Beispiel vorangehen und im Alltag ganz selbstverständlich möglichst alles vermeiden, was die Umwelt belastet: aggressive Putzmittel, Wasser- und Stromverschwendung, überflüssige Autofahrten, Obst, Gemüse, Fleisch und Käse in aufwendigen Verpackungen...

Erwachsene sind dabei allerdings oft viel weniger konsequent als Kinder, und die Versuchung ist manchmal groß, Farbreste schnell in den Ausguß zu kippen oder ein paar alte Schrauben im Küchenabfall verschwinden zu lassen. Nicht selten ändert sich dann die übliche Rollenverteilung, und die Kleinen fangen an, den Großen ins Gewissen zu reden. Vielleicht fällt es schwer, sich vom Nachwuchs ermahnen zu lassen – »Warum fährst du denn immer so schnell? Du weißt doch, davon stirbt der Wald!« – , aber Väter und Mütter sollten solche Einwände trotzdem ernst nehmen. Denn die Kinder haben nicht nur recht, es sind ja vor allem auch sie, die mit den Folgen leben müssen.

Daß Papierfetzen und Dosen den Wald verschandeln und Trinkpäckchen sich schnell zu stattlichen Halden auftürmen, können Kinder gut nachvollziehen. Aber was bitte hat die Umwelt damit zu schaffen, wenn ich noch eine fünfte Wasserpistole will, die heißeste Markenjeans oder das neueste Skateboard-Modell? Vor allem jüngere Kinder haben Schwierigkeiten zu begreifen, daß auch persönlicher Verzicht zum Schutz der Natur beiträgt. Eltern können zwar schon mit ihnen über die Begrenzung von Rohstoffen und Energien reden und ihnen erklären, daß auch ein ganz stabiles Piratenschiff irgendwann auf der Müllkippe landet, aber sie dürfen nicht erwarten, daß allzuviel davon hängen bleibt. Wichtiger ist es deshalb, mit den Kindern →Bescheidenheit einzuüben: Ihnen vorleben, daß man nicht alles braucht, was zu haben wäre; sich mit ihnen beschäftigen und ihre Phantasie anregen, statt dauernd neue Spielsachen anzubringen; ihrem

→Selbstvertrauen Auftrieb geben, um sie von Statussymbolen unabhängig zu machen.

Gewissenhafter denn je schleppen auch Jugendliche mittlerweile Flaschen und Altpapier zum Container. Und wenn man sie fragt, was sie dazu veranlaßt, sagen die meisten – Angst. Angst davor, sich eines Tages auf einer finsteren, unwirtlichen Erde wiederzufinden. Nur ist die Angst ein wenig verläßliches Motiv, das läßt sich unter Jugendlichen genauso feststellen wie bei Erwachsenen. Sie bewirkt meistens nicht mehr, als daß man sich vor vollkommener Hemmungslosigkeit bei der Ausbeutung der Umwelt hütet, immer auf die Grenzen des Zumutbaren schielt – und sie dann im Einzelfall ein bißchen hinausschiebt: »Wird schon nicht so schlimm sein, wenn ich mir einen Roller zulege, der macht den Smog auch nicht gleich dicker.«

Angst gibt vielleicht den ersten Anstoß, aber als Beweggrund für konsequenten Umweltschutz reicht sie offensichtlich nicht aus. Immer mehr setzt sich die Überzeugung durch, daß es nötig ist, grundsätzlich umzudenken: Aufzuhören, sich als Mensch für den unumschränkten Herrscher über die Welt zu halten, der mit ihren Schätzen nach Belieben umspringen kann; den Reichtum, die Kraft und die Schönheit der Natur um ihrer selbst willen zu achten; sich als einen Teil von ihr zu betrachten und aus Verbundenheit für sie zu sorgen und nicht, um sie möglichst lange auszunutzen.

Größere Kinder und Jugendliche können die ökologischen Kreisläufe verstehen, von denen das Klima abhängt, die Qualität des Wassers, der Luft und der Nahrung. Aus der Schule wissen sie normalerweise Bescheid über die wechselseitige Abhängigkeit dieser Systeme und auch darüber, wie rücksichtslose Eingriffe das Gleichgewicht des Ganzen stören. Und wenn sie gerade »gefehlt« haben und die Eltern sich keine Nachhilfe zutrauen: es gibt genügend Literatur zu diesen Fragen, auch für Kinder und Jugendliche verständliche Sachbücher, um Wissenslücken aufzufüllen. Vom bloßen Wissen zu der Bereitschaft, persönliche Konsequenzen daraus zu ziehen, ist es allerdings ein großer Schritt. Und Eltern können einiges dazu beitragen, daß die Einsicht nicht immer wieder von momentanen egoistischen Interessen überrollt wird:

- Die eigenen Ansprüche zurückschrauben und mit den Heranwachsenden über die Folgen einer ungebremsten Konsumhaltung reden. Und ihnen zeigen, daß sich auch in bescheidenerem Rahmen zufrieden leben läßt. Das hat nichts mit einer sauertöpfischen Ideologie zu tun, sondern viel mehr mit Vernunft. Hängt die Lebensqualität wirklich davon ab, daß man für jeden Meter das Auto anwirft? Muß man wirklich im Hochsommer skifahren oder eislaufen und im Winter Erdbeeren oder Spargel auf dem Teller haben? Wenn die Jugendlichen lernen, bewußt abzuwägen, fällt es ihnen weniger schwer, sich den Zwangsvorstellungen der Konsum- und Wegwerfgesellschaft zu entziehen.
- Problemfälle mit ihnen besprechen, die Zersiedelung von Naturlandschaften etwa, den Bau von Autobahnen oder Trassen für Hochgeschwindigkeitszüge. Ihnen die Augen dafür öffnen, wie häufig Entscheidungen um persönlicher oder kurzfristiger Interessen willen getroffen werden, oder um Wählerstimmen einzuheimsen – ohne einen Gedanken auf zukünftige Generationen zu verschwenden und ohne zu überlegen, ob vielleicht irreparable Schäden entstehen.
- Ihnen klarmachen, daß man die Sorge für die Umwelt nicht einfach »der Politik« oder »der Wirtschaft« anhängen kann. Daß hinter diesen anonymen Größen immer Menschen stehen und deshalb jeder einzelne mitverantwortlich ist und auch fähig, etwas zu bewirken.
- Sie ermuntern, an Bürgerinitiativen und -versammlungen teilzunehmen oder auch gemeinsam hingehen. Nur wer sich auskennt, kann vernünftige Beschlüsse fassen und durchsetzen.
- Statt einzufallen in den Chor der Spötter über »Körner fressende und Latschen tragende Ökos«, die Heranwachsenden lieber darauf hinweisen, wie sehr die Umweltschutzbewegung auch ohne politische Macht weltweit das Denken verändert hat. Ein Beweis dafür, daß selbst kleine Rädchen im großen Getriebe eine Rolle spielen.

Umweltbewußtsein contra Toleranz

Till, 11, verbringt die Sommerferien mit seiner Familie auf einer griechischen Insel. Zu Hause ist er daran gewöhnt, seine Abfälle, Flaschen und Papier gewissenhaft zu sortieren. Umso mehr sticht ihm ins Auge, daß hier an vielen Stellen Plastikwasserflaschen, Tüten und Papierfetzen am Strand herumliegen. Eines Mittags macht die Familie ein Picknick in einem Olivenhain an der Straße. Ein paar Meter von ihnen entfernt läßt sich eine Gruppe von Einheimischen zum Essen nieder und bricht nach einer Weile wieder auf, ohne sich um den Müll zu kümmern, der von der Mahlzeit übrigbleibt. »Da geh ich jetzt hin«, empört sich Till, »die können ihren Dreck doch nicht einfach liegenlassen!« Aber seine Eltern halten ihn zurück. »Hier haben viele Leute eine andere Einstellung zur Umwelt«, erklärt ihm sein Vater. »Es ist zwar in Ordnung, daß du es so ernst damit nimmst, aber du hast als Gast in ihrem Land trotzdem nicht das Recht, ihnen deine Meinung aufzuzwingen. Wir können ja, wenn du willst, ihre Abfälle mitnehmen.«

Verantwortung

»Man darf niemandem seine Verantwortung abnehmen, aber man soll jedem helfen, seine Verantwortung zu tragen.«
Heinrich Wolfgang Seidel

Morgens um sieben in zigtausend Familien: »Aufstehen, Kinder! Habt ihr denn nicht gehört!« – »Jetzt kommt doch endlich! Ihr verpaßt noch den Bus!« – »Hast du dein Schulbrot? Und denk an das Sportzeug!« – »Nimm die warme Jacke, es ist eisig heute!« Und um halb zehn vielleicht ein Notanruf: »Mami, ich hab den Malkasten vergessen. Kannst du ihn mir schnell bringen?«

Warum tun Eltern das? Was veranlaßt sie, von der Zahnspange bis zur Monatskarte alles für ihre Kinder zu bedenken, bereitzulegen und hinterherzuschleppen? Meistens eine Mischung aus Gewohnheit, Sorge, die Kids könnten Schaden nehmen, dem Wunsch, daß der Laden möglichst reibungslos läuft und dem Gefühl, sonst keine guten Eltern zu sein.

Menschenbabys kommen so hilflos auf die Welt wie kein anderes Lebewesen. Und viel länger als ihre kleinen Tierkollegen sind sie vollkommen abhängig von Schutz und Fürsorge. Sie hätten keine Chance zu überleben, wenn nicht jemand – in den meisten Fällen die Eltern – sie rundherum in seine Verantwortung nähme. Aber eher als ihr rührender Baby-Appeal und ihre Tolpatschigkeit vermuten lassen, sind sie doch schon fähig, zumindest in Teilbereichen für sich mitzusorgen und mitzuentscheiden. Bereits Zweijährige können sich allein anziehen, wenn man ihnen zeigt, wie das geht und sie nicht gerade mit knopf- und laschenreichen Sachen konfrontiert (→ Selbständigkeit). Bloß entlassen viele Mütter und Väter ihre Kinder nicht ohne weiteres aus der totalen elterlichen Verantwortung. Sie hören nicht auf, alles für die Sprößlinge zu erledigen, zu ordnen und zu regeln, jeden Fehler auszubügeln und mit Druck und Kontrollen dafür zu sorgen, daß ihre Vorstellungen befolgt werden. Und ausgerechnet sie sind es dann häufig, die sich irgendwann lauthals über die völlige Verantwortungslosigkeit ihrer Kinder beschweren – »Wenn Katja einen Achter in ihr Rad gefahren hat, kratzt sie das überhaupt nicht, dann läßt sie's stehen und nimmt einfach meins!« »Simon ist es völlig wurscht, ob er die letzte U-Bahn versäumt. Dann ruft er eben an und erwartet, daß wir ihn abholen.« – ohne den Grund dafür bei sich selbst zu suchen.

Kinder können nur lernen, sich verantwortlich zu fühlen, wenn man ihnen Verantwortung überträgt und ihnen Gelegenheit gibt, eigene Erfahrungen zu sammeln. In früheren Zeiten war das entschieden einfacher als heute. Da wurde der Nachwuchs ganz selbstverständlich mit eingespannt in den Familienbetrieb. Von klein auf hatten die Kinder ernsthafte Aufgaben zu erfüllen. Egal, ob Kühe hüten, Hühner füttern, Holz sammeln oder jüngere Geschwister beaufsichtigen – das Wohl aller hing davon ab, daß sie ihre Arbeiten verantwortungsbewußt erledigten. Und das Gefühl, etwas Nützliches zu tun, war dabei der größte Ansporn. Inzwischen werden Kinder nicht mehr gebraucht, um die Familie wirtschaftlich über Wasser zu halten, und ohne das hautnahe, unmittelbare Erleben ist es viel schwieriger einzusehen, wie bedeutend Verantwortungsgefühl für jeden einzelnen und für die Gemeinschaft ist.

Verantwortung steht zur Zeit nicht gerade hoch im Kurs. Gibt es nicht überall genügend Beispiele, daß es sich ohne wunderbar leben läßt? Leute auf dem Ego-Trip, die lieber genießen und mitnehmen, was zu kriegen ist, anstatt sich zu engagieren oder an mögliche Konsequenzen zu denken? Wozu überhaupt Verantwortung?

»Ich habe auf die drastische Tour versucht, ihnen klarzumachen, um was es geht«, erzählt ein dreifacher Vater. »Ich habe sie gefragt, wie sie es wohl fänden, von einem Raser über den Haufen gefahren zu werden, der Tempolimits als Beschränkung seiner persönlichen Freiheit betrachtet, oder wenn ich mich auf eine Sonneninsel absetzte, weil es mir plötzlich besser gefiele, da mein Geld zu verjubeln als hier für die Familie zu sorgen, oder wenn die Manager der Fabrik in unserer Nähe keine Filter in die Schlote einbauten, obwohl sie genau wüßten, daß giftige Rauchschwaden uns die Luft verpesten?« »Kinder möchten doch unbedingt vollwertige Familienmitglieder und möglichst bald selbständig sein«, meint eine Mutter. »Ich erkläre meinen beiden immer wieder, daß dazu auch Verantwortungsgefühl gehört. Wie soll man jemanden ernst nehmen, der immer nur fordert, aber selbst nicht den geringsten Beitrag leistet? Und zum Erwachsenwerden reicht es ja nicht, daß einer allein verreisen oder einkaufen kann. Er muß auch lernen, für das, was er tut, einzustehen und nicht anderen die Schuld in die Schuhe zu schieben, falls etwas schiefläuft.«

Natürlich ist es notwendig, mit den Kindern darüber zu reden, was Verantwortung bedeutet, aber unter unseren Lebensbedingungen brauchen sie fast immer auch die Hilfe der Eltern, um einen Ansatz für den praktischen Umgang damit zu finden. Die ideale Einstiegsmöglichkeit bietet ein Posten im häuslichen Zusammenleben. Fünfjährige können zum Beispiel schon regelmäßig alte Zeitungen zur blauen Tonne transportieren, Siebenjährige eine Pflanze – vielleicht nicht unbedingt die allerzarteste! – in ihre Obhut nehmen, Neunjährige den Hamster versorgen oder das Katzenklo reinigen (→Hilfsbereitschaft). Das Ganze bitte ohne finanzielle oder süße Vergütung. Verantwortung zu übernehmen lernen Kinder nämlich nicht über Lohn, sondern über das Gefühl, wirklich gebraucht zu werden, etwas Sinnvolles und Vernünftiges beizutragen – genauso wie ihre kleinen Vorgänger von früher. Darum sollten Eltern sie auch möglichst nicht nur mit den allerniedrigsten Handlangerdiensten beauftragen und ihnen vor allen Dingen immer wieder zeigen, daß sie ihre Aktionen wirklich ernst und wichtig nehmen.

Für kleine Kinder ist es eine große Sache, allein für etwas verantwortlich zu sein. Um damit zurechtzukommen, brauchen sie erst einmal Unterstützung: Eltern, die nicht zuviel erwarten, die ihnen erklären, wie man eine Aufgabe anpackt, die ihnen Zeit zum Üben geben und Geduld haben, wenn es nicht auf Anhieb klappt. Und die sie – zumindest für eine Weile – an ihren neuen Job erinnern. Das geht auch ohne ständiges Mahnen und erhobenen Zeigefinger. »Seit vier Wochen ist Timmi dafür zuständig, unseren Wellensittich zu versorgen«, berichtet die Mutter eines Siebenjährigen. »Jetzt klebt bei uns ein blauer Punkt an der Garderobe im Flur und einer über Timmis Schreibtisch. Das ist sein Spezialzeichen: ›An Zausi denken!‹

Aber wie soll's weitergehen, wenn sich plötzlich die Zeitungsberge türmen und das Katzenklo vor sich hin stinkt, weil die Kinder ihre Aufgabe vergessen oder sich davor gedrückt haben? Viele Eltern sind in solchen Situationen versucht, schnell für die Sprößlinge einzuspringen und die Sache für sie zu erledigen. Bloß würden sie deren Verantwortungsgefühl damit das Wasser abgraben. Die meisten Kids interpretieren diese Art Nothilfen als Signal, daß es im Grunde auf ihren Einsatz gar nicht ankommt, weil die Eltern ja eh aufpassen und das Schlimmste verhüten. Was also dann? Soll man die Blumen verdursten und den Hamster einfach verhungern lassen?

Der Versuch, die Kinder mit Druck und Vorwürfen auf Trab zu bringen, verspricht höchstens kurzfristige Wirkung und führt ganz gewiß nicht zu mehr Verantwortungsgefühl. Viel eher sind sie zu überzeugen, wenn sie die Folgen ihrer Verantwortungslosigkeit erleben. Vater und Mutter könnten ihnen also schon bei der Aufgabenverteilung klarmachen, daß weniger Zeit für gemeinsame Unternehmungen bleibt, wenn sie alles auf die Großen abwälzen. Und sie könnten von vornherein mit ihnen vereinbaren, daß Ham-

ster oder Katze weggegeben werden, wenn sich eine gewisse Zeit-
lang keiner um sie kümmert. Sie müßten das dann allerdings auch
wirklich durchführen – nicht als Strafaktion aufgezogen: »Das ist
die Quittung, ich habe euch gewarnt!«, sondern ruhig und
bestimmt als Konsequenz ihres Verhaltens. Nur so lernen Kinder,
daß alles, was man tut oder unterläßt, Folgen hat. Haben sie zu
Hause erfahren, wie wichtig es ist, daß jeder Verantwortung mitt-
rägt, fühlen sich die meisten auch im Kindergarten und in der
Schule eher mit zuständig. Statt sich nur auf andere zu verlassen,
helfen sie beim Aufräumen, bei Festvorbereitungen, der Planung
von Spielen und Ausflügen oder übernehmen die Rolle des Klas-
sensprechers. Erst recht, wenn sie von ihren Eltern in dieser Haltung bestärkt werden und miterleben, daß auch Vater und Mutter
sich einsetzen – im Elternbeirat etwa, als Begleitschutz beim Wan-
dern oder in Festkomitees.

Viele Eltern haben große Bedenken, ihren Sprößlingen Eigenverantwortung einzuräumen. Sie sind doch so unvernünftig und
unerfahren und haben überhaupt keinen Überblick! Die Frage ist
nur, wann Kinder so weit sein sollen, um für sich selbst einzustehen – mit 16 oder vielleicht erst mit 20? Und wie sollen sie schließlich das Steuer übernehmen können, wenn sie keine Gelegenheit
zum Einüben hatten? Je länger Väter und Mütter alles für sie
managen, desto mühsamer erfassen die Kinder, daß es von ihnen
selbst abhängt, wie ihr Leben verläuft. Natürlich muß man sie deswegen nicht aus dem Nest schmeißen und sich nicht weiter kümmern. Auch lange nach dem Ende der Kindheit brauchen die
Jugendlichen noch den Schutz und Beistand ihrer Eltern. Aber
Mitverantwortung tragen können sie von früh an.
   Verantwortung setzt Entscheidungsfreiheit voraus, die Möglichkeit zu wählen, ob ich etwas tun oder lassen will, es so oder
anders machen möchte. Schon kleine Kinder entwickeln ein
Gespür für ihre eigene Zuständigkeit, wenn man sie möglichst oft
mitentscheiden läßt. Gelegenheiten dazu gibt's genug: beim Anziehen, Spielen, Schlafengehen, bei Spaziergängen und Verabredun-
gen. Ordnen Vater und Mutter nicht einfach an, daß dies oder
jenes zu geschehen hat, sondern stellen das Kind vor die Wahl –
»Möchtest du die grüne oder die blaue Jacke anziehen?« »Sollen
wir in den Park gehen oder auf den Spielplatz?« – erkennt bereits

ein Knirps, daß er Einfluß auf das hat, was mit ihm geschieht. Und wenn er es dann im Park plötzlich ganz »doof« findet und mault, weil keiner seiner Freunde da ist, kann man auch mit einem so kleinen Kerl durchaus darüber reden, daß es seine eigene Entscheidung war – ohne ihm unter die Nase zu reiben, daß er eben noch reichlich dumm ist. Und ihm vorschlagen, in Zukunft vielleicht erst einmal zu überlegen, wo bei welchem Wetter wohl seine Spielkameraden anzutreffen wären.

Bei den meisten Kindern und Jugendlichen besetzt die Schule mit allem Drum und Dran einen großen Teil ihres Daseins. Ein ideales Revier, um Eigenverantwortung einzuüben und ein grundlegendes obendrein. Wer hier kapiert, daß es in seiner Hand liegt, ob der Alltag klappt, ob er erfolgreich ist oder ständig in Schwierigkeiten gerät, hat das fürs Leben gelernt. Psychologen und Pädagogen appellieren deshalb immer wieder an die Eltern, die Schule und alles, was dazu gehört, wirklich zur Sache der Kinder zu machen – vom pünktlichen Aufbruch bis zum Pauken für die nächste Matheprobe. Natürlich nicht per Verordnung von oben, denn die würde die Sprößlinge zu reinen Befehlsempfängern degradieren. Sondern über einen demokratischen Familienrat, in dem gemeinsam besprochen wird,

- daß sie selbst dafür zuständig sind, rechtzeitig aufzustehen und nicht damit rechnen können, zwanzigmal geweckt und im Notfall schnell hingefahren zu werden;
- daß die Hausaufgaben ihre Angelegenheit sind und nicht die von Vater und Mutter. Und daß sie deshalb nicht darauf bauen können, daß man im letzten Moment den Aufsatz oder das Referat für sie schreibt;
- daß es ihre Sache ist, an alles zu denken, was sie für den Schulalltag brauchen, ob Brot oder Turnschuhe, und auf Hilfstruppen nicht zu setzen ist;
- daß sie natürlich fragen können, wenn sie Probleme mit einer Aufgabe haben, sich aber nicht darauf verlassen dürfen, daß die Eltern ihnen in häuslichen Crash-Kursen die Vokabeln oder Formeln für ihre Proben schon einbimsen werden, weil sie sich nicht aufraffen konnten, rechtzeitig mit dem Lernen anzufangen;
- daß sie für ihre Versäumnisse geradestehen müssen und nicht erwarten können, daß die Eltern Entschuldigungen schreiben

wegen angeblicher Fieberschübe und Schwächeanfälle. Oder zu den Lehrern gehen, um sie mit irgendwelchen Erklärungen wieder günstig zu stimmen.

Kindern fällt es leichter, solche Beschlüsse anzuerkennen, wenn sie das Gefühl haben, wirklich mitzuentscheiden. Wenn sie zum Beispiel selbst bestimmmen können, ob sie um viertel vor oder um punkt sieben aufstehen wollen, ob sie von Vater oder Mutter (in genau begrenzter Rufzahl!) geweckt werden oder einen eigenen Wecker haben möchten, wann sie die Hausaufgaben erledigen wollen – direkt nach dem Essen oder am späteren Nachmittag, ob sie Erinnerungshilfen brauchen oder sich zutrauen, allein den Überblick zu behalten.

Eltern zeigen mit dieser Art Absprachen eine Menge Vertrauen, und gerade das motiviert viele Kinder, sich daran zu halten. Trotzdem klappt es natürlich nicht immer reibungslos. Manchmal steckt Trägheit dahinter oder Vergeßlichkeit, oft wollen die Kids aber auch bloß testen, was wohl passiert, wenn sie den Wecker abstellen und gemütlich weiterschlafen. Ob die Eltern dann wirklich ernst machen und sie nicht doch aus den Federn trommeln? Genau das ist der Knackpunkt: Das Ganze hat nur Sinn, wenn Vater und Mutter tatsächlich konsequent bleiben, auf keine Machtkämpfe eingehen und die Kinder die Folgen erleben lassen. »Am Anfang hat es uns viel Überwindung gekostet, nicht doch immer wieder für sie einzuspringen«, erinnert sich ein Vater. »Sie kamen wirklich ein paar Mal heftig zu spät, hatten kein Pausenbrot oder keinen Zirkel dabei oder das fällige Gedicht nicht gelernt. Sehr schnell zeigte sich aber, daß die Konsequenzen in der Schule entschieden wirkungsvoller waren als unser Gemache und Getue zu Haus. Jetzt läuft's, und vor allem gibt es nicht mehr dauernd Streit um ihre Angelegenheiten.« »Die Konsequenzen beeindrucken sie zehnmal mehr als alles Mahnen«, meint auch eine Mutter. »Ich mußte meinen Sohn immer zur Schule fahren, weil er anders nicht hinkam. Und jeden Morgen ging die gleiche Arie los: ›Nun mach doch schon endlich! Wie lange soll ich noch warten!?‹ Bis ich eines Tages eine andere Tour aufzog. Es war höchste Zeit, und er steckte noch in der Schlafanzughose. Ich bin ganz ruhig geblieben, war nicht sauer oder wütend und habe ihn einfach nur aufgefordert, eben so einzusteigen, sich im Auto anzuziehen oder im Schlafanzug in die Schule zu marschieren. Seit dem Morgen funktionierte es plötzlich wie von Zauberhand.«

Den Kindern so viel Verantwortung übertragen? Manche Eltern graust es bei der Vorstellung: das kann doch nie gutgehen. Andere betrachten es als ihre unbedingte Pflicht, das Leben der Sprößlinge fest im Griff zu haben. Oder sie halten eine reibungslose Schulkarriere für so wichtig, daß sie kein Risiko eingehen möchten. Und natürlich ziehen auch Kinder manchmal nicht mit, nutzen das Vertrauen der Eltern aus und fallen dabei vielleicht auf die Nase. Oft geht ihnen zwar gerade durch schmerzhafte Erfahrungen auf, daß sie selbst die Bestimmer ihres Lebens sind. Trotzdem erscheint Vätern und Müttern das Wagnis nicht selten reichlich groß. Selbstverständlich gibt es auch hier kein allgemeingültiges »Rezept« und schon gar keine Garantie.

Eigenverantwortung kann man auch auf anderen Gebieten, die nicht an die Schule gekoppelt sind, lernen. Zum Beispiel da, wo es ums »Equipment« geht: Viele Kinder fordern ganz selbstverständlich Nachschub, wenn ein Spielzeug kaputt oder verschütt gegangen ist, wenn sie ihren Fußball oder die Badehose zum x-ten Mal verloren haben. Sie kommen überhaupt nicht auf die Idee, ihr defektes Fahrrad selbst zur Reparatur zu bringen oder selbst den Dreck von ihren Stollenschuhen zu klopfen. Ein weites Feld für die schönsten Kräche. Mit Schimpfen und Vorwürfen läßt sich auch hier erwiesenermaßen nichts verändern. Abhilfe verspricht allein Konsequenz: ihnen in aller Freundschaft klarmachen, daß sie es eben eine Weile ohne Feuerwehrauto oder Fußball aushalten müssen, bis sie den Ersatz zusammengespart oder zum Geburtstag bekommen haben, und daß man sich nicht dafür zuständig fühlt, ihre Geräte in Schuß zu halten. Dann heißt es aber auch wirklich auf dieser Linie bleiben und nicht doch wieder das eigene Fahrrad herleihen. »Innerhalb von zwei Wochen hat meine Tochter viermal ihre Handschuhe verloren«, erzählt eine Mutter. »Es war zu eisig, um sie ohne gehen zu lassen. Nach zwei Vorwarnungen habe ich das neue Paar an eine Strippe genäht, wie bei einem Baby, und durch die Mantelärmel gefädelt. Gräßlich für eine Elfjährige. Am Tag drauf hat sie die Strippe abgeschnitten, aber die Handschuhe nie wieder verschlampt.«

Den meisten Menschen, egal, ob groß oder klein, fällt es schwer, Fehler einzugestehen, zuzugeben »Ja, das war ich«, falls irgend etwas schiefgelaufen ist. Wenn ich bei einer Sicht von 50 Metern mit 130 über die Autobahn rausche und dann jemandem drauffahre, lag das doch nicht an mir! Schuld hatte der Nebel! Die Vase habe ich nur vom Tisch geworfen, weil der Chrissi plötzlich so laut gekreischt hat, daß mein Arm vor Schreck nach vorn gesaust ist! Die Palette der Möglichkeiten, sich hinter anderen Menschen, den Umständen oder irgendwelchen angeblichen Zwängen zu verschanzen, ist schier unerschöpflich.

Geradezustehen für das, was man getan hat, gehört als ganz wesentlicher Punkt zur Verantwortung. Wie wichtig er ist, läßt sich größeren Kindern und erst recht Jugendlichen am Beispiel von Nazi-Killern oder Mauerschützen vermitteln: Nur das Bewußtsein ihrer eigenen Zuständigkeit für ihre Taten hätte sie davor bewahren können, Dinge auszuführen, mit denen sie vielleicht nicht einverstanden waren, und dann hinter den politischen Verhältnissen oder dem Befehl eines Vorgesetzten in Deckung zu gehen.

Natürlich wäre es unsinnig zu erwarten, daß Kinder zu ihren »Missetaten« oder Pleiten stehen, wenn sie mit einem Riesendonnerwetter rechnen müssen. Um nicht ihr Heil in Ausflüchten und Alibis zu suchen, brauchen sie die Gewißheit, daß die Eltern sie auch in weniger erfreulichen Situationen akzeptieren. Was sie angerichtet haben, mag ja schlimm sein, aber deswegen ist es noch lange nicht das ganze Kind (→Gehorsam, →Selbstvertrauen). Am ehesten gelingt es Vätern und Müttern, ihre Sprößlinge zu motivieren, Fehler auf sich zu nehmen, wenn sie zwar Kritik äußern, aber auch die feste Zuversicht, daß die Kinder es besser könnten. Wenn sie die Sache in Ruhe mit ihnen besprechen und gemeinsam überlegen, ob und auf welche Weise etwas wiedergutzumachen wäre und wie sich ein neuer Ansatz finden ließe. Und auch darüber mit ihnen reden, was für ein erbärmliches Würstchen einer sein muß, der es zwar fertigbringt, einen Spielkameraden gewaltig zu verhauen, aber anschließend aus Feigheit schreit: »Der Uli hat gesagt, ich soll das tun!« Solange Eltern allerdings selbst anderen die Schuld für ihr eigenes Versagen zuschieben, werden sie ihren Nachwuchs kaum überzeugen. Darum bleibt ihnen, wenn sie es ernst meinen, ein kritischer Blick in den Spiegel nicht erspart.

Mit den ersten Anläufen der Heranwachsenden, flügge zu werden und die Freiheit auszuprobieren, beginnt für viele Eltern ein schwieriger Balanceakt. Einerseits sorgen sie sich, daß den Kindern auf nächtlichen Touren oder Alleinreisen etwas passieren könnte, und im juristischen Sinne sind sie bis zum 18. Lebensjahr voll verantwortlich. Andererseits würden sie sie in ihrer Entwicklung hemmen und auf erbitterten Widerstand stoßen, wenn sie weiterhin alles reglementieren wollten (→Selbständigkeit). Um ständige Auseinandersetzungen und Machtkämpfe zu vermeiden, gibt es nur eine Lösung – den Jugendlichen langsam immer mehr Eigenverantwortung übertragen und sie darin unterstützen. Konkret könnte das so aussehen:

• Anstelle von Anordnungen und Verboten gemeinsam nach Kompromissen suchen und so den Kids schon Mitverantwortung für die Entscheidungen geben. Auch zusammen mit ihnen überlegen, welche Konsequenzen es haben soll, wenn sie sich nicht an Vereinbarungen halten.

• Ihnen helfen, eine Situation und die Folgen richtig einzuschätzen, indem man zuhört, auf ihre Pläne eingeht und eigene Ansichten dazu äußert – allerdings ohne sie ihnen aufzuzwingen. Je weniger die Jugendlichen das Gefühl haben, daß die Eltern sie kritisieren oder bevormunden wollen, desto eher ziehen sie deren Meinung mit in Erwägung.

• Sie ermutigen – auch und gerade nach Enttäuschungen oder Rückschlägen. Immer wieder Vertrauen in sie setzen, ihr →Selbstvertrauen stärken und ihre Freiräume erweitern, wenn sie gezeigt haben, daß sie fähig sind, verantwortungsbewußt zu handeln.

Und was, wenn ernstliche Schwierigkeiten auftauchen, mit Drogen etwa oder mit Alkohol? Experimente damit machen fast alle Jugendlichen irgendwann. Meistens nur, um mitreden zu können – und dann ist die Sache passé. Aber wie sollen Eltern sich verhalten, falls daraus eine Abhängigkeit entsteht? Die Kinder wieder stramm an die Kandare nehmen – »Du bist eben doch noch nicht so weit, selbst auf dich zu achten« –? Nach Ansicht von Fachleuten helfen Freiheitsbegrenzungen und Kontrollen nicht weiter, sondern – neben dem in vielen Fällen notwendigen professionellen Beistand – der immer erneute Appell an ihre Eigenverantwortung und vor allem ganz viel Zuschuß für ihr Selbstvertrauen. Weil es ihnen daran mangelt, geraten die meisten überhaupt nur in Konflikt mit Drogen oder Alkohol.

Während sich das Verantwortungsgefühl von Kindern auf ihr direktes Umfeld beschränkt – Familie, häusliche Pflichten, Schule –, können Jugendliche immer klarer erfassen, daß jeder einzelne mitverantwortlich ist für umfassende politische und gesellschaftliche Probleme wie Umweltzerstörung, Arbeitslosigkeit, Hungersnöte. Ob sie daraus Konsequenzen für ihre persönliche Haltung ableiten, hängt – das zeigten Untersuchungen – stark vom Vorbild der Eltern ab. Wenn Vater und Mutter sich für soziale Belange einsetzen, sind auch ihre Kinder häufig bereit, Verantwortung in größerem Rahmen mitzutragen und für andere einzutreten. Und gerade über das praktische Engagement, egal, ob in der Schülermitverwaltung, bei amnesty international, Greenpeace oder im Tierschutzverein, erfahren sie, wie dringlich es ist, sich vor dieser Art von Aufgaben nicht einfach zu drücken. Daß Verantwortungsgefühl ein ganz wesentlicher Teil des Erwachsenseins ist, können Eltern ihren Kindern – vom Muster abgesehen – auch noch vermitteln, indem sie die Vierzehn- bis Fünfzehnjährigen mit ihrem erwachenden politischen Interesse ernst nehmen, sie in Diskussionen einbeziehen, ihnen Informationen weitergeben, sie ermuntern, sich persönlich einzusetzen und sie immer wieder in dem Bewußtsein bestärken, daß jeder einzelne mit zuständig ist.

Verantwortung contra Selbstvertrauen

Verenas Mutter ist krank. Mehrmals wöchentlich muß sie nachmittags zu einer längeren Behandlung zum Arzt, und es bleibt ihr nichts anderes übrig, als der Dreizehnjährigen ihre kleine Schwester Maria anzuvertrauen. Verena trifft sich in ihrer Freizeit immer mit einer Clique von Freundinnen irgendwo in der Altstadt. Sie ziehen durch die Kaufhäuser, hocken auf Bänken oder Geländern herum und beratschen die neuesten heißen Geschichten. Jetzt muß also die fünfjährige Maria mit. Die ersten beiden Male ist es noch ganz lustig, weil die anderen die Kleine süß und putzig finden, aber dann fangen sie an zu mosern: »Sag mal, wer bist du denn! Läßt dir so was anhängen!« »Glaubst du, wir spielen jetzt auch die Ersatzmama? Ist doch blöd, immer mit so einem Baby rumzuziehen!« Das Gerede der Freundinnen kratzt hart an Verenas Selbstvertrauen, schließlich will sie genauso cool und unabhängig sein wie die übrigen. Eines Nachmittags, als sie gerade mit Maria aus dem Haus geht, kommt ein Mädchen aus der Nachbarschaft mit dem Rad daher. Sanne, eine Wilde, die ständig durch die Gegend kurvt. »He«, ruft sie schon von weitem, »wenn du willst, nehm ich heute mal die Maria mit. Ich fahr erst zu meiner Oma und dann ins Schwimmbad. Das macht ihr doch bestimmt Spaß!« Verena wäre ihr Anhängsel nur allzu gern für einen Nachmittag los, endlich mal nicht als Familientante dastehen! Und spontan will sie eigentlich zustimmen. Aber dann fällt ihr ein, wie Sanne gewöhnlich herumsaust – ohne einen Gedanken auf rote Ampeln oder sonstige Hindernisse zu verschwenden. Und erst das Schwimmbad! Es schießt ihr durch den Kopf, daß sie Maria vielleicht wirklich in Gefahr brächte, nur damit sie vor den hämischen Freundinnen bestehen könnte. Wenn sie's auch hart ankommt, schleppt Verena die Kleine lieber wieder mit und präpariert sich schon unterwegs für den Gegenangriff: »Ihr könnt mich alle mal!«

Vertrauen

»Es ist manchmal besser, betrogen zu werden, als gar nicht zu vertrauen.«

Samuel Johnson

»Walroßdampfer zur Abfahrt bereit!« Prustend und platschend »ankert« Jockels Vater am Schwimmbadrand. »Will jemand zusteigen?« »Iiiich!« brüllt sein kleiner Ableger, zweieinhalb Jahre alt, wirft sich ihm mit einem Juchzer auf den Rücken, umklammert fest seinen Hals, und los geht's. Unter wildem Geschnaube und Wellenschlagen zieht das »Walroß« seine Bahn, obendrauf den begeistert quietschenden Passagier. Nicht eine Sekunde lang fürchtet Jockel, abgeworfen oder im Tiefen allein gelassen zu werden. Wieso auch?, könnte man meinen, schließlich schwimmt er doch mit seinem Vater, selbstverständlich traut er ihm. Aber so einfach liegen die Dinge nicht. Dieses felsenfeste Vertrauen ist keineswegs eine ganz natürliche Sache, die angeboren ist oder sich von selbst einstellt. Es hat immer eine längere Vorgeschichte.

Am Anfang der Geschichte steht ein bestimmter Mensch – meistens die Mutter –, der das Kind ständig und zuverlässig umsorgt. Und das Kleine bringt die Bereitschaft mit, sich diesem Menschen, ohne den es nicht überleben könnte, anzuvertrauen. Für ein Baby bedeutet die Mutter die ganze Welt, sie ist Nahrung und Wärme und Schutz und Trost. Wenn es immer wieder erlebt, daß es sich auf sie verlassen kann, daß sie seine Signale versteht und seine Bedürfnisse befriedigt, fühlt das Kind sich geborgen und sicher. Und auf dieser Basis fängt ein Säugling an, sogenanntes Urvertrauen zu entwickeln. Ein hungriger Winzling hört auf zu brüllen, wenn er nur die Stimme der Mutter hört, in der Zuversicht, daß sie ihn stillt. Ein unglückliches Kleinchen beruhigt sich, wenn sie es aufnimmt, weil es spürt, daß sie seinen Kummer versteht und ihm helfen wird.

Mit unglaublicher Instinktsicherheit erfassen Mütter oft auf Anhieb, was ihrem Baby fehlt, und reagieren auf die Weise, die das Kind erwartet. Aber nicht wenige tun sich – vor allem in den ersten Wochen – schwer damit. Was soll das Schreien oder Quengeln bedeuten? Hat es Hunger? Einen nassen Po? Bauchweh? Oder vielleicht Langeweile? Väter zerbrechen sich darüber häufig genauso den Kopf – und das zu Recht. Entgegen der landläufigen Meinung sind nämlich auch sie durchaus fähig, dem Baby zu geben, wonach es verlangt – wenn's nicht gerade ums Stillen geht. Ein Kleinchen – das ergaben Untersuchungen – braucht zwar mindestens einen Menschen, an den es sich binden kann, und es verträgt keine dauernd wechselnden Bezugspersonen, aber es ist ohne weiteres fähig, feste Beziehungen zu mehreren Menschen gleichzeitig einzugehen. Und da steht der Vater natürlich in vorderster Linie.

Was können Eltern tun, wenn sie ihrem Baby Sicherheit und Vertrauen geben möchten, aber nicht dahinterkommen, was es will? Nach Meinung von Fachleuten sollten sie vor allem die Ruhe bewahren und ernsthaft auf das Kind eingehen, es genau anschauen und auf den Klang seines Weinens oder Jammerns hören. Es nicht nach Schema F behandeln und bei jedem Knatschen stur füttern oder ihm den Schnuller in den Mund stecken, oder es bei jedem Brüllen mit wildem Geschuckel beruhigen wollen. Auch einem Winzling entgeht es nicht, wenn die Eltern sich wirklich Mühe geben, und deshalb bricht sein Vertrauen durch gelegentliche Mißverständnisse nicht gleich zusammen. Ein anderer wichtiger Punkt: dem Baby die Gewißheit geben, daß immer einer da ist, wenn es Hilfe braucht oder Gesellschaft möchte. So ein Kleinchen weint nie ohne Grund. Lassen die Eltern es schreien, weil sie glauben, das sei gesund oder vernünftig, fühlt es sich verlassen und verloren – nicht gerade zuträglich für sein Vertrauen. Natürlich muß man es deshalb nicht bei jedem Fiepser herumtragen, aber zumindest nachsehen und sich vergewissern, was ihm fehlt. Und ihm durch Streicheln und zärtliche Worte zeigen: hier ist einer, der für dich sorgt.

Die meisten Familien haben nach ein paar Wochen ihren eigenen Lebensrhythmus mit dem Baby gefunden. In einem verläßlichen Rahmen von eingespielten Gewohnheiten und Ritualen beim Anziehen, Spielen, Schmusen, Essen und Einschlafen festigt sich das Gefühl des Kindes, bei den Eltern sicher aufgehoben zu sein und ihrer Ordnung vertrauen zu können, sehr schnell. Mit einem Vierteljahr schon fängt es an, ihnen ganz besondere Freundlichkeit und Zuneigung zu zeigen.

Es würde die Mutter in den folgenden Monaten am liebsten komplett mit Beschlag belegen. Wenn es krank ist oder bei seinen ersten Krabbelzügen irgendwo anrumpst, sucht es Zuflucht bei den Eltern, weil es darauf baut, daß sie sein kleines Universum wieder heil machen können. Gelingt so eine stabile Bindung, hat ein Baby gegen Ende des ersten Lebensjahres Vertrauen genug, um neugierige Ausflüge zu wagen. Es trennt sich zeitweilig von der Mutter und erforscht seine weitere Umgebung, allerdings noch lange nicht ohne die ständige Rückversicherung, daß sie immer erreichbar ist – als Rettungsstation für alle Fälle. Dieses Grundvertrauen, das ein Kind während der ersten Monate seines Daseins in einer guten Beziehung zu den Eltern gewinnt, ist die beste Voraussetzung dafür, daß es auch später, außerhalb des Bannkreises von Vater und Mutter, Vertrauen in die Welt und die Menschen und nicht zuletzt in sich selbst setzen kann.

Die wenigsten Leute machen sich jemals bewußt, was für eine entscheidende Rolle Vertrauen in ihrem Leben spielt. Wie viel in ihren Beziehungen und Unternehmungen davon abhängt, ob sie Vertrauen haben oder nicht. Wie sehr ihr Glück und ihre Zufriedenheit, ihre Schaffenskraft und ihr Optimismus davon beeinflußt werden. Am klarsten läßt sich das erkennen, wenn man sich das Dasein eines abgrundtief mißtrauischen Menschen ausmalt: Er könnte nie mit der Bahn reisen, weil der Zug womöglich, statt – wie angeschrieben – nach Dinkelscherben zu fahren, in Itzehoe ankäme. Unmöglich für ihn, in einem Restaurant zu essen – der Koch verwendet vermutlich doch nur verdorbenes Zeug. Wie sollte er jemals in ein Krankenhaus gehen, wo man ihm eventuell die Niere statt des Blinddarms entfernt? Ganz zu schweigen vom Zahnarzt und der reichen Auswahl an falsch zu reißenden Backenzähnen. Wie einen Job annehmen mit dem Verdacht, daß der Chef einen nur übers Ohr hauen will oder nächste Woche Pleite macht? Freundschaft schließen – kein Gedanke daran! Da würde man bloß ausgenutzt und wahrscheinlich noch bestohlen. Liebe? Ha – jeder weiß doch, wie so was endet! Sich irgendwo engagieren? Wozu denn? Die Welt geht ja sowieso bald zum Teufel. – Leben und erst recht menschliches Zusammenleben ist ohne Vertrauen gar nicht denkbar. Auch wenn es vermutlich kaum einer so weit treibt, wird Mißtrauen doch oft für eine nützliche Eigenschaft gehalten. »Sieh dich vor!« schärfen viele Eltern ihrem Nachwuchs ein. »Man kann niemandem trauen außer den eigenen Leuten. Die anderen wollen dich nur reinlegen.« Allerdings gibt es keinen Beweis dafür, daß Mißtrauische weniger leicht über den Tisch gezogen werden. Vieles spricht sogar für das Gegenteil: denn ein vertrauensvoller Mensch regt sein Gegenüber eher an, sich den Erwartungen entsprechend zuverlässig und ehrlich zu zeigen, als einer, der den anderen ständig skeptisch umlauert. Außerdem bedeutet Vertrauen zu haben ja nicht, daß man alles und jedem glaubt – das wäre naive Vertrauensseligkeit. Auch vertrauensvolle Menschen schätzen Situationen und Leute ein und sondieren, wem sie vertrauen können. Bloß geben sie im Zweifelsfall dem anderen erst einmal eine Chance und gehen nicht, wie die grundsätzlich Mißtrauischen, von vornherein davon aus, daß sie es wahrscheinlich mit einem Gauner zu tun haben.

Vertrauen ist nur da gefragt, wo man nicht mit Sicherheit weiß, ob jemand ehrlich und verläßlich ist. Darum schließt es immer ein Risiko ein. Und natürlich kommt es vor, daß ein vertrauensvoller Mensch betrogen wird. Aber ist ein Mißtrauischer dagegen gefeit? Kann es ihm – obwohl er sich vielleicht in der Werkstatt neben seinem Auto aufbaut – nicht auch passieren, daß der Mechaniker ein falsches Teil einsetzt oder eine Schraube vergißt? Wenn es nicht einmal zuverlässig vor Schaden bewahrt, sammeln sich auf der Seite des Mißtrauens unterm Strich überhaupt nur noch Minuspunkte: Mißtrauische Menschen sind ängstlich und skeptisch, weil sie ständig fürchten müssen, reingelegt zu werden. Sie neigen dazu, selbst andere auszutricksen – schließlich machen das ja alle. Sie sehen die Zukunft in finsteren Farben und blockieren mit ihrer Einstellung das soziale Miteinander. Auf der Gegenseite sieht es entschieden sonniger aus: Vertrauensvolle Menschen sind im allgemeinen zufriedener, zuversichtlicher und beliebter, sie haben mehr Freunde und weniger Streitigkeiten. Sie gelten meistens selbst als vertrauenswürdig und sehen einen Sinn darin, sich für die Zukunft oder gesellschaftliche Belange einzusetzen. Selbst wenn man annähme, daß sie ein paarmal mehr beschwindelt würden, erscheint die Liste der Pluspunkte noch immer überzeugend genug, um sich eindeutig auf die Seite des Vertrauens zu schlagen.

Was bedeutet das aber für den Alltag mit Kindern? Können Eltern damit rechnen, daß sich das Vertrauen der Kleinen aus dem Grundstock des ersten Lebensjahres automatisch weiter entfaltet? Oder können sie von den Kindern, sobald sie den Babyschuhen entwachsen sind, verlangen: »Nun seid mal schön vertrauensvoll, das ist gut und macht das Dasein leichter«? Vertrauen gehört – wie auch Gelassenheit oder Liebe – zu den Eigenschaften und Fähigkeiten, die sich weder einfordern noch antrainieren lassen. Und es muß, damit es sich zu einem festen Bestandteil der erwachsenen Persönlichkeit entwickeln kann, bis in die Pubertät immer wieder von den Eltern gefördert und bestärkt werden. Darin liegt auch der Trost für Mütter und Väter, die vielleicht keine Möglichkeit hatten, ihrem Kind während der ersten Monate dauernd nahe zu sein und ihm ein solides Fundament an Urvertrauen zu geben. Sie können noch aufholen – allerdings sicher nur mit einem Extra-Aufgebot an Liebe und Zuwendung.

Sobald er anfängt, zu krabbeln und erst recht zu laufen, entdeckt ein Winzling immer mehr von der Welt – Kochtöpfe und Treppen, Blumen und Tiere, Nachbarn und andere Kinder. Um sich zwischen all dem Neuen nicht zu ängstigen und sich darauf einlassen zu können, braucht er den Blickkontakt zu den Eltern. Oft noch mit fünf Jahren vergewissern sich die Kleinen mit einem fragenden Blick bei Mutter oder Vater: Mache ich das richtig so? Hab ich das richtig verstanden? Genauso müssen sie die Eltern ständig in Rufweite spüren, um sich zu ihnen flüchten oder sie fragen zu können. Die Verläßlichkeit der Eltern ist für die Kleinen die Brücke, über die sie ihr Vertrauen ausbauen. Natürlich gelingt das nur, wenn Vater und Mutter dem Kind immer wieder beweisen: du kannst auf uns setzen. Indem sie ihm zum Beispiel nicht vormachen, eine gräßliche Medizin schmecke gut oder eine Spritze tue überhaupt nicht weh, sondern ihm offen sagen, daß das jetzt nicht angenehm ist, aber notwendig, um den Husten oder das Fieber zu vertreiben. Indem sie ihm nicht Straffreiheit in Aussicht stellen, falls es ein »Vergehen« gesteht, und dann doch ein Riesengezeter vom Stapel lassen. Indem sie nicht in einem Moment etwas erlauben oder verbieten und im nächsten alles wieder auf den Kopf stellen. Indem sie nicht – wie Eltern es gerne tun – dauernd ihre Versprechen brechen, weil sie zur fraglichen Zeit dann doch keine Lust haben, zu radeln, einen Drachen zu bauen oder in den Zoo zu gehen.

In vielen Familien sind die großen und kleinen Geheimnisse der Kids eine besonders kritische Zone. Eltern halten es häufig für ihre Pflicht, haarklein über alles informiert zu sein, was ihre Kinder beschäftigt. Sie umkreisen sie mit inquisitorischen Fragen, bohren nach und lassen nicht locker, um herauszufinden, warum Steffen immer so rote Ohren kriegt, wenn er Anjas Weg kreuzt, oder was Anne mit Britta Wichtiges zu besprechen hatte. Meistens mit gegenteiligem Effekt: je heftiger die Eltern drängen, desto mehr verschließen sich die Kinder. Spionieren Vater und Mutter ihnen vielleicht sogar nach und schnüffeln in ihren Briefen oder Tagebüchern, empfinden sie das als extremen Vertrauensbruch und blocken völlig ab. Nur Eltern, die ihre Intimsphäre respektieren, zugleich aber Gesprächsbereitschaft und Anteilnahme zeigen, ohne sich aufzudrängen, haben Aussicht, daß die Kids sie ins Vertrauen ziehen.

Und wenn es berechtigte Gründe gibt, sich um die Kinder zu sorgen? Selbst dann sind Druck und Zwang nicht die geeigneten Mittel. Auf strenge Anpfiffe: »Du sagst mir jetzt sofort, ob du mit Drogen zu tun hast!« reagieren sie meistens mit Lügengeschichten und Ausflüchten. Reden die Eltern aber ruhig und offen mit ihnen und vertrauen ihnen ihre Befürchtungen an – »Du mußt verstehen, daß wir uns Gedanken machen, wenn du jeden Nachmittag auf diese Junkie-Wiese gehst« –, sind sie viel eher bereit, sich in die Karten schauen zu lassen und ihrerseits Vertrauen zu zeigen.

Vertrauen ist ein Geschenk, das man nicht erzwingen kann, und in einer engen Beziehung ist es auch eine Frage der Gegenseitigkeit. Wer selbst nie von seinen Gefühlen, Sorgen oder Wünschen erzählt, darf nicht erwarten, daß andere ihm ihr Herz ausschütten oder ihm Einblick in ihre Geheimnisse geben. Es schmeichelt Kindern ungemein und ist gleichzeitig ein gute Investition ins gegenseitige Vertrauen, wenn auch die Eltern sie mal in das einweihen, was sie bewegt. Allerdings ohne die Kinder mit Problemen zu belasten, die sie noch nicht verdauen können.

Vor allem die Freundschaften der Kids glauben viele Eltern kontrollieren und steuern zu müssen. Am liebsten würden sie selbst die Auswahl treffen: mit dem ja, mit dem aber bloß nicht. Von klein auf lernen Kinder gerade durch ihre →Freundschaften, anderen Menschen außerhalb der Familie zu vertrauen. Und je älter sie werden, desto mehr rückt das gegenseitige Vertrauen ins Zentrum ihrer freundschaftlichen Beziehungen. So etwas braucht aber Zeit, um sich zu entwickeln, und Freiräume für eigene Erfahrungen und Entscheidungen. Es hilft ihnen, wenn die Eltern sie gewähren lassen, ihre Kontakte ernst nehmen und auch merkwürdige Gestalten nicht gleich mit Acht und Bann belegen. Als verständnisvolle Begleiter im Hintergrund, die Interesse zeigen, die Freunde akzeptieren und miteinbeziehen, haben Mütter und Väter weit größere Chancen, den Nachwuchs von möglicher »schlechter Gesellschaft« abzubringen als durch rigorose Anweisungen: »Der kommt mir nicht ins Haus!«

Mit dieser Einstellung können sie den Kids auch am besten beistehen, wenn eine Freundschaft in die Brüche geht und Vertrauen enttäuscht wird. Heißt es dann: »Die war es eben nicht wert, ich hab's dir gleich gesagt«, muß ein Kind an seiner Fähigkeit zweifeln, selbst herauszufinden, wem es vertrauen kann. Wenn die Eltern aber wirklich Anteil nehmen und mit ihm darüber sprechen, was in dieser Freundschaft vielleicht nicht gepaßt hat, und sein Selbstvertrauen unterstützen – »Du bist trotzdem in Ordnung, egal, was Tina von dir sagt.« – macht ihm das Mut, nach einem neuen Ankerplatz für sein Vertrauen zu suchen.

Kleinen Menschen erscheint die Welt zunächst als ein höchst verwirrendes Gebilde aus Lebewesen und Dingen, Verhältnissen und Regeln. Um darin Fuß fassen zu können, sind sie auf Orientierungshilfen der Großen angewiesen. In ihren ersten Jahren per Blickkontakt und Rockzipfel. Je älter sie aber werden, desto nötiger brauchen sie Eltern, die ihnen den Sinn von Ordnungen, Zusammenhängen und Institutionen erklären: Warum man zur Schule geht; wieso es uns nicht egal sein kann, wenn Menschen in Afrika hungern; weshalb es wichtig ist, bei der Wahl seine Stimme abzugeben. Und sie brauchen jemanden, der ihnen hilft, Ereignisse in ihrem näheren Umfeld oder sonstwo auf der Welt zu deuten: Was macht seine Familie, nachdem Herr Stark gestorben ist? Warum gibt es auf dem Balkan keinen Frieden?... Das in einer Weise zu tun, die die Kinder in ihrem Vertrauen in das Leben und die Menschen bestärkt, ist vor allem bei Größeren oft alles andere als leicht. Sie entwickeln einen scharfen Blick für soziale Ungerechtigkeiten, die Gewissenlosigkeit von Machthabern, die Widersprüche zwischen Sonntagsreden und politischer Realität. Kein Wunder, daß viele Jugendliche zur Mutlosigkeit neigen oder sich total verweigern. Ihre Lebensbejahung und Zuversicht zu erhalten und zu fördern kann nur gelingen, wenn die Eltern selbst keine Ist-ja-sowieso-alles-zwecklos-Einstellung vertreten. Sondern sie auf positive Ansätze oder Umschwünge – Paradebeispiel: der unerwartete Fall der Mauer – hinweisen, sie anregen, selbst die Initiative zu ergreifen und sie in dem Glauben bestärken, daß es Sinn hat, sich persönlich einzusetzen (→ Umweltbewußtsein, → Verantwortung).

Die allerwichtigste Stütze für das Weltvertrauen der Kinder ist aber auch in dieser Phase die unbedingte Verläßlichkeit von Eltern, mit denen sie offen reden können, die eine klare Linie verfolgen und in jedem Fall zu ihnen stehen. Ein kluger Kopf hat gesagt, daß es reicht, nur einen einzigen Menschen zu kennen, dem man hundertprozentig vertrauen kann, um Vertrauen ins Leben zu gewinnen – vermutlich die beste Motivation für Mütter und Väter.

Obwohl Eltern sich vielleicht sehr bemühen, ihren Kindern Vertrauen mitzugeben, kommt manchmal etwas dazwischen, das das Ganze ernsthaft gefährdet. Tod oder Krankheit etwa, häufiger aber die Scheidung der Eltern. Wenn einer von beiden die Familie verläßt, gerät für die Kinder die Welt aus den Fugen. Egal, wie klein oder groß sie sind, ihre Vertrauensbasis wird dadurch massiv erschüttert. Sie fühlen sich verlassen, hilflos, weil sie die Situation nicht ändern können, und werden obendrein oft von der Angst gepeinigt, den anderen Elternteil vielleicht auch noch zu verlieren. Kids, denen in dieser Situation niemand hilft, ein Minimum an festem Boden unter den Füßen zu behalten, gehören später häufig zu den Aggressiven, Perspektivlosen mit Null-Bock-Mentalität. Darum ist es so wichtig daß Vater und Mutter in so einem Fall

- mit ihrem Kind klar darüber sprechen, daß sie auseinandergehen. Möglicherweise versteht ein Kleines noch nicht jedes Wort, aber es spürt, daß man es nicht allein läßt mit seinen Ängsten und seine Gefühle beachtet;
- es möglichst nicht aus allen vertrauten Bezügen – wie Schule, Straße, Freundeskreis – herausnehmen, damit es wenigstens in diesem Lebensbereich noch Sicherheit behält;
- sich nicht gegenseitig vor ihm schlecht machen, weil es sonst das Gefühl bekommt, sein Leben lang auf Sand gebaut zu haben;

- ihm zeigen, daß beide es weiterhin liebhaben und dafür sorgen, daß es am Leben jedes Elternteils weiterhin teilhat;
- ihm die Schuldgefühle nehmen, unter denen viele Scheidungskinder leiden. Wenn die Eltern ihm erklären, daß sie sich nicht trennen, weil es etwas falsch gemacht hat, sondern weil sie nicht mehr miteinander leben wollen, kann es ein Stück heile Familiengeschichte als Fundament für sein Vertrauen bewahren.

Vertrauen contra Gerechtigkeit

In Saschas Klasse wird seit Wochen geklaut. Immer wieder verschwindet mal Geld, mal ein Füller, eine Kassette oder sogar ein Walkman. Alle haben einen bestimmten Mitschüler in Verdacht, sie lassen ihn ihr Mißtrauen spüren, und auch der Klassenlehrer ist schon angesteckt von dem allgemeinen Argwohn. Eines Morgens hat Sascha, 14, während der großen Pause etwas vergessen. Überraschend geht er in den Klassenraum zurück und ertappt Björn, einen Jungen aus der Parallelklasse, dabei, wie er gerade in einer Schultasche wühlt. Die Situation ist völlig eindeutig, und Sascha stellt Björn sofort zur Rede. Ganz besonders hält er ihm vor, daß er bei dem Getuschel über den unschuldigen Mitschüler kräftig mitgemischt hat. Was jetzt? Der Gerechtigkeit halber müßte Sascha eigentlich sofort zum Klassenlehrer gehen und ihm von dem Vorfall berichten und vor allem zu dem zu unrecht Verdächtigten, um sich und die übrigen zu entschuldigen. Aber Björn bittet ihn dringlichst, das nicht zu tun. Er will die Sache lieber selbst in Ordnung bringen, sagt er. Hoch und heilig verspricht er Sascha, daß er noch am gleichen Vormittag mit dem Lehrer reden und den Mitschüler um Verzeihung bitten wird. Und auch vor den anderen Schulkameraden will er zugeben, daß er es war, der sie bestohlen hat. Sascha ist zwar wahnsinnig wütend auf Björn, entscheidet sich aber trotzdem dafür, ihm eine Chance zu geben und darauf zu vertrauen, daß er sein Versprechen tatsächlich hält.

Zivilcourage

»Zivilcourage ist eine der leitenden Tugenden eines Menschen, der gewählt hat, ein anständiger Mensch zu sein.«

Agnes Heller

Abends um halb acht an der U-Bahn-Station: Vier Jugendliche in Bomberjacken und Springerstiefeln haben einen fünften, jüngeren in der Mangel. Traktieren ihn mit Leberhaken und Fußtritten, schubsen ihn zwischen sich hin und her, daß er mit blutender Nase auf den Boden fällt und ein paarmal gefährlich nahe an den Bahnsteigrand gerät. Dabei pöbeln sie ihn noch lauthals als »Weichei« und »Wichser« an. Zig Leute rundherum, aber keiner, der eingreift. Statt dessen vertiefen sie sich in ihre Zeitung, studieren den Fahrplan oder starren angelegentlich in die Richtung, aus der der Zug kommen muß. Da drängt sich plötzlich eine junge Frau zwischen den Wartenden durch, marschiert mit energischen Schritten auf die Schläger zu und faucht sie an: »Hört sofort auf damit! Laßt ihn in Ruhe! Was seid ihr bloß für Helden, zu viert auf einen loszugehen!« Völlig verblüfft drehen sich die Rowdys zu ihr um. Einer grinst höhnisch, einer hebt die Fäuste in ihre Richtung – da läuft die Bahn ein. Achselzuckend schieben sich die vier in eine offene Tür – »Glück gehabt, du alte Schnepfe!« schreit einer noch von drinnen. Die junge Frau steigt in den nächsten Wagen. Türen zu. Ende des Spuks. Fast greifbar die Erleichterung unter den Zurückbleibenden.

Würden sie jetzt befragt, warum keiner von ihnen eingegriffen habe, kämen höchstwahrscheinlich die gleichen Antworten wie bei vielen Zeugenerklärungen in ähnlichen Fällen: »Ich hab das gar nicht richtig mitgekriegt.« »Ich habe mir nichts dabei gedacht.« »Ich mische mich grundsätzlich nicht in ander Leuts Angelegenheiten. Sollen sie sich doch totprügeln, wenn sie wollen.« »Ich dachte, da kommt schon wer und bringt sie auseinander.« »Was hätte ich denn machen können? Ist doch zwecklos, sich einzumischen.«

Was unterscheidet Menschen wie die junge Frau von den anderen, die geflissentlich wegsehen? Haben sie vielleicht einfach mehr

Mut? An der Menge kann es nicht liegen. Bei näherer Betrachtung wären unter den Raushaltern sicher ein paar äußerst Mutige zu finden, Drachenflieger etwa oder Freeclimber oder verwegene Motorradfahrer. Um einzuschreiten, wenn jemand tätlich angegriffen oder beleidigt wird, um für die eigene Überzeugung selbst gegen eine Mehrheitsmeinung einzutreten, auch dann, wenn alle übrigen kuschen, und sogar auf die Gefahr hin, sich damit Ärger einzuhandeln – dafür ist Zivilcourage nötig. Eine ganz andere Form von Mut als die, die man braucht, um irgendwo rauf- oder runterzuklettern.

Zivilcourage haben heißt:
- hinschauen, wenn etwas nicht stimmt;
- sich nach dem eigenen Urteil richten, anstatt auf Vorurteile zu hören oder auf das, was »alle« sagen;
- sich selbst verantwortlich fühlen;
- überzeugt sein, Situationen und Geschehnisse beeinflussen zu können;
- bereit sein, etwas zu unternehmen: je nach Lage der Dinge den Mund aufzumachen oder tatkräftig zu helfen oder – wenn man sich's selbst nicht zutraut – wenigstens Hilfe zu holen.

Man braucht sich nur umzuschauen, um festzustellen, daß das nicht gerade leicht sein kann. Sonst gäbe es vermutlich viel mehr Leute mit Zivilcourage. Der Mensch ist ein »Herdentier« und der Wunsch dazuzugehören, in der Gruppe unterzuschlüpfen, einer seiner stärksten Triebe. Darum fällt es ihm besonders schwer, aus dem Rudel auszuscheren und sich gegen die Mehrheit zu stellen. Wer sich aber nicht aufs Lamentieren über zunehmende Gewaltbereitschaft und Fremdenfeindlichkeit beschränken will und aufs Warten, daß schon »irgendwer« auf die Bremse tritt, kommt um die Zivilcourage nicht herum. Sie ist ein handfestes Mittel, über das jeder einzelne das soziale und politische Klima mitbestimmen kann. Und wenn er nur jemanden stoppt, der die neuesten miesen Polen-Witze erzählen will.

Anders als der Mut, den jeder in einer mehr oder weniger großen Portion mit auf die Welt bringt, muß Zivilcourage erst gelernt werden, am besten von klein auf. Übereinstimmend zeigen die Lebensgeschichten von vielen Menschen mit besonderer Zivilcourage – Widerstandskämpfern zum Beispiel –, daß sie schon als

Kinder bei ihren Eltern erfuhren und miterlebten, was es heißt, andere zu tolerieren und unerschrocken für die eigene Überzeugung einzutreten.

Der beste Ansatz, um Kinder in diese Richtung zu leiten, ist ein demokratischer Umgangsstil in der Familie (→Selbständigkeit, →Selbstvertrauen). Kleinen Menschen erscheinen die Erwachsenen zunächst überwältigend mächtig. Je weniger die Eltern aber ihre überlegene Position ausspielen und die Kinder unter Druck setzen, je mehr Mitspracherecht sie ihnen zugestehen, desto sicherer verankert sich in den Sprößlingen das Gefühl, gegenüber der Macht nicht chancenlos zu sein. Es fordert ein stabiles Selbstvertrauen, gegen den Strom zu schwimmen oder als einziger seine Stimme zu erheben. Von früh an eine eigene Meinung vertreten dürfen und damit ernstgenommen werden, auch als Kleiner die Großen mal kritisieren dürfen und nein sagen können, wenn einem etwas total gegen den Strich geht – all das stärkt das Rückgrat der Kinder und überzeugt sie davon, daß ihre Ansichten Gewicht haben. Kinder, die aufs Wort parieren müssen und vielleicht sogar mit Schlägen auf Kurs gehalten werden, bringen es als Erwachsene kaum fertig, gegen eine Institution oder Mehrheitsmeinung mit einem »Nein« aufzustehen.

Zivilcourage kann sich durch Taten äußern, etwa wenn jemand einen Selbstmörder vom Sprung übers Geländer abhält oder sich schützend vor einen Verfolgten stellt. Aber viel öfter sind Worte gefragt, um gegen Vorurteile anzugehen, Angreifer abzuhalten oder eine brisante Stimmung abzuwiegeln. Darum ist es so wichtig, daß Eltern ihre Kinder reden lassen und zum Reden animieren. Auch wenn's dabei manchmal umständlich oder nicht unbedingt spannend zugeht. Erwachsene merken gewöhnlich gar nicht, wie häufig sie Kindern die Rede abschneiden. Sie beantworten ihre Fragen, bevor sie überhaupt zu Ende formuliert sind, fallen ihnen ins Wort mit ganz anderen Überlegungen oder irgendwelchen Anweisungen, sprechen an ihrer Stelle, wenn jemand sich bei den Sprößlingen erkundigt, was sie so tun und denken. Dieses Verhalten vermittelt Kindern den Eindruck, völlig unwichtig zu sein und läßt das Bewußtsein, daß man mit Reden viel bewirken kann, gar nicht erst in ihnen hochkommen. Sehr häufig ist es die schiere Sprachlosigkeit, die Menschen von couragiertem Auftreten abhält. Sie wissen einfach nicht, wie sie ausdrücken sollen, was sie meinen.

»Ich bin einer von den ungeduldigen Zuhörern, die es verrückt macht, wenn jemand beim Erzählen nicht auf den Punkt kommt«, gesteht ein Vater von zwei Kindern im Grundschulalter. »Dauernd bin ich meinen Söhnen dazwischengeplatzt oder habe auf Durchzug geschaltet. Bis vor ein paar Wochen. Da gab es in der Schule eine harte Auseinandersetzung um einen Lehrer. Und bei einem unserer ›Dampf‹-Elternabende kam ein Mit-Vater auf mich zu und erklärte mir, wie froh er sei, mich dort zu treffen, denn dann könne er sich meiner Meinung wieder so schön anschließen. ›Ich bringe das selbst nie raus‹, sagte er. Das wirkte bei mir wie ein Alarmsignal. Ganz bewußt lasse ich meine Kinder jetzt ausreden. Und ich merke, seit ich geduldiger und aufmerksamer bin und mit Fragen nachhake, wird ihre Ausdrucksweise treffsicherer und schlüssiger.« Natürlich geht es nicht darum, lauter großartige Volksredner heranzuzüchten. Es reicht schon, wenn einer seinen Standpunkt überhaupt in Worte fassen kann und von den anderen verstanden wird.

Zu den wesentlichen Merkmalen der Zivilcourage zählt, daß ein einzelner unabhängig von Macht und Mehrheit urteilt und ans Werk geht. Das schafft aber nur jemand, der gewöhnt ist, selbständig zu denken und zu handeln. Auf diesen Weg bringen Eltern ihre Kinder, wenn sie ihnen schon von früh an Spielraum für eigene Entscheidungen einräumen (→Selbständigkeit, →Selbstvertrauen). Damit verhelfen sie den Kids nicht allein zu einem sicheren Stand auf eigenen Beinen. Sie geben ihnen auch das notwendige Rüstzeug mit, um später nicht in der Menge abzutauchen, sobald es brenzlig wird. Als Trainingsrevier genügen anfangs so kleine alltägliche Entscheidungsfreiräume wie: Mit wem oder was spiele ich heute? Ziehe ich die Latzhose an oder den Rock? Esse ich zwei oder drei Löffel Reis?

Und noch etwas gehört zum unerläßlichen Rüstzeug eines Zivilcouragierten: feste Wertvorstellungen. Wer erst lange überlegen muß, ob der Mensch, der da drüben in Bedrängnis gerät, es wert ist, daß man für ihn eintritt –, womöglich ja »bloß« ein Ausländer oder ein Penner! – wird sich kaum dazu aufraffen. Wer dagegen Achtung vor der Menschenwürde, Toleranz, Mitgefühl oder Gerechtigkeit als unverrückbare Grundsätze für sein Leben verinnerlicht und gelernt hat, sich prinzipiell nicht aus der Verantwortung zu schleichen, ist viel eher bereit und fähig, spontan zu tun, was er für richtig hält. Das Fundament für ein unerschütterliches moralisches Bewußtsein – man kann es auch →Gewissen nennen – wird fast immer in der Kindheit gebaut. Mit Hilfe von Eltern, die ihren Kindern den Sinn von Menschlichkeit und altruistischem Verhalten erklären und ihnen vor allem zeigen, wie man sich im Alltag praktisch danach richtet.

Von Kleinen im Vorschulalter Zivilcourage zu erwarten, wäre völlig übertrieben. Sie schmeißen sich vielleicht mal für einen Freund in die Bresche, aber nur, weil sie ihn mögen und zu ihm stehen, jedoch sicher nicht, weil es ihnen um Recht oder Unrecht geht. Trotzdem können sie schon Erfahrungen damit sammeln – falls Vater, Mutter oder andere Erwachsene ihnen Gelegenheit dazu geben, indem sie Zivilcourage vorleben: zum Beispiel dazwischengehen, wenn sie beobachten, daß einem Jungen von anderen die Jacke »abgezogen« oder das Rad demoliert wird; sich einmischen, wenn ein alter Mann, der mit seinen Münzen nicht zurechtkommt, an der Supermarktkasse zusammengestaucht wird; um weniger rüde Umgangsformen bitten, wenn ein ertappter Schwarzfahrer von Kontrolleuren wie ein Schwerverbrecher angebrüllt und abgeführt wird. Die Erklärungen dazu muß man den Kindern gar nicht aufzwingen, weil sie meistens ohnehin fragen: »Mama, warum hast du dem Mann geholfen? Den kennen wir doch überhaupt nicht.« Daß die Eltern nicht je nach Laune mal hier, mal da den Mund aufmachen, begreifen die Kleinen erst, wenn man ihnen zeigt, daß eine bestimmte Maxime dahintersteht, daß es eigentlich immer darum geht, sich für die Menschenwürde einzusetzen.

Etwas größeren Kindern ist es oft ausgesprochen peinlich, wenn Vater und Mutter sich so »exponieren«. »›Jetzt halt dich bloß da raus!‹ flehte meine Tochter mich jedesmal an, sobald wir in eine entsprechende Situation gerieten«, erinnert sich eine Mutter. »Da war sie so zwölf, dreizehn und fand es entsetzlich, daß ich nicht einfach wegguckte oder vorbeiging wie die meisten Leute. Innerlich mußte ich immer lachen, weil es mir mit meiner Mutter früher nicht anders ging. Ich wußte genau, daß sie nur noch ein bißchen mehr Selbstvertrauen brauchte, um auf meine Linie einzuschwenken. Und das passierte dann auch bald.«

Gar nicht so selten haben schon Grundschüler genügend innere Sicherheit, um selbst mit Zivilcourage für oder gegen etwas einzutreten. Für einen Außenseiter vom Spielplatz etwa, der ständig von allen gepiesackt wird. Oder gegen eine Strafe, die der Lehrer jemandem ungerechterweise aufbrummt. Es bestärkt die Kids in dieser Haltung, wenn die Eltern an ihrem Alltag Anteil nehmen und immer wieder Anlässe oder Situationen mit ihnen besprechen, in denen Zivilcourage gefragt sein könnte. Vielleicht plappern sie ein Vorurteil über einen »versoffenen« Hausgenossen nach, das in der Nachbarschaft die Runde macht, ziehen mit allen in der Klasse über die Biolehrerin her, um nicht aus der Reihe zu tanzen, kuschen samt und sonders vor einem großmäuligen Aufschneider. Im Gespräch mit den Eltern lassen sich Gefühle und Ansichten leichter sortieren, und das hilft den Kindern, unter den Gleichaltrigen einen festen eigenen Standpunkt einzunehmen.

Solche Gespräche bieten auch die beste Gelegenheit, den Kids klarzumachen, daß Zivilcourage keine Tollkühnheit erfordert, keine draufgängerischen Aktionen. Was nutzt es zum Beispiel, wenn ein Retter einem auf dem Eis Eingebrochenen einfach nachspringt und ebenfalls untergeht? Oder wenn ein einzelner sich in eine Massenschlägerei wirft, um sie zu stoppen und dann zwischen anderen Verprügelten am Boden landet? Wer mit seinem Engagement etwas erreichen will, muß auch über die Wahl seiner Mittel nachdenken und manchmal lieber Verstärkung oder kompetente Hilfe holen als auf seine eigenen Kräfte vertrauen.

Zivilcourage braucht man nicht nur gegenüber Feinden, sondern sehr häufig gerade gegenüber Freunden. Das ist für Jugendliche oft ein besonderes Problem. Während der Abnabelungsphase vom Elternhaus tun sich die meisten von ihnen mit Gleichaltrigen in eingeschworenen Cliquen zusammen. Die Zugehörigkeit zu so einer Gruppe gibt den Kids die Geborgenheit, Anerkennung und Rückendeckung, die sie gerade in dieser Zeit der Verunsicherung und der Selbstzweifel so dringend benötigen. Und kaum etwas wäre schlimmer, als von den Freunden ausgeschlossen zu werden. Aber was, wenn vielleicht plötzlich in der Clique radikale Parolen kursieren, wenn es losgeht mit Besäufnissen oder Drogen? Der Druck der Gruppe ist oft enorm stark, und es kostet eine Menge Mut, sich gegen solche Trends zu stellen. Wer das wagt, riskiert ernsthaft, daß die Freunde ihn als Spießer oder Langeweiler verhöhnen und abhängen.

Manche Jugendliche sind stabil genug, um aus eigener Kraft gegen die Gruppenmeinung anzutreten. Sie machen bei bestimmten Aktionen nicht mit, halten den Spott aus und kurbeln durch die Demonstration ihrer Unabhängigkeit vielleicht sogar ein allgemeines Nachdenken an. Aber bei anderen kann man zusehen, wie sie zu Mitläufern werden und auch wider besseres Wissen alles tun, um ja den Beifall ihrer Freunde nicht zu verlieren. Für Eltern, die damit nicht einverstanden sind, eine schwierige Situation. Frontalangriffe à la: »Du hast wohl überhaupt keine eigene Meinung mehr! Machst hirnlos alles mit!« bewirken meistens nur, daß die Kids heftig in die Defensive gehen und sich umso mehr auf die Clique versteifen. Viele kapseln sich völlig ab, erst recht, wenn die Eltern auch noch mit Verboten daherkommen (→ Freundschaft).

Die einzige Chance, das selbständige, kritische Denken der Jugendlichen anzuregen oder in Gang zu halten, liegt darin, mit ihnen im Gespräch zu bleiben, freundschaftlich und ohne Druck. Und ihrem → Selbstvertrauen Auftrieb zu geben. Youngsters, die zu Hause mit ihren Standpunkten angehört werden, die sich mit den Eltern nach demokratischen Spielregeln auseinandersetzen können und auf deren Urteil die Erwachsenen Wert legen, finden am ehesten die Courage, sich vom Druck ihrer Clique zu distanzieren und ihre Normen anzuzweifeln.

Es sind gar nicht unbedingt immer »schlechte« Menschen, gefühllose, abgestumpfte oder sensationsgierige Gaffer, die sich raushalten, anstatt Zivilcourage zu zeigen. Sie spüren oft sogar sehr genau, daß sie eigentlich etwas unternehmen sollten. Nur meinen viele, daß sie als kleine Nummern sowieso nichts ausrichten könnten – und schon gar nicht im Alleingang. Aber das ist ein Irrtum. Zivilcourage wirkt nämlich sehr häufig ansteckend und zieht Kreise. Wenn erst einmal einer vortritt und eingreift, trauen sich plötzlich auch andere. Und auf einmal steht da nicht nur ein einzelner, der sagt: »Bis hierher und nicht weiter!«, sondern eine ganze Lichterkette.

Zivilcourage contra Gehorsam

Robert und Felix, acht und zwölf Jahre alt, wollen mit ihrem Hund in den Park. Meistens treiben sie sich da in der Nähe eines kleinen Sees herum, auf dem man im Winter wunderbar Schlittschuh laufen kann. Inzwischen ist es Ende Februar, und die ersten warmen Sonnenstrahlen haben das Eis schon brüchig gemacht. Deshalb schärft ihnen ihre Mutter ein, auf gar keinen Fall aufs Eis zu gehen. »Ich muß mich auf euch verlassen können«, sagt sie, als die beiden abziehen, und die Brüder versprechen hoch und heilig, sich an ihre Anordnung zu halten. Noch ehe sie am See ankommen, hören sie verzweifeltes Geschrei. Die zwei rennen los und entdecken ein gutes Stück vom Ufer entfernt einen Jungen, der schon bis zum Bauch im eisigen Wasser versunken ist und gellend nach Hilfe ruft. Weit und breit kein Erwachsener, die nächste Telefonzelle am Eingang des Parks. Aber bis die Feuerwehr hier ankäme, wäre der Pechvogel längst untergegangen. Felix zögert nur einen kurzen Moment. »Das hier ist eine Ausnahme«, erklärt er dem jüngeren Bruder. »Mama würde bestimmt nicht wollen, daß wir ihn im Stich lassen.« Immerhin hält er sich, soweit es geht, an ihre Anweisung und startet eine sehr umsichtige Hilfsaktion. Er schiebt sich bäuchlings langsam übers Eis auf den Jungen zu, während Robert am Ufer liegt und seine Füße umklammert. In der Hand hält Felix die Hundeleine, und die schwingt er so lange, bis der Junge ihr Ende erwischt. »Los jetzt!« kommandiert Felix, und Robert hilft ihm, langsam wieder ans Ufer zu rutschen und dann den pitschnassen Unglücksraben an der Leine herauszuziehen. »Sicher kriegt Mama einen Mordsschreck, wenn wir's ihr erzählen«, überlegt Robert laut, »aber sauer wird sie wohl nicht sein.«

Literaturhinweise

Andreas-Grisebach, Manon: Eine Ethik für die Natur. Zürich 1991

Baacke, Dieter: Die 6- bis 12jährigen. 6. Auflage. Weinheim und Basel 1995

Baacke, Dieter: Die 13- bis 18jährigen. 6. Auflage. Weinheim und Basel 1993

Bettelheim, Bruno: Ein Leben für Kinder. 4. Auflage. München 1993

Bründel, Heidrun/Hurrelmann, Klaus: Gewalt macht Schule. Wie gehen wir mit aggressiven Kindern um? München 1994

Bollnow, Otto Friedrich: Wesen und Wandel der Tugenden. Frankfurt/Main 1958

Brazelton, T. Berry: Unser Kind wird selbständig. München 1983

Brezinka, Wolfgang: Erziehung in einer wertunsicheren Gesellschaft. München, Basel 1986

Brocher, Tobias: Wandelt sich auch rasch die Welt. Stuttgart 1993

Bucher, Theodor: Werte im Leben des Menschen. Bern, Stuttgart 1984

Caron, Anne F.: Töchter werden junge Frauen. Stuttgart 1992

Damon, William: Die soziale Entwicklung des Kindes. Stuttgart 1989

Damon, William: Die soziale Welt des Kindes. Frankfurt/Main 1984

Debold, Elizabeth/Idelisse, Malavé/Wilson, Marie: Die Mutter-Tochter-Revolution. Reinbek bei Hamburg 1994

Dolto, Françoise: Die ersten fünf Jahre. Weinheim und Basel 1982

Dolto, Françoise/Dolto-Tolitch, Catherine: Von den Schwierigkeiten, erwachsen zu werden. Stuttgart 1991

Dreikurs, Rudolf: Selbstbewußt. München 1995

Dreikurs, Rudolf/Soltz, Vicki: Kinder fordern uns heraus. 27. Auflage. Stuttgart 1995

Erikson, Erik H.: Identität und Lebenszyklus. 13.Auflage. Frankfurt/Main 1993

Fend, Helmut: Vom Kind zum Jugendlichen. Bern, Stuttgart, Toronto 1995

Flitner, Andreas: Konrad, sprach die Frau Mama... 7. Auflage. München, Zürich 1985

Fromm, Erich: Über den Ungehorsam. 5. Auflage. München 1993

Gordon, Thomas: Die neue Familienkonferenz. München 1994

Guggenbühl, Allan: Die unheimliche Faszination der Gewalt. München 1995

Hastedt, Heiner/Martens, Ekkehard (Hrsg): Ethik. Ein Grundkurs. Reinbek bei Hamburg 1994

Hirsch, Anna-Maria: Wenn Kinder flügge werden. München 1991

Höffe, Ottfried: Sittlich-politische Diskurse. Frankfurt/Main 1981

Jonas, Hans: Das Prinzip Verantwortung. Frankfurt/Main 1984

Kaplan, Lousie J.: Abschied von der Kindheit. Stuttgart 1991

Kegan, Robert: Die Entwicklungsstufen des Selbst. München 1986

Maier, Karl E.: Grundriß moralischer Erziehung. Bad Heilbrunn 1986

Nelsen, Jane: Kinder brauchen Ordnung. München 1992

Nitsch, Cornelia/Beil, Brigitte/von Schelling, Cornelia: Pubertät? Kein Grund zur Panik! München 1995

Piaget, Jean/Inhelder, Bärbel: Die Psychologie des Kindes. 5. Auflage. München 1993

Plack, Arno: Ohne Lüge leben. 2. Auflage. Augsburg 1978

Prekop, Jirina: Der kleine Tyrann. 7. Auflage. München 1995

Savater, Fernando: Tu was du willst. Frankfurt/Main, New York 1993

Sommer, Volker: Lob der Lüge. München 1994

Spaemann, Robert: Moralische Grundbegriffe. 5. Auflage. München 1994

Speck, Otto: Chaos und Autonomie in der Erziehung. München, Basel 1991

Stäblein, Ruthard (Hrsg): Höflichkeit. Bühl-Moos 1993

Stäblein, Ruthard (Hrsg): Mut. Bühl-Moos 1993

Storch, Maja: Das Eltern-Kind-Verhältnis im Jugendalter. Weinheim und München 1994

Tausch, Reinhard und Anne Marie: Erziehungspsychologie. Göttingen 1991

Wagner, Jürgen: Kinderfreundschaften. Berlin 1994

Wehowsky, Stephan: Gespräche über Ethik. München 1995

Lektüre-Tips für Kinder, Jugendliche und Eltern

Achtung

Dorothea Lachner/Thé Tjong King: Markus schimpft fürchterlich (Nord-Süd-Verlag)
Hans-Georg Noack: Der gewaltlose Aufstand (Arena), ab 13

Bescheidenheit

Michael Ende: Die unendliche Geschichte (Thienemann), ab 12
Hugh Lofting: Doktor Dolittle und seine Tiere (Dressler), ab 8

Dankbarkeit

Jacob und Wilhelm Grimm: Der Froschkönig

Ehrlichkeit (Lügen und Stehlen)

Carlo Collodi: Pinocchio (Diogenes)
Christine Nöstlinger: Der Denker greift ein (dtv junior), ab 10

Freundschaft

Frances Hodgson Burnett: Der geheime Garten (dtv junior), ab 11
Frances Hodgson Burnett: Der kleine Lord (dtv junior), ab 10

Chris Crutcher: Für Sarah bleib ich sogar fett! (dtv junior pocket)
Michael Ende: Jim Knopf und Lukas der Lokomotivführer (Thienemann), ab 6
Wolf Erlbruch: Die fürchterlichen 5 (Hammer Verlag), ab 5
Kenneth Grahame: Der Wind in den Weiden (dtv junior), ab 8
Helme Heine: Freunde (Middelhauve), ab 3
Janosch: Oh, wie schön ist Panama (Beltz & Gelberg)
Janosch: Ich mach dich gesund, sagte der Bär (Diogenes)
Rudyard Kipling: Das Dschungelbuch (dtv junior)
Astrid Lindgren: Mio mein Mio (Oetinger), ab 10
Tilde Michels: Freundschaft für immer und ewig? (dtv junior), ab 11
A. A. Milne: Pu der Bär (dtv junior), ab 7
Hermann Moers/Józef Wilkon: Holpeltolpel – starker Freund (Nord-Süd-Verlag)
Else Holmelund Minarik: Der Kleine Bär und seine Freundin (Sauerländer), ab 3
Christine Nöstlinger: Liebe Susi! Lieber Paul! (dtv junior), ab 6
Sven Nordqvist: Eine Geburtstagstorte für die Katze (Oetinger), ab 4
Hilke Raddatz: Der Erpresser von Bockenheim (Beltz & Gelberg), ab 6
Antoine de Saint-Exupéry: Der kleine Prinz (Rauch, Arche)
Peter Schössow: Baby Dronte (Wunderlich), ab 5
Friedrich K. Wächter: Wir können noch viel zusammen machen (Middelhauve, Parabel), ab 4

Friedfertigkeit

Dalya B. Cohen: Uri und Sami (dtv junior), ab 12
Michael Ende: Jim Knopf und Lukas der Lokomotivführer (Thienemann), ab 6
Rudolf Frank: Der Junge, der seinen Geburtstag vergaß. Ein Roman gegen den Krieg (Ravensburger), ab 12
Evert Hartman: Mattanjas Traum vom Frieden (dtv junior), ab 12
Tove Jansson: Geschichten aus dem Mumintal (Arena)
Volker Lange: Mahatma Gandhi. Der gewaltlose Rebell (dtv junior pocket)
Munro Leaf: Ferdinand (Diogenes), ab 4
Anita Lobel: Kartoffeln hier, Kartoffeln da (Sauerländer), ab 5
Tilde Michels/Reinhard Michl: Es klopft bei Wanja in der Nacht (dtv junior), ab 4
Jutta Modler (Hrsg.): Frieden fängt zu Hause an. Geschichten zum Lesen und Weiterdenken (dtv junior), ab 8
Gudrun Pausewang: Friedens-Geschichten (Ravensburger), ab 10
Louis Pergaud: Der Krieg der Knöpfe (Rowohlt)

Gehorsam und Ungehorsam

Paul Maar: Eine Woche voller Samstage (Oetinger), ab 6
Gudrun Pausewang: Der Streik der Dienstmädchen (Ravensburger), ab 12
Maurice Sendak: Wo die wilden Kerle wohnen (Diogenes), ab 3
Tomi Ungerer: Kein Kuß für Mutter (Diogenes), ab 5

Gelassenheit

Russell Hoban: Fränzi geht schlafen (Sauerländer), ab 4
Jill Murphy: Nur fünf Minuten Ruh' (Betz), ab 4

Gerechtigkeit

Jacob und Wilhelm Grimm: Aschenputtel

Hilfsbereitschaft

Bernadette: Varenka (Nord-Süd-Verlag), ab 5
Elfie Donnelly: Der rote Strumpf (dtv junior), ab 10
Astrid Lindgren: Polly hilft der Großmutter (Oetinger), ab 5
Hugh Lofting: Doktor Dolittle und seine Tiere (Dressler), ab 8
Tilde Michels/Reinhard Michl: Es klopft bei Wanja in der Nacht (dtv junior),
    ab 4
Marcus Pfister: Regenbogenfisch, komm hilf mir! (Nord-Süd-Verlag), ab 4
Paul Zindel: Eine Begonie für Miss Applebaum (Sauerländer), ab 13

Höflichkeit

Aliki: Sag's, tu's – aber freundlich (Ars Edition), ab 4
Nickolas Allan: Benimmbuch für kleine Ferkel (Gerstenberg), ab 5
Astrid Lindgren: Sammelaugust (Oetinger), ab 7
Christine Nöstlinger: Konrad oder Das Kind aus der Konservenbüchse (Oetin-
    ger), ab 8 (ins Absurde getrieben)
Tony Ross: Ich will, ich will, ich will (Carlsen)

Liebe

Barbara M. Joosse/Barbara Lavallee: Mama, hast du mich lieb? (Ars Edition),
    ab 3
Gunnel Linde: Wie eine Hecke voll Himbeeren (Ravensburger), ab 12
Astrid Lindgren: Ronja Räubertochter (Oetinger), ab 8
Sam McBratney: Weißt du eigentlich, wie lieb ich dich habe? (Sauerländer), ab 3
Christine Nöstlinger: Gretchen Sackmeier (Oetinger), ab 13

Mitgefühl

Frances Hodgson Burnett: Der geheime Garten (dtv junior), ab 11
Sabine Posniak: Salamibrot mit Senf (Herder), ab 8

Ordnung

Ralf Butschkow: Das Dreckschwein (Breitschopf), ab 5
Astrid Lindgren: Karlsson vom Dach (Oetinger), ab 7
Paul Maar: Eine Woche voller Samstage (Oetinger), ab 6

Rücksichtnahme

Tomie de Paola: Erst den einen Fuß ... und dann den anderen (Ars Edition), ab 4

Selbständigkeit

Babette Cole: Prinzessin Pfiffigunde (Carlsen), ab 4
Kirkpatrick Hill: Starker Sohn und Schwester (Beltz & Gelberg), ab 8
Joke van Leeuwen: Deesje macht das schon (Beltz & Gelberg), ab 8
Astrid Lindgren: Pippi Langstrumpf (Oetinger), ab 7
Astrid Lindgren: Na klar, Lotta kann radfahren (Oetinger), ab 5
Barbro Lindgren-Enskog: Max und das Töpfchen (Oetinger), ab 2
Mira Lobe: Das kleine ich bin ich (Jungbrunnen), ab 4
A. A. Milne: Pu der Bär (dtv junior), ab 7
Else Holmelund Minarik: Der Kleine Bär (Sauerländer), ab 2
Christine Nöstlinger: Olfi Obermeier und der Ödipus (Oetinger)
Otfried Preußler: Die dumme Augustine (Thienemann), ab 5
Maurice Sendak: Wo die wilden Kerle wohnen (Diogenes), ab 3
Kicki Stridh: Das unheimliche Spukhaus (Oetinger), ab 4

Selbstvertrauen

Tove Jansson: Geschichten aus dem Mumintal (Arena)
Joke van Leeuwen: Deesje macht das schon (Beltz & Gelberg), ab 8
Robert Lehrman: Mamas Laden (Alibaba), ab 12
Astrid Lindgren: Na klar, Lotta kann radfahren (Oetinger), ab 5
Astrid Lindgren: Pippi Langstrumpf (Oetinger), ab 7
Astrid Lindgren: Michel aus Lönneberga (Oetinger), ab 5
Ute Krause: Nora und der große Bär (Diogenes), ab 5
Robert Munsch: Die Tütenprinzessin (Lappan), ab 5
Sergej Prokofjew: Peter und der Wolf (Parabel), ab 3
Cynthia Voigt: Wir Tillermanns sind so (dtv junior pocket), ab 12

Starke Mädchen

Anne Bender (Hrsg.): Einfach stark! Geschichten für Mädchen in den besten Jahren (dtv junior)
Yoram Kaniuk: Wasserman (dtv junior pocket)
Astrid Lindgren: Pippi Langstrumpf (Oetinger), ab 7
Astrid Lindgren: Ronja Räubertochter (Oetinger), ab 8
Tilde Michels: Freundschaft für immer und ewig? (dtv junior), ab 11
Christine Nöstlinger: Die feuerrote Friederike (dtv junior), ab 8
Anne Steinwart: Von wegen, sagt Mia (dtv junior), ab 6
Renate Welsh: Drachenflügel (dtv junior), ab 11

Toleranz

Aliki: Gefühle sind wie Farben (Beltz & Gelberg), ab 4

Jürgen Banscherus: Keine Hosenträger für Oya (Arena), ab 10
Kirsten Boie: Erwachsene reden. Marcus hat was getan (dtv pocket)
Kathryn Cave: Irgendwie Anders (Oetinger), ab 4
Peter Spier: Menschen (Thienemann), ab 5
Ursel Scheffler/Jutta Timm: Alle nannten ihn Tomate (Nord-Süd-Verlag)
Cynthia Voigt: Heimwärts (Sauerländer), ab 12

Umweltbewußtsein

Burghard Bartos/Stephan Baumann: Das will ich wissen: Unsere Umwelt
    (Arena), ab 6
John Burningham: He du! Runter von unserm Zug (Sauerländer), ab 4
Lynne Cherry: Der große Kapok-Baum (Ars Edition), ab 5
Heiderose und Andreas Fischer-Nagel: Ein Igelwinter (dtv junior), ab 10
Annegret Fuchshuber/Gudrun Pausewang: Die Kinder in der Erde (Ravens-
    burger), ab 5
Susan Jeffers: Die Erde gehört uns nicht. Wir gehören der Erde (Carlsen), ab 5
Luis Murschetz: Der Maulwurf Grabowski (Diogenes), ab 3
Andreas Nagel und Christel Schmitt: Eine Biberburg im Auwald (dtv junior),
    ab 9
Wolfgang Pauls: Jule und Steffen bei Greenpeace (dtv junior), ab 10
Nina Rauprich: Die sanften Riesen der Meere (dtv junior), ab 10
Walter Schmögner: Das neue Drachenbuch (Insel), ab 5
The EarthWorks Group: Kinder machen 50 starke Sachen, damit die Umwelt
    nicht umfällt (dtv junior), ab 10
Barbara Veit/Hans O. Wiebus: Umweltbuch für Kinder. Umweltverschmut-
    zung und was man dagegen tun kann (Ravensburger), ab 10
Dieuwke Winsemius: Das Findelkind vom Watt (dtv junior), ab 9
Dieuwke Winsemius: Hilfe! Mein Gefieder ist voll Öl (dtv junior), ab 9

Verantwortung

Frances Hodgson Burnett: Der geheime Garten (dtv junior), ab 11
Irina Korschunow: Der Findefuchs. Wie der kleine Fuchs eine Mutter bekam
    (dtv junior), ab 4

Vertrauen

Tove Jansson: Geschichten aus dem Mumintal (Arena)
Tilde Michels/Reinhard Michl: Es klopft bei Wanja in der Nacht (dtv junior),
    ab 4

Zivilcourage

Tove Jansson: Geschichten aus dem Mumintal (Arena)
Yoram Kaniuk: Wasserman (dtv pocket)
Volker Lange: Mahatma Gandhi. Der gewaltlose Rebell (dtv junior pocket)
Christa Laird: Im Schatten der Mauer. Ein Roman um Janusz Korczak (dtv
    junior pocket)

Sonia Levitin: Der Tag, an dem sie sich die Freiheit nahm (Alibaba)
Christine Nöstlinger: Rosa Riedl, Schutzgespenst (Beltz & Gelberg), ab 10
Monika Pelz: Nicht mich will ich retten! Die Lebensgeschichte des Janusz
    Korczak (Beltz & Gelberg)
Renate Wind: Dem Rad in die Speichen fallen. Die Lebensgeschichte des
    Dietrich Bonhoeffer (Beltz & Gelberg), ab 14
Arnulf Zitelmann: »Keiner dreht mich um«. Die Lebensgeschichte des Martin
    Luther King (Beltz & Gelberg), ab 14
Arnulf Zitelmann: Mose, der Mann aus der Wüste (dtv junior), ab 14

Zusammengestellt mit freundlicher Unterstützung von Sibylle Strack-Zimmermann, Buchhändlerin im Kinderbuchladen Blütenstraße 1, 80799 München.